영유아발달

조성연 심미경 황혜정 전효정 공저

신정

머리말

인간은 임신하는 순간부터 태내기를 거쳐 신생아기, 영아기, 유아기, 아동기의 생애 초기 발달이 매우 중요하며, 이는 유전과 환경의 영향을 받는다. 유전이든, 환경이든, 혹은 그 둘 간의 상호작용이든 인간의 발달, 특히 영·유아기의 발달은 생의 기초로서 매우 중요하다. 더욱이 우리나라는 저출산 문제가 심각한 사회문제가 된 지 오래고, 초고령사회에 진입하게 되면서 영유아의 발달은 국가적 차원에서 중요한 현안이 되었다. 그리하여 영유아의 전인 발달을 위해 부모와 교사 및 양육자뿐만 아니라, 정책 입안자들은 영유아에게 적합한 환경을 제공해주고자 끊임없이 노력하고 있다.

특히, 영유아의 교육과 보육을 담당하는 어린이집과 유치원 교사에게 있어 영유아의 발달을 이해하는 것은 교사 교육의 기초라 할 수 있다. 그에 따라 유치원교사와 어린이집 교사 자격을 취득하기 위한 대학의 교육과정에서 영유아발달 교과목은 필수 교과목으로 지정, 운영되고 있다. 그리하여 2010년 6명의 교수가 모여 ≪아동발달≫을 출판하였고, 이후 정부의 어린이집 교사 자격 취득 교과목의 변경에 따라 ≪아동발달≫을 2014년에 36개월 미만 영아의 발달에 초점을 맞춰 ≪영아발달≫로 출간하였고, 2015년에는 36개월 이후부터 학령기 아동의 발달에 초점을 맞춰 ≪유아발달≫을 출간하였다. 이후 정부는 다시 ≪영아발달≫과 ≪유아발달≫을 합하여 ≪영유아발달≫로 교과목을 운영하도록 개정하여 고시함에 따라 2017년 ≪영유아발달≫을 집필하여 출간하였다.

≪영유아발달≫을 출간한 지 어느 덧 8년의 시간이 지났다. 그 사이 저자들에게도 많은 변화가 있어 2명의 교수가 부득이 집필에 참여할 수 없게 됨에 따

라 이번 책에서는 4명의 교수가 함께 작업하여 출간하게 되었다. 그리하여 원래 출판했던 바에 따라 제1부는 영유아의 발달에 대한 전반적인 이해를 도모하고자 발달의 기초와 발달이론에 대한 내용을 담았고, 제2부는 발달단계별로 나누어 집필하였다. 이를 위해 1장과 3장은 조성연 교수, 2장은 황혜정 교수와 심미경 교수, 4장, 5장, 6장은 심미경 교수, 황혜정 교수, 전효정 교수가 수정하여 집필하였다. 기존 ≪영유아발달≫ 내용이 매우 방대하고 너무 세부적인 것까지 다루고 있으며, 대학의 수업 기간이 15주로 줄어든 상황에 맞춰 내용을 상당 부분 줄이고자 하였으며, 최신의 자료를 추가로 담고자 하였다.

이번 2025년 ≪영유아발달≫이 향후 유치원과 어린이집 교사로서의 자격 취득을 위한 대학생과 영유아발달을 공부하는 대학원생들에게 도움이 될 수 있기를 바란다. 마지막으로 이 책이 나올 수 있도록 오래 기다려주신 도서출판 신정의 최용구 사장님과 원고의 처음부터 끝까지 편집을 담당하면서 수고를 아끼지 않았던 편집부 직원 여러분께 진심으로 감사한 마음을 전한다.

2025년 8월

저자 일동

차례

CHAPTER 04 | 영아기 / 163

CHAPTER 05 | 유아기 / 211

PART
01

영유아발달의 이해

Chapter 01

발달의 이해

Chapter 01

발달의 이해

발달심리학은 인간의 전 생애에 걸쳐 일어나는 신체적 · 심리적 변화를 다루며, 인간의 전체적인 발달을 이해하기 위해 현재의 발달상황뿐만 아니라, 과거와 미래의 발달을 연결 지어 연구하는 학문이다. 발달심리학의 일부분인 영유아발달은 정자와 난자가 수정되는 그 순간부터 11, 12세까지의 기간 동안 일어나는 발달 및 이에 영향을 주는 다양한 변인을 밝혀내는 데 초점을 둔다. 따라서 이 장에서는 이러한 학문적 특성을 기초로 영유아발달의 전반적인 측면을 이해하기 위해 발달의 개념, 주요 원리 및 단계뿐만 아니라, 시대별 유아 인식의 변화, 발달에 대한 논쟁, 발달에 대한 연구방법 등을 개괄적으로 살펴보고자 한다.

1. 영유아발달의 기초

1) 발달의 개념

발달(development)은 역동적 체계(dynamic systems)의 산물이다(Berger, 2003, p. 2). 이는 인간의 생명이 시작되는 수정부터 죽음에 이르기까지 전 생애에 걸쳐 연속해서 일어나는 시간에 따른 변화로서 양적(quantitative) 변화와 질적(qualitative) 변화를 동반한다. 양적 변화는 흔히 성장(growth)으로 명명하는데 키가 크거나 몸무게나 근육 등이 늘어나는 것과 같이 신체의 크기와 양에서의 변화 현상이다. 반면, 질적 변화는 지적 수준이나 언어 수준의 향상 등과 같이 분화되지 못한 낮은 수준에서 정교화된 높은 수준으로의 구조적 변화와 미숙한 수준에서 유능한 수준으로의 기능적 변화로서 본질, 구조나 조직상의 변화이다.

발달을 결정짓는 요인은 성숙(유전)과 경험(학습, 환경)을 들 수 있다. 성숙(maturation)은 유전적 기제에 의해 나타나는 타고난 변화로서 목소리의 변성, 초경, 뇌 기능의 분화, 사춘기 등과 같은 신체적 · 심리적 변화를 의미한다. 경험(experience) 혹은 학습(learning)은 유기체가 환경과의 상호작용을 통해 훈련이나 연습에 의해 획득하는 것으로 부모, 친구, 교육, 대중매체 등 영유아가 접하는 물리적 · 사회적 환경과의 상호작용을 의미한다.

2) 발달의 원리

발달은 모든 인간에게 보편적으로 나타나는 몇 가지 기본원리가 있다.

첫째, 발달에는 일정한 순서가 있으며 누적적이다.

둘째, 발달은 일정한 방향으로 진행된다([그림 1-1] 참조). 신체 및 운동발달은 머리 부분이 먼저 발달하고 점차 팔, 다리 아래쪽 부분의 기관이 발달하는 두

미방향(cephalo-caudal direction, top-to-bottom), 중앙에 있는 심장이 먼저 생기고 점차 손가락, 발가락의 말초 부분이 형성되므로 중심에서 말초방향(proximal-distal direction, inner-to-outer), 전체에서 세분화된 특수운동(mass-specific direction, simple-to-complex)으로 발달한다.

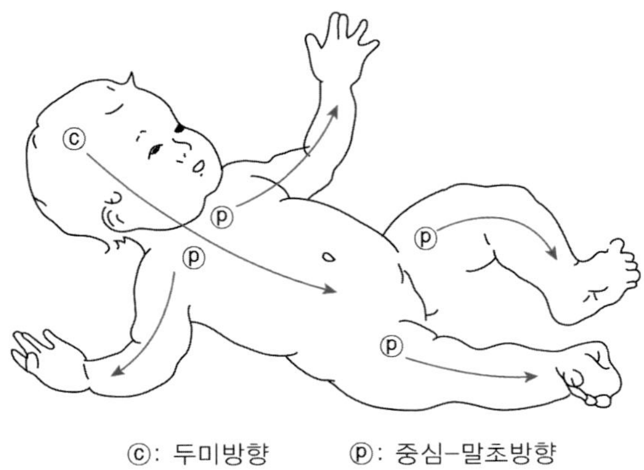

[그림 1-1] **발달방향**

출처: 한국인간발달학회 편(1997). 유아 심리, p. 102.

셋째, 발달은 끊임없이 이루어지나 사람마다 가지고 있는 유전인자와 처해 있는 환경이 달라 그 속도나 정도는 개인차가 있으며, 신체적 · 심리적 특성에 따라 혹은 영역에 따라 그 속도가 동일하지 않은 비동시적 성장(asynchronous growth) 현상을 나타낸다.

넷째, 발달에는 결정적 시기(critical period)가 있다. 결정적 시기는 발달이 가장 잘 이루어지는 최적의 시기를 의미한다(장휘숙, 1995, p. 39).

다섯째, 발달은 분화와 통합의 과정을 거친다. 인간의 운동발달은 성장하면서 각 기관이 분화하여 필요한 부분만 사용할 수 있게 되고, 이후 분화된 여러 기관이 상호 협응할 수 있는 통합능력이 생긴다.

여섯째, 발달의 각 영역은 서로 밀접하게 관련되어 있다. 신체, 언어 · 인지,

사회 · 정서발달영역은 유기적으로 연결되어 있어서 각 영역 간에 서로 영향을 주고받는다.

3) 발달에 대한 논쟁

(1) 발달에 대한 유전과 환경

발달에 대해 유전을 강조하는 입장은 발달이 타고난 요인에 의해 결정되며 선천적 요인이 중요하다고 본다. 즉, 인간은 능동적 존재로서 보편적인 발달양상이 있으며 영유아가 경험하는 환경조차 유전적 특성에 의해 달라질 수 있다. 반면, 인간은 환경에 의해 영향을 받는 수동적인 존재로서 후천적으로 제공되는 환경에 의해 발달이 이루어진다고 보는 입장이 있다. 이는 인간이 경험한 학습이 발달 변화에 대한 근원이므로 인간은 환경을 재구성하여 새로운 경험을 하게 되면 발달적 변화가 이루어진다고 보는 것이다.

한편, 20세기 후반 들어 유전과 환경의 상호작용적 접근방법이 제기되었다. 즉, 유전과 환경은 불가분의 관계가 있으므로 최적의 발달을 위해 유전과 환경이 상호작용한다는 것이다. 그러나 그 양상은 영유아마다 다른데(Horowitz, 1987; 박성연, 도현심, 2003, p. 24 재인용) 환경이 열악할 경우, 환경에 대해 탄력성이 있는 영유아는 잘 극복하여 발달할 수 있지만, 탄력성이 부족한 영유아는 좋은 환경을 제공해 주어야만 이를 잘 극복하여 발달할 수 있다(박성연, 도현심, 2003, pp. 23-24).

(2) 발달의 연속성과 비연속성

발달의 연속성을 가정하는 입장은 어떤 한 가지 기술이 오랜 시간의 훈련과 연습으로 숙달되어 처음의 기술에 계속 새로운 기술을 조금씩 덧붙여 점진적이고 연속적인 과정을 통해 발달이 이루어진다고 주장한다. 반면, 발달의 비연속성을 가정하는 입장은 일련의 독립적이고 질적으로 차이가 있는 불연속적인 몇 개의 발달단계로 이루어진다고 주장한다. 단계(stage)란 발달의 특정 시기를 결정짓는 행동이나 사고의 질적인 변화를 의미하는데 발달의 각 단계는 질적으로 차이가 있고, 동일한 일련의 순서로 진행되며, 그 단계는 불변적이며 범문화적이다.

(3) 발달에 대한 능동적 개체와 수동적 개체

발달에 대한 능동적 개체 관점은 유기체 내부에 발달을 조절하는 심리적 구조가 있어 스스로 발달을 통제하고 조절한다고 본다. 반면, 발달에 대한 수동적 개체 관점은 영유아가 외부에서 제공되는 환경 자극을 소극적이고 수동적으로 받아들이기만 한다고 본다.

(4) 발달에 대한 초기 경험과 후기 경험

발달의 비연속성인 단계론을 주장하는 학자는 발달의 초기에 받은 경험이 선행 자극이 되어 이후의 발달에 영향을 미친다고 주장함으로써 발달의 초기 경험의 중요성을 강조한다. 반면, 전생애발달론을 주장하는 입장은 인간의 발달은 끊임없이 변화하기 때문에 초기 경험 못지않게 후기 경험도 중요하다고 주장한다.

2. 발달 연구방법

1) 발달 연구의 목적

발달 연구의 목적은 인간의 행동과 발달에 대한 과학적 지식과 현상을 기술하고 설명하며, 이를 기초로 다양한 심리학적 이론의 발전에 기여함으로써 이에 대한 지식체계를 정립하여 인간의 보다 나은 발달적 환경을 조성하는 데 있다. 이를 위하여 발달 연구는 개인의 발달유형에 대한 규준과 발달특성 및 개인차를 밝혀내고자 한다.

2) 발달 연구의 접근방법

(1) 발달적 연구설계에 따른 분류

발달적 연구설계에 따라 발달 연구의 접근방법은 종단적, 횡단적, 단기(간) 종단적 접근방법으로 분류할 수 있다.

① 종단적 접근방법(longitudinal approach)

종단적 접근방법은 한 연령층의 연구대상을 어느 한 시점에서 표집하여 이들을 대상으로 여러 해 동안 반복적으로 연구함으로써 연령 증가에 따른 대상의 성장과 발달특성 및 변화양상을 살펴보는 방법이다. 이 접근방법은 발달의 여러 측면을 다각도로 측정하여 개체로서의 전체성을 강조하고 변인 간의 관계를 설명하기 위해 실시되므로 개별행동의 유형이나 집단의 전체적 변화양상을 조사하고자 할 때 효과적이다. 또한, 이 접근방법은 수년 동안 연구를 진행하기 때문에 변화과정에 대한 설명가능성도 높아(이은해, 1985, p. 30) 발달과정에 대한 전반적인 정보를 보다 정확하게 제공해 줄 수 있다. 그러나 이 접근방법은 시간과 노력, 비용이 많이 들고, 연구대상자를 편파적으로 선정할 가능성, 시간이 지남에 따른 연구대상자의 탈락 가능성, 오랫동안 반복된 검사도구의 사용으로 인한 연습의 효과, 연령 증가에 따른 성숙 요인의 영향, 같은 영역에 대한 상이한 검사도구의 사용 등에 따른 결과 해석의 문제점이 있다.

② 횡단적 접근방법(cross-sectional approach)

횡단적 접근방법은 연령이 다른 여러 집단을 한 시점에서 동시에 표집하여 전반적이고 개략적으로 연령집단 간 차이를 탐색하여 기술함으로써 그들 간의 발달적 특징을 발달적 변화의 지표로 간주하는 방법이다. 이 접근방법은 단기간에 걸쳐 많은 연구대상을 표집하여 자료를 수집할 수 있어 시간과 노력, 비용이 적게 들어 경제적이고, 연구 자체도 비교적 용이하게 실시할 수 있다. 그러나 이 접근방법은 분명한 개인차나 연령에 따른 세부적인 변화를 밝혀내기 어렵고, 산출된 결과가 연령에 따른 변화라기보다는 표집한 연령집단의 특성으로 인한 변화양상일 수도 있어 정확한 연구결과를 도출하는 데 어려움이 있다.

③ 단기(간) 종단적 접근방법(short-term longitudinal approach)

단기(간) 종단적 접근방법은 종단적 접근방법의 기간을 줄이고 횡단적 접근방법의 특징을 최대한 살리면서 자료를 수집하고자 Schaie(1965)가 고안한 절충적 방법이다. 이 접근방법은 연구대상을 표집할 때 연도별로 서로 중복되는 연령집단을 고려하여 연구 첫 해에 다양한 연령을 선정하여 단기간에 반복 측정함으로써 이들을 대상으로 발달적 특성과 변화 양상 및 집단 간의 차이를 비교하여 종단적 효과를 얻을 수 있다([그림 1-2] 참조).

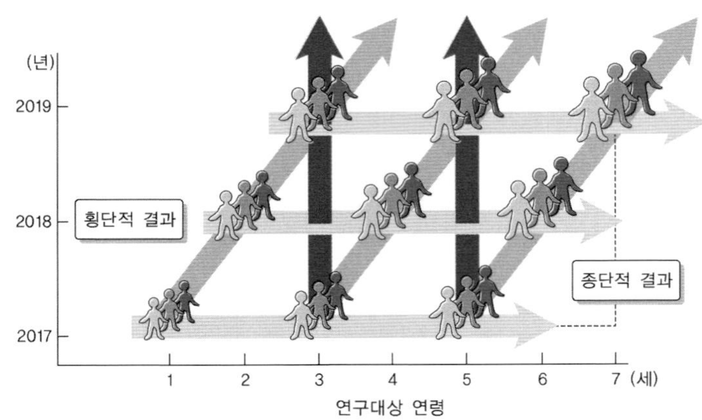

[그림 1-2] 단기(간) 종단적 접근방법

출처: Berk, L. E. (1999). *Infants and children*(4th ed.), p. 44의 내용을 수정함.

이 접근방법은 짧은 시간 동안 여러 연령층을 대상으로 연구할 수 있어 종단적 접근방법에 비해 시간과 노력 및 비용이 적게 들며, 연구대상의 표집으로 인한 편파성도 줄일 수 있다.

(2) 자료수집과 분석방법에 따른 분류

① 질적 연구

질적 연구는 비교적 자유로운 질문이나 관찰을 통해 융통성 있게 정보를 수집하여 분석함으로써 결과를 제시하는 방법이다. 이는 연구자의 역할과 연구대상과의 친밀감(rapport) 형성이 매우 중요하고, 연구하는 과정 그 자체가 곧 자료분석과 해석의 과정을 겸한다. 소규모 표본을 대상으로 하기 때문에 전체 집단에 일반화하기가 어려우며, 연구자의 편견이나 해석이 개입될 우려가 있다.

② 양적 연구

양적 연구는 인간 현상과 관련된 모든 요인은 수량화가 가능하다는 기본 전제에 따라 표집된 연구대상의 자료를 다양한 통계방법을 적용하여 분석하고 해석하는 방법이다. 이는 모든 현상의 원인과 결과를 수량화함으로써 현상에 대한 명확한 설명을 제시해 줄 수는 있으나, 모든 인간 현상을 수량화하기 때문에 복잡하고 애매한 인간 현상의 특징을 지나치게 단순화시킬 수 있다(성영혜 외, 1999, p. 29).

3) 실제 발달 연구방법

(1) 관찰법

관찰법은 영유아의 행동을 자세히 관찰하여 기록하며, 그와 관련된 환경적 측면을 기술하는 방법이다. 이는 예비 연구나 보충 자료의 수집, 질적 연구, 현상을 기술하거나 인과적 가설을 검증하기 위한 연구의 일차적 자료수집 등의 다양한 목적으로 활용된다. 관찰법은 연구대상이 비언어적 행동을 많이 하고, 의사소통 능력도 원활하지 않으며, 관찰자의 존재에 대해 별로 개의치 않고 평상시처럼 자연스러운 행동을 하며, 조작이 어려운 상황에서 연구할 때 용이하다. 이 방법은 특별한 보조도구 없이 종이와 연필만으로 할 수 있지만 캠코더, 디지털카메라, 녹음기 등의 보조 기구를 이용하기도 한다.

(2) 자기보고식 연구

자기보고식 연구(self-reports)는 연구대상이 가지고 있는 생각, 태도, 느낌, 능력, 지각과 과거 경험에 대해 질문하고 그에 대해 답하도록 하는 방법이다. 이는 새로운 연구를 시작하기 전에 관련 분야에 대한 사전 지식을 탐색하거나 현상이나 상황을 기술하고, 현재의 상황이 발생하게 된 이유에 대해 설명하며, 미래의 사건이나 상황을 예측하려는 목적으로 실시된다(송인섭 외, 2001, pp. 123-124). 자기보고식 연구방법에는 언어 표현이 가능한 면접자와 피면접자가 일대일로 대화를 나누면서 면접자가 피면접자에 대한 정보를 수집하는 '면접법', 응답자로 하여금 일련의 질문에 대해 자신의 생각을 스스로 기입하도록 하여 자료를 수집하는 '질문지법', 연구대상에게 일련의 구조적 자극을 제시하여 반응한 것을 기초로 개인차를 측정하고자 하는 '검사' 등이 있다.

(3) 사례연구

사례연구(case study)는 '임상적 방법(clinical method)'이라고도 하며, 대개는 발달적 문제가 있는 특정 영유아를 보다 심층적으로 이해하고자 할 때 사용하는 방법이다. 이는 한두 명의 영유아를 깊이 있게 연구함으로써 개인과 환경과의 관계에 대해 면접, 관찰, 검사 등의 다양한 방법을 이용하여 정보를 수집하고 종합하여 해석한다(장휘숙, 2000, p. 281). 사례연구는 영유아의 발달과정에 대해 수집한 정보를 풍부하고 서술적으로 기록하기 때문에 다른 연구에 대한 통찰을 제공해 주고, 현재 수집한 자료를 분석하여 미래의 행동을 예언할 수 있도록 도와준다. 그러나 이 방법은 시간과 노력이 많이 들고, 문제가 있는 영유아를 즉시 도와주기 어렵고, 연구결과를 일반화하기에도 문제가 있다.

(4) 문화기술적 연구

문화기술적 연구(ethnography)는 한 문화나 사회집단의 가치관과 사회적 과정을 이해하고자 할 때 사용하는 방법이다. 이 방법으로 연구할 때 연구자는 일정 기간 동안 직접 그 문화 속에 들어가 원주민들과 함께 생활하면서 참여관찰과 원주민의 자기보고, 현장관찰 노트, 면접 등의 다양한 방법을 사용하여 그 문화의 생활과 특징을 기술하고 해석한다.

(5) 심리생리적 방법

심리생리적 방법(psychophysiological method)은 영유아의 생리적 과정과 행동 간의 관계를 측정하는 것이다(Berk, 2008, p. 35). 이 방법은 뇌의 전기적 활동을 기록하는 전기기록도(electroencephalogram: EEG)나 기능적인 자기공명영상(functional magnetic resonance imaging: fMRI) 등의 도구를 사용하여 연구한다.

Chapter 02

발달이론

Chapter 02

발달이론

인간의 발달은 오랜 역사에 걸쳐 많은 철학자, 교육학자, 심리학자의 관심 대상이었다. 관련 분야의 학자들은 일반적인 발달 양상에는 동의하는 편이나 발달을 일으키는 원인과 과정에 대해서는 각기 다른 이론을 펼쳐 왔다. 특히 20세기에 접어들면서 현대심리학의 영향을 받아 발달의 본질을 좀 더 체계적으로 분석하려는 시도가 이루어졌다. 따라서 이 장에서는 여러 가지 발달과 관련된 이론 중 성숙이론, 정신분석이론, 인지발달이론, 학습이론, 동물행동학, 맥락적 접근에 대해 살펴보고자 한다.

1. 성숙이론

성숙이론은 영유아를 단순히 성인의 축소판으로 생각하던 전성설(preformationism) 관점에서 탈피하여 성인과 다른 존재로 영유아를 인식한 Rousseau의 자연주의에서 출발하였다. Rousseau는 인간은 태어날 때 이미 내재화된 시간표에 따라 성장하기 때문에 단계별로 상이한 역량과 사고양식이 발달한다고 주장하였다. 예를 들면, 인간이 기고 나서 서고 그 다음에 걸을 수 있다든지, 사춘기가 되어 제2차 성징이 나타나는 것 등은 이미 생물학적으로 정해져 있는 순서에 따라 발달하는 것이다. 즉, 자연주의에 따른 성숙주의는 사회의 힘에 의해서가 아니라 자기 고유의 방식으로 성장을 이끌어가는 인간의 힘을 중요시한다. 따라서 자연주의에 따른 성숙이론가는 영유아를 교육할 때 영유아가 지니고 있는 능력 이상을 강요하면 영유아가 좌절하고 저항할 수 있으므로 영유아의 발달속도에 맞춘 영유아 중심의 양육환경을 제공해 줄 것을 강조한다. 이러한 생물학적 성숙에 대한 견해는 Gesell의 연구를 통해 체계화되었다.

1) Rousseau의 자연주의

(1) 생애

Jean J. Rousseau
(1712~1778)

가난한 시계공의 아들로 제네바에서 태어난 Rousseau는 어머니가 출산 중에 사망하여 아버지와 고모 슬하에서 자랐다. 그는 8세 때 아버지가 투옥되는 것을 피하기 위해 제네바에서 도망쳐 여러 가정을 전전하며 지냈는데, 집주인과 사이좋게 지내지 못하고 자주 멸시를 받아 성격이 더욱 소심해지고 자의식이 강해지는 등 불우한 아동기를 보냈다. Rousseau는 청소년기가 되어 방랑생활을 시작했는데 파리에서 와랑(de Warens) 남작 부인을 만나 집사로 일하면서 공부를 시작하게 되었다. 파리에서 그는 당시의 계몽주의 사상가를 만나면서 독단적인 권위주의와 사회적인 힘의 속박을 반박하고 자유로움과 인간에게 내재되어 있는 자발적인 힘을 주장하게 되었다. 이러한 주장에 따라 그는 대표 저서인 『에밀(Emile)』에서 구속과 제약이 없는 자연스런 상태에서 가상소년 에밀이 내적인 힘을 통해 스스로 배워가면서 조화롭고 건강하게 성장하는 과정을 묘사하였다. 『에밀』에서 드러난 낭만적 자연주의 철학은 때가 되었을 때 자연스럽게 배우도록 하는 아동중심 교육의 초석이 되었다. 그러나 그는 다섯 자녀를 연구에 방해된다고 모두 고아원에 보내 많은 비판을 받았으며, 말년에는 피해망상증에 시달리기도 하였다.

(2) 주요 개념

Rousseau는 사회적인 힘에 의해 길러진 사람은 자신의 방식과 마음으로 세상을 보지 못하고 자신의 판단을 신뢰하지 못해 행복하지 않다고 믿었다. 따라서 그는 인간이 건강하게 성장하기 위해서는 사회의 속박으로부터 벗어나 자유롭게 스스로의 방식으로 보고 생각하고 느끼면서 자기만의 고유 양식과 역량을 발달시켜야 한다고 주장하였다.

한편, Rousseau는 인간은 태어날 때 이미 자연의 계획에 따라 생물학적으로 내재된 시간표를 지니고 있으며 성숙을 통해 일련의 계열적 발달이 이루어진다고 보았다. Rousseau는 그러한 계열적 발달이 네 단계를 거쳐 이루어지며, 각 단계마다 질적인 발달전환이 이루어지므로 단계별 특성에 맞는 교육과정의 실시를 강조하였다(Crain, 2005, pp. 17-20).

첫째 단계는 영아기인 2세경까지로 감각을 통해 세계를 직접 경험한다. 이 시기의 영아는 신체적 욕구나 미분화된 감정에 지배되고 쾌락과 고통만을 경험하며 개념형성이나 사고능력은 없기 때문에 원시인(primitives)에 비유된다. 그러나 영아는 활동적이고 호기심이 많기 때문에 끊임없이 가능한 모든 것을 만지면서 감각적인 경험을 통해 많은 것을 배우며, 굳이 가르치지 않아도 거의 혼자 힘으로 언어를 획득하기 시작한다.

둘째 단계는 독립성이 나타나는 유아기와 아동전기의 2~12세로 감각능력이 두드러지면서 감각적 경험과 연결된 추리력이 발달한다. 그러나 이 시기의 아동은 추리력의 수준이 직관적이고 매우 구체적이기 때문에 오두막을 짓고 도구와 덫을 이용해 고기와 동물을 잡던 미개인(savage)에 비유된다. 따라서 이 시기의 아동을 교육할 때 성인은 놀이, 운동, 게임 등 감각경험에 초점을 둔다.

셋째 단계는 이성과 자의식이 발달하는 아동후기인 12~15세이다. 이 시기의 아동은 신체적인 힘이 강해져서 성인이 하는 일을 할 수 있게 되고 추론이 필요한 기하학이나 과학문제를 풀 수 있는 추상적 사고도 가능하다. 그러나 아동은 여전히 일차적인 관심사가 자신에게 필요하고 유용한 물리적 환경에 국한되고 사회현상이나 이론적이고 철학적인 문제에 대해서는 별로 흥미가 없다. 그러므로 이 시기의 아동을 교육할 때 성인은 학습의 결과보다 과정에 초점을 두어야 한다.

넷째 단계는 청소년기인 15~20세로서 이 시기에 이르러서야 비로소 인간은 진정한 사회적인 존재가 된다. 청소년은 일이 전문화되어감에 따라 다른 사람과 함께 역할을 분담하고, 점차 사회적 관습과 인정에 따라 행동한다. 따라서 청소년은 타인에 대한 관심이 많아지고 도덕이나 철학 등 이론적이고 추상적인 개념을 인지적으로 이해하게 되면서 이기심에서 벗어나 선행을 하며 사회를 이해한다. 또한, 청소년은 정서기능도 절정에 달하고, 특히 이성에 대한 애정 욕구가 나타나면서 결혼을 준비한다. Rousseau는 인간이 사회적 존재가 되면 자기가 아닌 다른 사람의 의견에 따라 살아가는 타율적인 삶을 살게 된다고 보았다.

Rousseau는 이러한 네 단계의 발달이 인류가 변화해 온 진화과정을 반복하는 것이라고 보았다. 즉, 인간은 동물과 같은 생활을 하는 원시인의 단계에서 감각적 경험에 근거한 간단한 사고력을 활용하여 생활하는 미개인의 단계를 거쳐 다른 사람에게 의존하며 생활하는 사회적인 존재로 성장한다. 이러한 성장은 이미 내적으로 결정된 계획에 따라 이루어지므로 그는 인간이 최대한 성장하려면 제한적이고 왜곡된 영향을 주는 외적인 강요를 줄이고 자발적 관심과 방식을 허용하는 자유로운 환경을 조성해 주어야 한다고 강조하였다. 그리하여 그는 인간이 자연의 상태에서는 차이가 없으나 문명으로 인해 개인차가 나타나므로 문명이 인간을 타락시킨다고 주장하였다.

Rousseau는 『에밀』에서 아동은 자신이 갖고 태어난 천성에 따라 교육을 받아야 하는 능동적 존재이며, 아동을 성인세계로부터 보호하는 것이 교육자의 역할이라는 교육관을 제시하였다(조복희, 1999, p. 12). 이러한 Rousseau의 교육관은 당시의 주입식 교육방법과 근본적으로 다른 것이었다. 그는 아동이 이해할 수 없는 내용을 교육하기 때문에 아동이 학습을 괴로운 것으로 경험함으로써 배움에 대한 동기화가 일어나지 않고 나태해지거나 성인의 인정을 받기 위해 억지로 성인이 알려주는 답을 받아들이는 등 다른 사람에게 의존하며 스스로 생각하는 것을 그만두게 된다고 보았다. 따라서 Rousseau는 『에밀』에서 에밀이 스스로 판단할 수 없는 것은 결코 제시하지 않았으며, 에밀이 진정으로 배우고자 하는 욕구가 생겼을 때 제시함으로써 성인의 가르침 없이도 스스로 자연스럽게 배울 수 있도록 하였다. 그 과정에서 성인은 최소한의 지침만을 제공하고 직접적인 교정은 하지 않았는데, 이는 스스로 문제해결 방법을 익히도록 돕기 위해서였다(Crain, 2005, pp. 20-24).

(3) 평가

Rousseau는 인간의 본성을 자연상태에서 파악하고자 하였으며, 영유아에게는 자신의 내부에 이미 탑재되어 있는 자연의 계획에 따라 스스로 많은 것을 배울 수 있는 역량이 있다고 믿었다. 그는 성인의 가르침이나 사회적 강화와 같은 환경적이고 외적인 힘보다는 자신의 시간표에 따라 자연스럽게 우러나오는 내적인 동기에 의해 스스로 학습하는 자발적인 성장을 주장하였다. 그러한 성장을 통해 인간은 독립적으로 발달하고 자신의 판단을 신뢰할 수 있어 행복한 삶을 살 수 있다고 하였다.

오늘날 생물학적 성숙이라고 일컫는 인간의 자연스런 성장에 대해 Rousseau

는 이미 짜여진 시간표에 따라 일련의 발달단계를 거치며 각 단계마다 고유의 발달적 특성이 있어 단계별로 행동하고 사고하며 느끼는 양식이 다르다고 설명하였다. 이러한 자연적 발달에 대한 그의 주장은 현대 단계이론적인 발달심리학의 초석이 되었다. 그는 내재화된 시간표와 단계이론을 바탕으로 아동중심 교육이라는 새로운 교육철학을 제안하면서 단계별 특성에 따라 아동을 교육하면 그들 나름대로의 검증방식과 이해력에 따라 문제를 이해할 수 있음을 강조하였다. 그러나 Rousseau의 견해는 개인의 자유와 인간발달의 정서적 측면을 지나치게 강조함으로써 교육과 사회, 문화의 중요성을 무시하였다는 비판도 있다.

2) Gesell의 성숙이론

(1) 생애

Arnold Gesell
(1880~1961)

Gesell은 과학적 관찰을 토대로 Rousseau의 자연주의 견해를 아동발달 연구에 적용시켜 성숙이론으로 체계화시켰다. 그는 미국 위스콘신주의 알마에서의 목가적인 생활을 통해 자연스럽게 자연의 섭리를 존중하는 경향을 갖게 되었다. Hall의 제자였던 그는 심리학 박사학위를 취득한 후 기저 생리과정을 이해하고자 다시 의과대학에 입학하여 생리학으로 박사학위를 취득하였다. 그는 자신이 재직하던 미국의 예일대학교에 아동발달연구소(Clinic of Child Development)를 설립하고, 심리학과 의학을 통합시켜 아동의 운동신경발달에 관한 실증적 연구 등 수많은 업적을 남겼다. 그가 동료들과 함께 만들었던 행동규준(behavior norms)은 지금까지도 아동발달 연구나 임상에서 널리 사용되고 있다.

(2) 주요 개념

① 성숙

Gesell에 의하면 모든 유기체의 성장은 유전적으로 그 방향이 결정되어 있는 성장모형(growth matrix)에 따르며, 환경적 요인은 단지 그러한 성장을 지지해 주거나 약간 수정할 뿐이고 발달 자체를 유발하지는 못한다. 즉, 인간의 발달은 근본적으로 내적인 힘에 의해 이루어지는데 이를 '성숙(maturation)'이라고 한다(정옥분, 2004, p. 59). 따라서 성숙을 결정하는 유전인자는 같은 종(種)의 구성원 간에 유사하여 구성원이 각기 다른 환경에서 자라더라도 그 발달 패턴은 기본적으로 유사하다. 이러한 관점에서 Gesell은 발달의 몇 가지 특징을 제시하였다(유효순, 1992, p. 44).

첫째, 신체발달과 행동은 계획된 방식에 따라 발달하므로 상당히 예측 가능하다. 둘째, 행동은 신체구조와 어느 정도 함수관계를 갖는다. 즉, 대부분의 영유아는 타고난 신체 구조에 맞게 행동하기 때문에 같은 환경에서 자라더라도 영유아마다 다르게 행동한다. 셋째, 환경은 행동발달에 있어서 중요한 요인이지만 그 작용은 매우 개별적이다. 즉, 한 영유아 또는 한 연령에 가장 적합한 환경이라도 다른 영유아 또는 다른 연령에는 적합하지 않을 수 있다.

Gesell은 발달에 미치는 환경의 영향을 완전히 배제하지는 않았다. 예를 들면, 태아는 자궁 내의 양수 온도나 모체에게서 받는 산소의 양에 따라 발달에 영향을 받을 수 있고, 영유아는 바람직한 방향으로 행동하도록 유도하는 사회문화적 환경에 따라 영향을 받을 수도 있다. 즉, Gesell은 영유아가 처한 환경에 따라 발달의 속도가 다르고 내재된 잠재력의 발현에도 다르게 영향을 미칠 수 있다는 것을 인정하였다. 그러나 그는 태내기에 심장이 생겨난 후 뇌와 머리가 발달하고, 그후에 팔, 다리 등이 발달한다거나, 앉고 나서 서고, 그 후에 걷고 달리는 신체운동발달이 이루어지듯이 모든 발달의 순서는 생물학적으로 내재된 성숙 기제에 의해 결정된다고 보았다. 즉, 그는 발달을 촉진하는 성숙과 환경 중 성숙이 더 근본적이라고 봄으로써 성숙 시간표에 맞추어 환경이 제공될 때 발달이 가장 효과적으로 이루어진다고 주장하였다.

Gesell은 성숙과 학습 중 어느 것이 발달에 더 중요한 영향을 미치는지에 대해 연구하고자 유전인자나 태내 환경이 동일하여 생물학적인 힘과 환경의 영향을 비교하는 것이 가능한 일란성 쌍생아 통제법을 도입하였다. 그는 일란성 쌍생아를 대상으로 계단 오르기 훈련에 대한 연구를 실시하여 한 명에게는 계단 오르기를 학습할 시기 이전에 훈련을 시켰고, 다른 한 명에게는 아무런 훈련을 시키지 않다가 계단 오르기를 학습할 만큼 성숙했을 때 훈련을 시작하였다. 한 명에게만 훈련을 시키던 기간 동안에는 훈련받은 쌍생아가 훈련받지 않은 쌍생아보다 계단 오르기를 더 잘 하는 것처럼 보였으나 훈련받지 않았던 쌍생아에게 때가 되어 훈련을 시키자 이전부터 훈련받았던 쌍생아와 계단 오르기 수준이 같아져 둘 간에 차이가 없어졌다. 경우에 따라 미리 훈련을 받았던 쌍생아는 오히려 계단 오르기를 싫어하여 숙달이 덜 되는 반면, 때가 되어 시작한 쌍생아는 계단 오르기를 재미있어 하며 자발적으로 계단 오르기를 더 많이 하면서 먼저 훈련을 시작한 쌍생아보다 더 숙달되는 경우도 있었다. 이러한 연구결과는 생물학적으로 성숙되기 전에 이루어지는 조기교육의 효과가 비교적 일시적이며 궁극적으로는 발달에 거의 영향을 미치지 못하고, 경우에 따라서는 오히려 학습을 방해하는 역효과가 있음을 시사한다.

② 발달단계

Gesell은 행동발달주기를 0~5세, 5~10세, 10~16세의 세 시기로 나누었다(유효순, 1992, pp. 44-47). 행동발달의 첫 기간인 5세까지는 가장 기초적인 시기로서 이후의 발달에 많은 영향을 미친다. Gesell은 이 시기를 세분화하여 14단계로 나누었다. 즉, 출생 후 첫 1년은 4주, 16주, 28주, 40주, 1년 등 5단계로, 다음 2년 동안은 15개월, 18개월, 24개월 등 3단계로, 그 다음부터는 6개월 간격의 6단계로 나누었다. 이처럼 영유아의 발달을 단계로 나눈 것은 현재의 발달을 이전 단계나 다음 단계와 비교할 수 있고 각 단계별 성숙 규준을 통해 영유아의 성장을 상대적으로 평가할 수 있기 때문이었다.

영유아는 각 발달단계를 거치면서 미성숙하고 바람직하지 않은 행동을 보다 성숙하고 바람직한 행동으로 바꾸어간다. 그러나 연령이 증가함에 따라 미숙한 형태의 반응이 항상 성숙한 형태로 바뀌는 것은 아니다. 발달단계를 거치면서 미숙한 반응(불균형상태)과 성숙한 반응(균형상태)이 반복적으로 나타나지만 성숙상태에서 다시 미숙한 상태로 가기도 하는데 이때는 이전의 미숙한 행동을 그대로 반복하지는 않는다. 이전에는 성숙하지 않았던 부분이 성숙해져 미성숙 정도가 향상되면서 보다 더 성숙한 행동 방향으로 진행한다([그림 2-1] 참조).

Gesell은 미숙한 반응과 성숙한 반응을 행동의 불균형상태와 균형상태로 설명하였다. 영유아가 불균형상태일 때는 미숙한 반응과 행동이 나타나며, 균형상태일 때는 성숙한 반응과 행동이 나타난다. 일반적으로 영유아가 미숙한 상태인 불균형 상태일 때 다루기 힘들다. 이러한 불균형상태는 계통발생적 유전 때문에 불가피하며, 영유아가 불균형상태일 때 성인의 기대나 요구, 제한, 통제는 오히려 부정적인 태도를 초래하고 성인과의 관계를 손상시킬 수도 있다. 그러므로 Gesell은 영유아가 불균형상태일 때 성인은 간섭하지 말고 인내하고 허용적인 태도를 취하여 영유아가 자발적이고 자연스럽게 그 상태를 지나갈 수 있도록 해야 한다고 하였다. 즉, 스스로 자아통제와 자기훈육을 통해 균형상태로 전환하여 행동을 수정할 수 있게 해 주어야 한다는 것이다. 이는 영유아가 불균형상태라 할지라도 그에 상응하는 내부발생적 요인에 의해 영유아 스스로 보다 바람직한 행동을 하게 됨을 뜻한다.

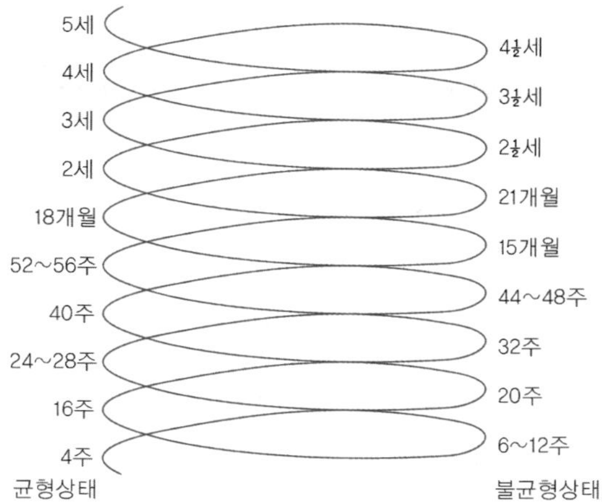

[그림 2-1] 행동발달 변화

출처: 유효순(1992). 아동발달, p. 46.

③ 개인차

Gesell은 모든 아동이 동일한 순서로 발달하지만 그 발달 속도에는 차이가 있다고 주장하였다. 이러한 개인차는 기질이나 성격과 관련이 있으므로 양육자가 영유아를 양육할 때는 개별적인 특성을 고려해야 한다. 이러한 개별성을 바탕으로 Gesell은 영유아의 성장과 발달에 관한 정보를 조직하고, 연령별로 비교함으로써 영유아 개인의 발달을 평가하는 데 사용할 수 있는 일련의 행동목록표를 고안하였으며, 이는 영유아발달을 평가하는 중요한 규준이 되었다.

(3) 발달의 원리

발달은 유전적으로 결정된 순서에 따라 이루어지는데 여기에는 몇 가지 기본원리가 있다(정옥분, 2004, pp. 60-62; Crain, 2005, pp. 32-35).

① 발달 방향의 원리

발달은 태내기부터 정해진 순서에 따라 이루어진다. 발달의 순서는 일정한 방향, 즉 머리에서 꼬리로, 중심에서 말초로 이루어지며, 이러한 순서는 유전자 지도에 따라 성장하면서 이루어지는데 그 순서는 바뀌지 않는다.

② 상호교류의 원리

상호교류(reciprocal interweaving)의 원리는 대칭되는 두 부분이 서로 한 부분씩 발달한 후에 함께 통합하여 균형적으로 발달하는 것이다. 인간은 좌뇌와 우뇌, 왼손과 오른손 등 양측으로 되어 있고 두 측면이 상호교류하면서 체계적으로 발달한다. 예를 들면, 영아는 두 손 중 한 손을 먼저 사용한 후 두 손을 사용하고, 그 다음에 다른 한 손을 사용한 후 다시 두 손을 사용한다. 상호교류를 반복하는 과정에서 더 우세한 쪽이 결정된다. 성격형성과정에도 이 원리가 적용된다. 즉, 인간에게는 내향적인 특성과 외향적인 특성이 있어 3세경에는 소심하고 불안정한 내향적인 성격특성을 보이다가, 4세경이 되면 외향적인 특성을 보이고, 5세가 되면 이 두 가지 성격특성이 통합되면서 균형 잡힌 성격을 나타낸다. 이러한 순환을 지속하면서 인간은 성격의 내적 영역과 외적 영역을 확대시키고 재조직한다.

③ 기능적 비대칭의 원리

상호교류 작용을 통해 두 측면의 발달이 균형을 이루지만 완벽한 균형이나 대칭상태에 이르기는 상당히 어렵다. 사실, 약간의 불균형이나 비대칭이 보다 기능적일 수 있다. 불균형발달의 예로 신생아의 경직성 목반사(tonic neck reflex)를 들 수 있다. 영아는 누워 있을 때 머리를 한쪽으로 돌리는 경향이 있는데 그 때 반사적으로 같은 방향의 팔은 쭉 펴고 다른 팔은 머리 뒤로 구부리는 펜싱 자세를 취한다. Gesell은 이러한 기능적 비대칭(functional asymmetry)의 원리가 오른손잡이, 왼손잡이와도 관련이 있다고 주장하였다.

④ 자기조절의 원리

Gesell은 일련의 신생아 연구를 통해 수유와 수면 등의 생리적 리듬을 신생아의 요구대로 했더니 신생아 스스로 수유시간을 점차 줄여가고 더 오랫동안 깨어 있게 되는 것을 발견하였다. 그 과정에서 신생아가 때때로 이전의 불규칙한 상태로 돌아가곤 했지만 점차 안정되어 갔다. Gesell은 이를 자기조절(self-regulation)의 원리라고 하였다. 신생아가 스스로 발달을 조절해 가는 이러한 힘은 내재된 성숙기제에서 나온다. 영아는 조절해 가는 과정에서 일시적으로 불균형상태를 나타내지만 결국에는 통합되어 평형상태에 이른다. 이러한 자기조절과정이 있기 때문에 영유아에게 너무 빨리, 너무 많이 배우도록 강요하면 영유아는 저항하게 된다. 자기조절의 원리는 현재의 균형상태에서 너무 멀리 나가지 않으려는 유기체의 반응으로서 영유아 스스로 자신의 수준에 맞춰 성장을 조절하고 이끌어갈 수 있게 해준다.

(4) 평가

Gesell은 유전인자에 의해 발달이 이루어진다는 성숙이론을 과학적인 연구방법을 통해 설명했다. 세계 최초로 영상촬영기술을 이용하여 영유아행동을 관찰, 기록하였을 뿐만 아니라 일방경(one-way mirror)을 사용하여 보다 객관적으로 영유아대상의 연구를 실시하였다. 또한, 그는 영유아의 연령변화에 따른 발달을 체계적으로 연구함으로써 행동목록표를 제시하였는데 이는 오늘날에도 발달에 대한 유용한 지침을 제공해 준다. 그러나 발달은 성숙 요인 못지않게 환경 요인도 중요한데 그는 지나치게 성숙 요인을 강조하였다는 점에서 비판을 받는다. 또한, Gesell의 연구대상 영유아가 대부분 중상류층이었기 때문에 연구결과를 다른 계층 및 다른 문화권의 영유아에게 일반화시키는 데도 한계가 있다.

2. 정신분석이론

정신분석이론(psychoanalytic theory)은 인간의 행동에 대한 무의식의 영향을 강조하면서, 인간의 모든 행동에는 반드시 원인이 있다는 심적 결정론과 인간의 행동은 자신이 의식하지 못하는 본능적 충동이 지배한다는 무의식적 정신과정의 두 가지 가정에 기초한다. 정신분석이론은 Freud가 개척하였으며, 그의 이론을 근간으로 Erikson, Adler, Jung 등의 신정신분석학(neopsychoanalysis)이 등장하였다.

1) Freud의 심리성적 이론

(1) 생애

Sigmund Freud
(1856~1939)

Freud는 체코슬로바키아의 모라비아에서 가난한 유태인 가정의 8남매 중 장남으로 태어났는데, 이러한 유태인적 근원과 정체감이 그의 삶과 학문에 영향을 미쳤다(Kaplan, 2009). Freud는 의과대학에 진학하여 신경학(neurology) 분야를 연구하면서 히스테리아(hysteria)에 관심을 가졌다. 그는 최면요법을 사용하였고, 무의식 속에 억압된 감정을 찾아서 풀어주는 것이 히스테리아 환자를 치료하는 것이라 믿었다. 그러나 최면요법이 히스테리아 환자에게 큰 효과가 없자 그는 자유연상(free association)이라는 새로운 방법을 개발하였다. 자유연상은 마음에 떠오르는 어떤 생각이든 밖으로 자유롭게 표현하도록 하는 방법인데 이는 정신의 한 부분인 무의식으로의 잠겼던 통로를 열어 주었다(정옥분, 2007, p. 125).

Freud는 환자의 기억이 영유아기까지 거슬러 올라감으로써 어린 시절의 경험이 그의 무의식에 지대한 영향을 미친다고 보고, 초기 경험의 중요성을 강조하였다. 또한, 그는 자신의 꿈, 기억, 어린 시절 등을 분석하면서 아동기 성욕이론에 대해 확증을 가지고 '외디푸스 콤플렉스(Oedipus complex)'를 주장하였다. 그는 이러한 이론을 『꿈의 해석(The interpretation of dreams)』(1900)이라는 책에서 처음 발표하였다.

(2) 성격의 구조

Freud의 정신분석이론은 인간의 성격형성과정에 중점을 둔다. 그는 인간의 모든 행동에는 원인이 있다고 보고, 인간의 무의식에서 그 원인을 찾으려 했다. 그는 무의식의 세계를 처음으로 소개하였는데 인간이 꿈을 꾼다는 것은 곧 무의식이 있다는 것을 증명하는 것이며, 이러한 무의식 속에 내재하고 있는 내적 욕구나 갈등을 자유연상을 통해 밖으로 끄집어낼 수 있다고 주장하였다.

Freud는 인간의 정신세계를 빙산에 비유하여 물의 표면에 떠 있는 작은 부분을 의식(consciousness), 물속에 잠겨 있는 가장 큰 부분을 무의식(unconsciousness), 그리고 파도에 의해서 물 표면으로 나타났다 잠겼다 하는 부분을 전의식(preconsciousness)으로 보았다([그림 2-2] 참조).

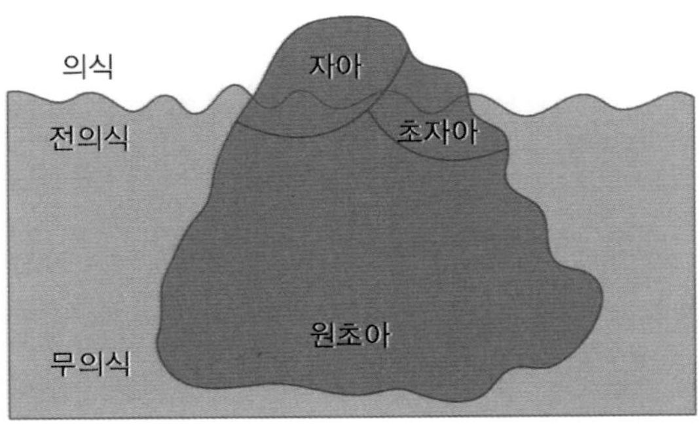

[그림 2-2] 성격의 구조

출처: 김현택 외(2001). 심리학, p. 222.

의식이란 주의를 기울이는 순간 바로 알아차릴 수 있는 정신세계로서 대부분의 자아가 이에 속한다. 전의식은 주의를 집중하고 노력하면 의식이 될 수 있는 정신세계로서 역시 자아의 영역에 속한다고 볼 수 있다. 그러나 무의식은 의식 밖에 존재하는 정신세계로서 자신이 전혀 자각하지 못한다. 어쩌다 무의식의 일부가 전의식으로 올라가 의식되는 경우도 있으나 대부분의 무의식은 자신이 전혀 알지 못한다. 무의식은 원초아와 초자아로 구성되어 있다. 특히 Freud는 무의식을 강조하여 무의식을 인간의 본능, 충동, 원시적 감정 등의 영역으로 보았다.

(3) 성격의 구성요소

Freud는 성격이 원초아, 자아, 초자아의 세 요소로 구성되어 있다고 설명하였다([그림 2-2] 참조). 이 세 요소는 고유한 기능과 특성, 기제 및 역동성을 가지고 있으며 서로 밀접하게 관련되어 있다. 즉, 인간의 성격은 생물학적 충동(원초아), 적응적 행동(자아), 도덕적 통제지침(초자아)이 상호작용하면서 이루어지는데, 이들의 균형이 깨질 때 문제가 발생한다.

① 원초아

원초아(id)는 즉각적인 만족과 긴장 감소를 목적으로 하는 선천적이고 생물학적인 요소이다. 원초아는 현실을 고려하지 않은 채 쾌락적인 욕망을 수행하려 하고 고통스러운 것은 회피하려는 등 쾌락원리(pleasure principle)에 의해 활동하며, 내부의 욕구나 긴장, 충동 등에 관여한다. 또한, 이는 식욕, 공격 욕구, 성적 욕구 등 본능적인 욕구를 관장한다.

본능은 삶의 본능과 죽음의 본능으로 구분된다. 삶의 본능은 개체의 보존과 종족번식을 목적으로 하는데, Freud는 이러한 삶의 본능을 성 본능으로 보고 리비도(libido)라고 하였다. 죽음의 본능(thanatos)은 모든 파괴적이고 공격적인 행동을 포함한다. 죽음의 본능은 인간은 누구나 결국 죽게 된다는 것으로서 삶의 본능의 최종 목표이기도 하다.

② 자아

자아(ego)는 성격의 합리적 요소로서 원초아의 즉흥적인 충동을 억제하고 현실을 고려하여 합리적인 방법으로 욕구를 충족하도록 한다. 자아는 현실원리(reality principle)에 따라 원초아의 욕구나 긴장, 충동을 현실적으로 합당하게 해결할 수 있는 상황 여건을 고려한다. 즉, 자아는 원초아의 비합리적 사고를 저지하기 위해 심리적 힘을 사용하고 원초아의 맹목적인 열정을 통제함으로써 유기체를 손상으로부터 보호한다. 그러므로 자아가 강하고 건강한 사람은 내부 또는 외부로부터 오는 스트레스에 효과적으로 대처하고 현실의 요구와 사회의 요구를 합리적으로 처리한다. 반면, 자아가 약한 사람은 융통성이 없고 완고하며 반복적인 방어기제와 병적인 해결방법을 되풀이함으로써 여러 가지 정신증세를 일으키기도 한다(김미영, 2010, p. 164).

③ 초자아

초자아(superego)는 성격의 세 요소 중 가장 늦게 발달한다. 초자아는 유아기 후반(3~6세경)에 발달하기 시작하는 도덕성을 저장하는 곳으로서 원초아의 쾌락추구에 반대하는 힘을 가지고 작용하는 정신 에너지이다. 초자아는 자아로부터 발달하며 쾌락이나 현실보다는 이상(理想)과 완전함을 추구한다. 따라서 초자아는 사회적인 관점에서 볼 때 부적절한 원초아의 충동 표현을 금하거나 방해하고 이상을 추구하는 것으로 양심의 원리(conscience principle)에 따라 활동하여 자기 자신을 끊임없이 비판적으로 감시하는 역할을 한다.

초자아는 부모나 주위 사람으로부터 물려받은 사회의 가치와 도덕이 내면화되면서 자신의 행동이 원칙적으로 옳은지 그른지를 판단하기 때문에, 부모의 양육태도나 행동모델이 영유아의 초자아 형성에 중요하다(현정환, 2009, p. 147). 초자아는 의식과 무의식에 걸쳐 존재하며, 이들의 행동을 안내하고 지시하는 규칙과 가치로 작용한다.

원초아와 자아 및 초자아는 연령이 증가함에 따라 발달한다([그림 2-3] 참조). 태어난 지 1개월 정도 되는 신생아의 정신세계는 대체로 무의식에 속해 있어 본능적 충동을 가진 원초아가 대부분의 삶을 지배한다. 이 시기의 자아는 매우 작고 약하며, 극히 일부분만이 의식에 속해 있어 매우 제한적이고, 전의식도 거의 존재하지 않는다. 3세경의 유아는 의식이 확대되고 정확해지며 전의식도 확장된다. 3세경에 자아는 전의식으로 나오지만 심리적으로 고통스러운 생각은 무의식으로 억압된다. 이후 아동기와 청소년기에 이르러 전의식은 점차 복잡해지며, 3세경부터 발달하기 시작한 초자아는 자아로부터 발달하여 사춘기에 거의 완성된다.

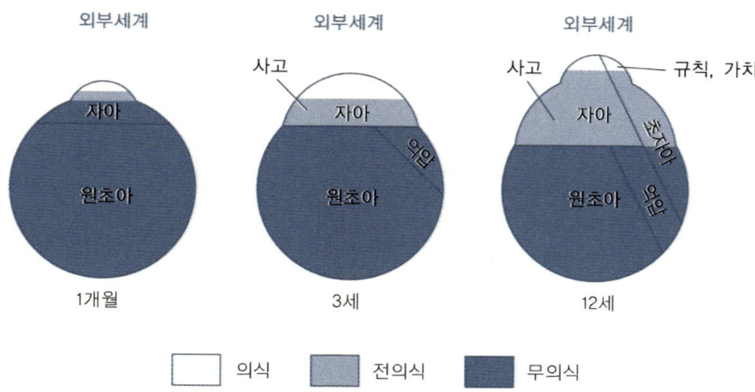

[그림 2-3] 원초아, 자아, 초자아의 발달적 경향

출처: Thomas, R. M. (2000). *Comparing theories of child development*(5th ed.), p. 128.

(4) 심리성적 발달단계

Freud는 리비도(libido)가 집중적으로 모이는 부위를 성감대라고 하였다. 리비도는 연령이 증가하면서 일정한 순서에 따라 여러 신체부위로 옮겨 다니는데, 리비도의 이동에 따라 성격이 발달한다. Freud는 성격발달과 관련한 심리성적 발달단계를 다섯 단계로 구분하였으며, 각 단계에서 추구하는 쾌락이 만족되어야 다음 단계로 넘어갈 수 있으며, 그렇지 못하면 그 단계에 고착(fixation)된다고 주장하였다.

① 구강기

구강기(oral stage)는 출생에서 1세경까지로, 리비도가 입 주위에 몰려 있기 때문에 영아는 젖을 빨고 음식을 씹는 것을 통해 성적인 욕구를 충족하면서 쾌락을 추구한다. Freud는 구강기의 욕구를 만족하지 못하면 이 시기에 고착되어, 후에 손가락 빨기, 과식, 수다 떨기, 손톱 깨물기 등의 구강기적 성격을 보이게 된다고 하였다.

[그림 2-4] 무엇이든 입으로 가져가 빠는 구강기 영아

② 항문기

항문기(anal stage)는 1세에서 3세경까지의 시기로, 리비도가 입에서 항문으로 옮겨져 영아는 배설물의 보유와 배설에서 쾌감을 얻는다. 즉, 영아는 배설을 통해 긴장과 불편감이 해소되는 쾌감을 느낄 뿐만 아니라 배설물을 보유함으로써도 쾌감을 느낀다. 이는 참았다가 배설하면 쾌감이 커지는 동시에 배변을 가릴 수 있다는 사회적 승인을 얻기 때문이다.

항문기에는 대소변 가리기(배변훈련, toilet training)가 중요한 과제인데 이를 부모가 억압적이거나 조급하게 훈련시키면 유아는 항문기에 고착된 성격을 형성한다. 즉, 결벽증적 성격이나 수전노, 수집광 같은 항문기 강박적(anal compulsive)

성격은 배설을 참아 근육을 수축하는 데 쾌감을 고착시킴으로써 나타나고, 물건을 낭비하고 어지럽히며 자신을 지저분하게 하는 항문기 폭발적(anal explosive) 성격은 배설을 하고 난 후의 근육이 이완되는 쾌감에 고착됨으로써 나타난다고 하였다.

③ 남근기

남근기(phallic stage)는 3세에서 6세경까지의 시기로, 리비도가 성기로 옮겨감에 따라 성기부분이 성감대가 된다. 이 시기의 유아는 자신의 몸에 성기가 있다는 사실을 자각하게 되고 성기에 자극을 가함으로써 느끼게 되는 쾌감을 경험한다.

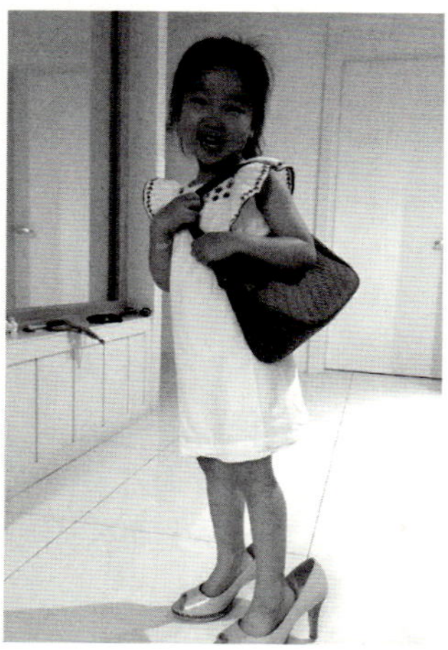

[그림 2-5] 엄마 모습의 동일시를 통해 여성의 성역할을 학습하는 남근기 여아

Freud는 이 시기 유아의 발달을 그리스 신화에 나오는 외디푸스 콤플렉스(Oedipus complex)와 엘렉트라 콤플렉스(Electra complex)로 설명하였다. 남아는 어머니를 이성으로 사랑하게 되는 외디푸스 콤플렉스를 경험하면서 아버지를 애정 경쟁자로 느낀다. 그러나 남아는 아버지가 자신보다 강하고 우월하기 때문에 아버지가 자신을 해칠지도 모르며 자신의 성기를 없애버릴지도 모른다는 거세불안(castration anxiety)을 느끼게 되며, 이를 여아의 성기를 보며 확인하기도 한다. 그래서 거세불안을 감소시키기 위해 어머니에 대한 성적 욕망과 아버지에 대한 적대감을 억압하면서 이 과정에서 아버지처럼 되기 위해 아버지와 동일시(identification)하려고 한다. 즉, 아버지와 경쟁하는 대신 아버지처럼 되려고 하는 것이다. 이러한 동일시 과정을 거쳐 남아는 그 사회에 적절한 남성적 성역할을 획득하며, 남성적 역할을 내면화하는 과정에서 양심을 발달시킴으로써 초자아를 형성한다.

반면, 여아는 아버지를 사랑하는 엘렉트라 콤플렉스를 경험하면서 어머니를 동일시하여 여성적인 성역할을 획득한다. 여아는 남성이 갖고 있는 성기가 자신에게 없는 것이 어머니 때문이라고 생각하여 어머니가 자신을 불완전하게 낳았다고 원망하고, 남아의 성기를 부러워하는 남근선망(penis envy)을 나타낸다. 그러나 남성의 성기를 가질 수 없기 때문에 결국 어머니와의 동일시를 통해 여성적 성역할을 획득하면서 자신의 욕망을 만족시킨다. Freud는 여성의 열등의식이 여기에서 비롯되었다고 주장한다. 이 시기에 고착된 남근기적 성격은 과시적이고 공격적이며 교만하고 방종한 것이 특징이다.

④ 잠재기

잠재기(latent stage)는 6세에서 12세경까지의 초등학교 시기로 리비도가 활동을 멈추고 숨어 있는 듯한 시기이다. 이 시기는 성적 욕구가 억압되고 겉으로 보기에는 평온한 시기처럼 보인다. 남근기까지의 갈등해결에 투입되던 많은 성적 에너지가 부모나 동성 친구에게 집중되면서 이 시기의 아동은 지적인 탐구가 활발해지고 친구와 어울리면서 운동이나 놀이 등 사회적으로 받아들여질 수 있는 일에 자신의 에너지를 집중시킨다. 그리하여 이 기간에 아동은 학업과 친구관계 등을 통해 기본적인 사회적 기술을 습득하고 침착성과 자기통제력을 발달시킨다.

⑤ 생식기

생식기(genital stage)는 성기기라고도 하며 12~13세 이후 사춘기가 시작되면서 비롯되는 시기이다. 이 시기는 잠재기에 잠복되었던 성적 에너지가 무의식에서 의식의 세계로 나와 다시 왕성한 활동을 시작한다. 이에 따라 잠재기 이전에는 자신의 신체에서 성적인 쾌감을 추구하는 자기애착적 경향을 보였으나 이 시기부터 아동은 이성에 관심을 갖게 되고 이성으로부터 만족을 얻으려 하는 이성애착적 경향을 나타낸다. 아동이 이 시기에 순조롭게 발달하면 이타적이고 성숙한 생식기적 성격을 보이지만, 그렇지 못하면 권위에 반항하고 비행행동을 하거나 이성에 대한 적응곤란 등을 야기한다. 생식기에는 잠복기에 확립되었던 원초아, 자아, 초자아 간의 균형이 갈등과 혼란을 겪으면서 균형을 잃을 수도 있어 그런 경우에는 방어기제를 사용하기도 한다.

(5) 방어기제

Freud는 불안이란 본능적 충동에서 오는 절박한 위험을 자아에게 경고하는 신호로서 이러한 신호에 반응할 때 자아는 방어기제(defence mechanism)를 사용한다고 주장하였다. 방어기제란 스트레스나 불안, 좌절로부터 자신을 보호하고 갈등상황을 피하기 위해 사용하는 무의식적인 심리적 책략이다. 인간은 방어기제를 사용함으로써 불안을 유발하는 고통스러운 감정이나 불쾌한 생각을 왜곡하거나 위장한다(정옥분, 2012, pp. 83-84). 이러한 방어기제는 성격발달의 수준이나 불안 정도에 따라 여러 가지 형태로 나타난다. 방어기제를 사용하여 그 결과가 성공적이면 계속 사용하는 경우가 있는데, 이런 경우 흔히 방어기제가 성격의 일부가 되기도 한다. 그러므로 방어기제는 성격형성의 중요한 요인이라고 할 수 있다. 대표적인 방어기제는 다음과 같다.

① 억압(repression)

의식하기에는 현실이 너무 고통스럽고 충격적이어서 고통으로부터 벗어나려고 이를 무의식 속으로 억눌러 버리는 것이다. 억압은 다른 방어기제나 신경증적 증상의 기초가 된다. 한편, 억압과 다르게 의식적으로 생각과 느낌을 눌러 버리는 것은 억제(suppression)이다.

② 고착(fixation)

다음 발달단계로 나가는 것이 불안하여 현재 단계에 머무르는 것이다. 성인이 되면 어른다운 사고와 행동을 해야 하는데도 불구하고 어린아이처럼 사고하고 행동하는 것을 예로 들 수 있다.

③ 퇴행(regression)

육체적, 정신적으로 충분히 발달되었음에도 불구하고 유아기의 행동이나 사고로 되돌아가려는 현상이다. 즉, 퇴행은 자아가 현실을 견딜 수 있을 만큼 강하지 못하여 리비도의 욕구를 유아 같은 방법으로 만족시키는 것이다. 퇴행은 동생이 태어나거나 주위의 변화로 불안을 느끼게 될 때 자주 나타나는데, 이때 유아는 주위의 사랑과 관심을 얻기 위해 말을 더듬거나 대소변을 가리지 않는다든지 또는 다시 젖병을 빨거나 기어 다니는 등의 전단계로 후퇴하는 행동을 보이기도 한다.

④ 합리화(rationalization)

용납될 수 없는 자신의 행동 동기를 무의식적으로 위장하여 합리적으로 설명함으로써 자아를 보호하고 사회적 승인을 얻으려는 것이다. 즉, 합리화는 어떤 실패나 불만의 주 원인이 자기의 무능이나 결함으로 인한 것임에도 이를 감추고 대신 그럴듯한 이유를 제시하는 것이다. 이솝우화의 '여우와 신포도' 이야기에 나오는 여우의 반응을 예로 들 수 있다.

⑤ 치환 또는 전이(displacement)

어떤 대상에게 적의를 가졌을 때 그 적의의 감정이나 정서를 다른 대상에게 발산하는 것이다. 즉, 적의의 감정을 직접 표현하면 사회적으로 용납되지 않고 벌이나 비난을 받을 우려가 있으므로 적의를 일으키게 한 대상보다 덜 위험한 대상에게 표현하는 것이다. '종로에서 뺨 맞고 한강에서 눈 흘긴다.'는 속담이 이에 해당한다.

⑥ 승화(sublimation)

억압되었거나 금지된 욕구를 직접 표현하지 못할 때 사회로부터 용인되는 다른 목표를 달성함으로써 간접적으로 원하는 욕구를 만족하려는 행동이다. 이는 치환의 일종으로도 볼 수 있는데, 치환에 비해 보다 합리적으로 받아들일 수 있고 높은 문화적 목표를 갖는다.

⑦ 투사(projection)

자신의 것으로 받아들이기 곤란한 사고나 행동을 다른 사람의 사고나 욕망으로 돌림으로써 자아를 방어하는 것이다. 예를 들면, 유아가 싸움을 할 때 싸움의 원인이 친구에게 있다고 생각한다든지, 성격이 좋지 않은 사람이 오히려 친구가 성격이 나쁘다고 비난하는 경우 등이다.

⑧ 반동형성(reaction formation)

사회적으로 수용되지 않거나 죄의식을 일으키게 하는 억압된 욕구를 가진 사람이 무의식적인 희망이나 원래의 욕구와는 반대되는 태도를 의식적으로 표현하는 것이다. 예를 들면, 미워하는 친구에 대한 적개심을 지나친 관심과 애정으로 표현하는 경우이다. '미운 놈 떡 하나 더 준다.'는 속담이 이에 해당한다.

(6) 평가

Freud는 성격발달에 관한 근본적인 가설을 제공하였고 무의식의 영역을 개척했다는 점에서 정신의학과 심리학 발전에 크게 기여하였다. Freud의 이론은 인생 초기 경험의 중요성, 특히 부모와 자녀와의 관계를 중요시하여 부모의 역할과 자녀양육에 대한 관심을 불러일으켰으며, 부모와 자녀 간의 애착, 형제관계, 공격성, 도덕성, 성역할 등의 발달에 관한 연구를 촉진시키는 데도 기여하였다(Berk, 2000, p. 18). 또한, 방어기제에 대한 규명도 그의 큰 업적이라 할 수 있다. Freud의 이론을 비판하는 학자조차도 방어기제에 대해서는 긍정적 평가를 함으로써 방어기제는 일상생활에서도 폭 넓게 수용되고 있다.

한편, Freud의 성격발달이론은 생물학적인 성충동에 기반을 두고 영유아의 수동성을 지나치게 강조했으며, 과학적 검증이나 설명이 어렵다는 점 등에서 비판을 받는다(유안진, 1999, pp. 61-62). 첫째, Freud는 성적인 욕구를 강조했으며, 특히 유아기의 성욕을 지나치게 강조하였다. 둘째, Freud의 인간관은 수동적이며 비관적이어서 인간을 성욕과 과거의 경험에 의해 지배되는 수동적이고 소극적인 존재로 보았다. 셋째, 외디푸스 콤플렉스, 남근선망, 고착 등과 같은 개념은 과학적 검증이나 설명이 불가능하다. 넷째, 외디푸스 콤플렉스, 엘렉트라 콤플렉스, 여성의 열등감 등에 대한 그의 편견은 비교문화 연구 결과, 문화에 따라 남녀의 성역할이 바뀐 곳도 있어 그 보편성을 증명하지 못하였다. 다섯째, 양심의 발달에 부모나 가족만이 아니라 이웃 등 주변 사람의 격려와 인정, 처벌이 영향을 미친다는 사실을 무시했다. 여섯째, 그의 개념과 가설이 신경증 성인 환자의 임상적 자료에 근거하여 구축되었기 때문에 정상인이나 영유아의 발달을 설명하는 데는 무리가 있다.

이러한 Freud 이론의 비판에 대한 대안으로 신정신분석학파가 등장하였다. 신정신분석학파는 Freud가 성욕을 지나치게 강조하는 것에 회의를 품었다. 이들은 사회적 관계를 통한 성격발달을 논하면서, 인간의 행동과 정서 및 동기는 유전된 자기 보존의 본능이나 성적 생식의 본능에 의해 나타나는 것이 아니라 가정, 학교, 환경 등 사회문화의 영향에서 비롯된다고 보았다. 신정신분석학파에는 Erikson, Adler, Jung, Sullivan, Horney, Fromm, Berne 등이 있다.

2) Erikson의 심리사회적 이론

(1) 생애

Erik Erikson
(1902~1994)

Erikson은 독일의 프랑크푸르트에서 태어났다. 그가 태어나기 전에 어머니는 이혼하고 세 살 때 재혼하였다. Erikson의 어머니는 유태인이었으나 생부는 덴마크인이었으며, Erikson은 생부를 닮아서 덴마크인의 모습이었다. 그래서 자라는 동안 유태인 소년들에게서 이방인이라는 놀림을 당하였는데, 이는 Erikson이 자아정체감 문제에 몰두하게 된 배경이 되었다. Erikson은 틀에 박힌 학교 분위기를 싫어하여 고등학교 졸업 후 대학에 진학하지 않고 1년 동안 유럽여행을 하며 스스로를 발견하고자 하였다. 25세 때 Erikson은 Freud의 딸인 Anna Freud를 만나 그녀와 함께 아동을 대상으로 정신분석에 대해 연구하였다. Hitler의 출현으로 미국으로 이주한 Erikson은 미국 내 여러 지역을 옮겨 다니면서 연구하였는데, 이는 다양한 문화환경에서 성장하는 아동에 대한 비교문화적인 연구의 기초가 되었다.

Erikson은 정식 학위를 받은 적은 없으나 하버드대학교에서 교수직을 제의받아 1994년 92세를 일기로 죽을 때까지 그곳에서 연구하였다. Erikson은 신정신분석학파의 대표적인 학자로서 그의 대표 저서인 『아동기와 사회(Childhood and society)』(1950)에서 생의 8단계를 제시하였다.

(2) 발달단계

Freud의 영향을 받은 Erikson은 Freud의 이론을 근간으로 자신의 이론을 발전시켰다. Freud가 성격발달의 기초로 성적인 에너지, 즉 리비도를 강조한 것과 달리 Erikson은 사회적인 에너지를 강조하였다. Erikson은 인간의 발달단계는 유전적 요인에 의해 결정되지만 사회적 혹은 환경적 힘에 의해 유전적으로 결정된 단계가 현실화된다고 주장하였다. 그는 인간의 성격발달을 개인(개인적 욕구나 능력)과 사회적 환경(사회적 기대나 요구)의 상호작용 결과라고 설명하였다. 그리하여 Erikson은 다른 사람과의 사회적 관계에 초점을 맞추어 발달단계를 제시하여 그의 이론을 심리사회적 이론이라고 한다.

Erikson은 발달을 전 생애에 걸쳐 이루어지는 과정으로 보고 자아개념을 중시하면서 출생에서 노년기까지 각 단계마다 거쳐야 하는 발달과업을 제시하였다. Erikson은 발달단계마다 '…에 대한 감(sense of …)'이라는 표현을 사용하면서 발달과업과 대칭적인 개념인 발달의 위기를 함께 제시하였다. 그는 각 단계마다 대칭적인 두 개념이 균형을 이루면서 발달해야 다음 단계로 원만하게 진행한다고 설명하였다. 즉, 각 단계에서의 위기를 만족스럽게 해결하면 보다 건전한 발달이 이루어지지만, 긴장이나 갈등이 계속되면 자아발달이 손상된다고 설명하였다. 또한, 그는 자신의 8단계 이론이 인간발달의 보편적 양상을 기술하고 있기는 하지만 개인이 각 단계에서 위기를 해결하는 방식에는 문화마다 차이가 있다고 설명하였다.

① 기본적 신뢰감 대 불신감

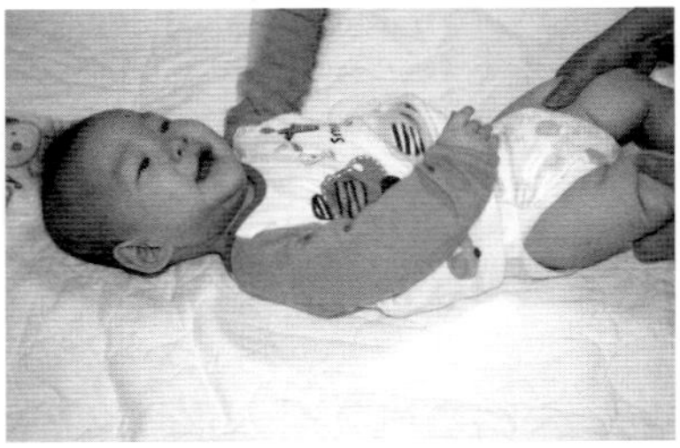

[그림 2-6] 양육자와 기본적 신뢰감을 형성하는 영아

기본적 신뢰감(sense of basic trust) 대 불신감(sense of mistrust)은 출생에서 1세경까지로 이 시기는 Freud의 구강기에 해당한다. 이 시기에 영아는 자신을 돌봐주는 양육자와 신뢰감을 형성한다. Erikson은 이 시기를 인생에서 가장 중요한 시기로 보았다. 이 시기에 양육자가 영아의 신체적이고 심리적인 기본적 요구, 즉 배가 고플 때 우유를 준다든지 소변을 봤을 때 기저귀를 갈아 주는 등의 반응을 적절하게 해주면 영아는 양육자에게 기본적인 신뢰감을 형성한다. 그러나 양육자가 영아의 필요와 요구에 적절히 반응해 주지 않고 일관성 있는 관계를 지속하지 못하면 영아는 양육자에 대한 불신감을 형성한다. 이러한 신뢰감 형성은 미래 사회생활을 할 때 다른 사람과 적응하는 데도 영향을 미친다.

② 자율성 대 수치심과 회의감

[그림 2-7] **무엇이든 혼자 하려는 자율적인 유아**

자율성(sense of autonomy) 대 수치심과 회의감(sense of shame and doubt)은 1세에서 3세까지의 초기 유아기에 형성되며, 이 시기는 Freud의 항문기에 해당한다. 이 시기에 영아는 괄약근 통제, 혼자 걷기 등을 할 수 있게 되면서 스스로 하고자 하는 자율성이 발달한다. 영아는 운동능력과 언어능력이 발달하면서 주변 환경을 적극적으로 탐색하고, 무엇이든 혼자 하려고 하며, 부모에게 의존하려 하지 않고, 대·소근육의 발달로 대소변의 통제도 가능해진다. 그래서 이 시기에 영아는 '내 거', '내가 할 거야', '싫어' 등의 언어를 많이 사용하며 자기주장을 하고, 이러한 주장이 잘 받아들여지고 자신에 대한 힘이 생기면 자율성이 발달한다. 자율성이 발달하면서 영아는 사회의 기대와 압력도 배운다. 따라서 이 시기에 부모는 영아가 자신의 뜻대로만 행동하도록 허용하기보다는 사회적으로 적절한 행동을 할 수 있도록 외적 통제를 가한다. 이때 영아는 독립적이고 자율적인 노력을 부모에게 인정받지 못하거나 사회적 기대에 대해 적절한 행동을 수행하지 못하거나 또는 반복적으로 실패하면(예: 배변 실수, 신체적 통제 실패, 자조기술 미발달 등) 수치심이나 회의감을 갖게 된다.

③ 주도성 대 죄책감

주도성(sense of initiative) 대 죄책감(sense of guilt)은 3세에서 6세 정도까지의 유아기에 형성되는데 이 시기는 Freud의 남근기에 해당한다. 이 시기의 유아는 스스로 어떤 목표나 계획을 세워 그 일을 성공적으로 완수하려 하고, 감각기관을 통해 새로운 세계를 탐색하며, 다양한 신체적 활동과 언어적 활동을 즐기고, 상상력과 창의력을 동원하여 주변 환경을 적극적으로 탐색한다. 뿐만 아니라 유아는 개인적인 욕구를 충족하기 위해 부모에게 의존하던 것에서 벗어나 보다 복잡한 행동을 주도적으로 하려고 한다.

한편, 유아는 행동이나 발달이 미숙하여 자신의 계획과 희망이 실패할 수밖에 없다는 것을 깨달으면서 부정적인 감정인 죄의식을 형성한다. 유아는 죄의식을 만들어내는 초자아를 내면화하여 새로운 형태의 자기억제를 함으로써 죄책감을 느끼게 된다. 이 시기에 유아는 초자아가 너무 강해 지나치게 많은 죄의식을 느끼게 되면 자신을 지나치게 억제하고 제한하여 자신의 개성을 발휘하지 못하고 무력하고 편협한 성격을 가진 성인으로 성장한다. 그러므로 부모는 유아에게 호기심을 가지고 주도적으로 외부 세계를 탐색할 수 있는 기회를 주는 것이 중요하다(김미영, 2010, p. 181).

④ 근면성 대 열등감

근면성(sense of industry) 대 열등감(sense of inferiority)은 6세에서 11, 12세경까지의 학령기에 형성되는데, 이 시기는 Freud의 잠재기에 해당한다. Erikson은 이 시기를 자아성장의 결정적 시기라고 보았다. 이 시기에 아동은 가정에서 벗어나 학교라는 넓고 새로운 세계를 경험하게 되면서 학습에 필요한 읽기, 쓰기, 셈하기 등의 기초적인 인지기능을 발달시키고 사회관계를 확대함으로써 사회에서 통용되는 여러 가지 기능을 배우고 숙달한다. 이러한 과정을 통해 아동은 근면성과 성취감을 배운다. 그러나 아동은 학습이나 놀이에서 실수하거나 실패하여 기대하는 기술을 발전시키지 못하거나 자신이 친구나 또래에 비해 뒤처지고 능력이 낮다고 생각하면 열등감이나 부적절감을 갖게 된다.

⑤ 자아정체감 대 역할혼돈

자아정체감(sense of ego identity) 대 역할혼돈(sense of role confusion)은 13세경부터 사춘기에 이르는 청소년기에 형성되며, 이 시기는 Freud의 생식기에 해당한다. 이 시기에 청소년은 급격한 신체변화를 경험하고 새로운 사회적 압력이나 요구에 대응한다. 또한, 청소년은 자신의 존재에 대해 생각하고 탐색하기 시작함으로써 자신이 누구인지, 자신의 능력은 어느 정도인지, 자신의 역할과 책임은 무엇인지 등의 자아정체감에 대해 고민한다. 그러나 자아정체감을 획득하는 것이 어렵기 때문에 청소년은 또래나 위인, 연예인 등으로부터 동일시 대상을 찾으려 한다. Erikson은 이 시기를 기본적 신뢰감을 형성하는 시기만큼이나 중요하게 생각하였다.

청소년기의 발달과업은 친구와 적절한 관계를 맺고, 자신의 성정체성을 확립하여 결혼과 가정생활을 준비하고, 직업 선택을 위한 준비를 하면서 직업적 정체성도 확립하여 경제적 자립을 준비하는 것이다. 이 시기는 아동기에서 성인기로 전환되는 어려운 시기이며 사회적으로 많은 책임과 역할이 부여되어 이에 대한 부담으로 청소년은 불안감을 느낄 수 있으며 우유부단해지거나 반항적이 될 수도 있다. 이 시기에 청소년이 긍정적인 자아정체감을 형성하면 이후 인생의 여러 단계에서 심리적 위기를 잘 극복할 수 있지만, 고민과 갈등, 방황 등을 오래 하면 자신이 누구인지, 자신의 역할은 무엇인지 등에 대해 역할혼돈이 생긴다.

⑥ 친밀감 대 고립감

친밀감(sense of intimacy) 대 고립감(sense of isolation)은 20세경부터 시작하는 청년기를 지나 성인기에 이르는 초기 성인기에 형성된다. 이 시기에 성인은 자신에 대한 관심에서 벗어나 직업을 선택하고 배우자를 찾으려 하므로 다른 사람과의 친밀감 형성이 주요 발달과업이 된다. 진정한 친밀감은 합리적인 자아정체감이 형성되었을 때만 가능하며 이는 우정과 사랑 모두에서 필요하다. Erikson에 의하면 친밀감은 이전 단계에서 확립한 자아정체감을 타인의 정체감과 융합하는 능력이며, 이타적인 방법으로 다른 사람의 감정이나 사고를 존중해 주고 함께 상호작용하는 과정에서 서로 불편함을 느끼지 않는 것이다(김미영, 2010, p. 185). 한편, 친밀감 형성이 잘 이루어지지 않으면 성인은 자신에게만 몰두하여 사회적 관계에서 고립감을 느낀다. 다른 사람과 깊은 감정과 사고를 나누지 못하는 사람은 고독과 절망에 빠지게 된다.

⑦ 생산성 대 침체성

생산성(sense of generativity) 대 침체성(sense of stagnation)은 중년기에 형성된다. 이 시기는 다양한 측면에서 생산성을 발휘하여 가정에서는 자녀를 출산하여 양육하고, 사회적으로는 후세대를 양성하는 데 노력함으로써 자신의 문제가 아닌 다음세대를 양육하고 교육하는 문제에 관심을 기울인다. 또한, 직업적인 성취나 학문적, 예술적 업적에서도 생산적으로 활동한다. 이 단계에서 성공적으로 발달과업을 성취한 사람은 자신의 이기적인 관심에서 벗어나 다른 사람을 배려할 줄 알아 가정에서는 자녀와의 관계나 배우자와의 관계가 원만하고, 직장에서는 동료나 상사 혹은 부하직원과 원만하고 긍정적인 관계를 형성한다. 반면, 생산성을 제대로 발휘하지 못하면 성격이 침체되고 불모화되어 침체성을 형성하게 된다. 개인적인 욕구에 지나치게 집착하거나 타인의 욕구를 무시하고 다음 세대를 위하여 무엇인가를 하지 못하며 생산성을 발휘하지 못할 때 침체상태에 빠지게 된다.

⑧ 자아통합감 대 절망감

자아통합감(sense of ego integrity) 대 절망감(sense of despair)은 노년기에 형성된다. 이 시기는 신체적, 경제적, 사회적 어려움 등으로 인해 인생의 무력감을 느낄 수 있는 시기이지만, 이를 자연스러운 것으로 받아들이면 자아통합감을 발달시키게 된다. Erikson에 의하면, 건강한 개인은 과거를 되돌아볼 수 있고 삶의 내용에 관계없이 이를 만족스럽게 느끼며 자신의 존재가 삶의 이유와 부합된다고 믿으면서 자아통합을 이룬다. 자아통합을 이룬 사람은 자신의 인생이 가치 있었다고 생각하면서 생에 대한 통찰과 관조로서 인생의 의미를 발견할 때 다가올 죽음까지도 수용한다.

반면, 자신의 생을 되돌아볼 때 지나온 삶이 아쉽고 후회스러우며 잃어버린 시간이 안타깝고 신체적 노쇠, 직업에서의 은퇴, 친구나 배우자의 병과 사망 등으로 인생에 대한 무력감과 허무감을 느끼게 되면 절망감이나 극단적인 부정적 자아개념을 가지게 되며 죽음에 대한 공포도 나타난다. Erikson에 따르면 이 시기의 성공과 실패는 다가오는 신체적, 사회적 퇴보를 어떻게 수용하는가에 달려 있다.

(3) 평가

Erikson은 Freud가 제시한 발달의 5단계를 확장시켜 8단계로 설명하였다. 영유아의 발달에서 Freud가 부모와의 관계만을 중시한 것에서 벗어나 Eriklson은 부모뿐만 아니라 가족, 친구, 사회, 문화적 요인도 중요하게 작용한다고 보고, 사회적 요인이 인간의 발달에 어떻게 영향을 미치는지 알아보고자 하였다. 이는 정신분석이론의 신뢰도 수준을 높이고 실생활에서의 적용 가능성을 확인시켜 주었다. 또한, Erikson은 정상적인 성인을 대상으로 자료를 수집하여 이론을 구축하고 생의 8단계를 제시하여 정상적인 인간이 사회관계 속에서 발달하는 과정을 설명하는 데 기여하였다. 뿐만 아니라 그는 인간발달에서 전 생애를 통한 발달적 접근을 시도하고 문화적 상대성도 인정하였다.

Erikson은 인간이 천성적으로 선하며 적응적, 창조적 힘을 지니고 있는 존재라고 강조하였으나, 여전히 정신분석이론이 가지고 있는 기본적인 한계를 벗어나지 못하였다. 즉, Erikson은 Freud와 마찬가지로 인생의 초기 경험을 중요시하면서 인간을 수동적이고 비관론적으로 본 측면이 있으며, 과학적인 근거를 제시하지 못하였고, 이론을 구축한 개념이 애매하고 모호하다는 비판도 있다(Thomas, 2000, p. 161). 또한, 유아기에 주도성이 위축되어 죄책감을 형성한다는 주장에 대해 죄책감을 이 시기의 개념으로 설명하기에는 적절하지 않다는 비판도 있다.

(4) Freud 이론과 Erikson 이론의 비교

Freud와 Erikson의 이론은 정신분석이론이라는 점에서 그 출발은 같지만, Erikson이 Freud 이론의 한계점에서 벗어나 자신만의 이론을 발전시킴으로써 공통점과 차이점이 있다.

Freud와 Erikson의 이론의 공통점은 다음과 같다(유안진, 1999, pp. 71-72). 첫째, 인간의 자아분석에 기초를 두고 자아의 성장과정을 설명하고자 하였다. 둘째, 인생의 초기 경험을 중요시하여 어린 시절의 경험과 부모와의 관계가 인간의 발달에 큰 영향을 미친다는 것을 강조하였다. 셋째, 인간의 발달은 질적으로 차이가 있는 단계로 구성되어 있어 단계별로 발달한다고 주장하였다. 넷째, 영유아기를 중요하게 여겼으며 정신적으로 건강한 성인이 되려면 어린 시절의 갈등구조를 잘 해결해야 한다는 점을 강조하였다. 다섯째, 과학적인 근거를 제시할 수 있는 정확성이 결여되어 있다.

한편, Freud와 Erikson의 이론의 차이점은 다음과 같다. 첫째, Freud가 성적 에너지를 중시하여 심리성적 발달단계는 청년기를 끝으로 5단계로 성격발달이 이루어진다고 주장하였으나, Erikson은 사회적 에너지를 강조하여 전 생애를 통해 발달이 지속된다고 보고 심리사회적 발달단계를 8단계로 연장하였다. 둘째, Freud는 한 단계에서의 발달이 순조롭지 않으면 고착이라는 현상을 통해 그 실패를 되돌릴 수 없다고 보았으나, Erikson은 후에라도 적절한 애정과 보살

핌이 주어지면 실패가 수정될 수 있다고 보았다. 셋째, Freud는 원초아와 무의식을 중시하였고, Erikson은 의식을 중시하였다. 즉, Freud는 인간의 꿈이나 기억 등을 분석하여 이론을 구축하였으나, Erikson은 개인이 속한 사회적 관계 속에서 개인의 자아를 분석하는 등 사회적인 경험을 통해 이론을 정립하였다. 넷째, Freud는 생물학적 영향인 부모와의 관계만을 중요시하였으나, Erikson은 사회문화적인 요인을 중요시하여 영유아의 발달에는 부모만이 아닌 가족, 친구, 사회, 문화적 요인이 모두 중요하게 작용한다고 보았다. 다섯째, Freud는 자신의 신경증적 성인 환자를 치료하는 과정에서 어린 시절을 회상하게 하여 무의식을 분석한 자료를 이론의 근거로 삼았으나, Erikson은 정상인을 대상으로 자료를 수집하였고, 여기에 아동에 대한 관찰 자료와 여러 문화의 사람을 대상으로 수집한 자료를 포함시켜 훨씬 방대한 자료를 바탕으로 이론을 구축하였다. 마지막으로 Freud 이론에 나오는 개념은 고대 그리스 신화에서 인용한 특정한 문화적 시각에 기초한 반면, Erikson 이론은 여러 문화의 시, 민속, 일상생활의 지혜 등을 참고하여 비교문화적 시각을 바탕으로 이루어졌다(Miller, 2002, pp. 158-159).

3. 인지발달이론

인지발달이론은 인간을 환경과 능동적으로 상호작용하는 존재로 보고, 그 상호작용의 결과로 인지발달이 이루어진다고 본다. 인지(cognition)가 라틴어의 'congos cere', 즉 '아는 것(to know)'이라는 단어에서 유래하였듯이 인지적 관점에서는 인간이 세상에 대해 무엇을 알고 이해하는지, 사고의 과정은 어떠한지에 대해 알고자 한다.

1) Piaget의 인지발달이론

(1) 생애

Jean Piaget
(1896~1980)

1896년 스위스에서 태어난 Piaget는 21세에 동물학 박사학위를 받았으나 지식의 근원에 관한 문제를 해결하고자 아동심리 분야의 연구를 하기로 결심하였다. 1920년 Piaget는 파리의 Binet 실험실에서 일하며 아동용 지능검사를 개발하던 중 비슷한 연령의 영유아가 어떤 문제에 대해 같은 오답유형을 보인다는 것을 발견하였다. 이에 Piaget는 영유아의 사고에 그 나름대로 독특한 특성이 있을 수 있다는 생각을 하게 되었고 표준화 검사 대신 보다 개방적인 임상적 면접법(clinical interview)을 고안했으며, 영유아의 자연스런 활동을 관찰함으로써 영유아로부터 많은 것을 배우고자 했다.

Piaget는 아동심리학 분야에서만 40권 이상의 저서와 100편 이상의 논문을 발표하였다. 73세에 유럽인으로서는 최초로 미국심리학회로부터 '특별과학공헌상'을 수상함으로써 가장 영향력 있는 발달심리학자로 인정받았으며, 현대 발달심리학의 학문적 기초를 마련하는 데 큰 기여를 하였다(신명희 외, 2013, p. 42; 정옥분, 2007, p. 169).

(2) 기본 원리와 개념

① 도식

Piaget는 인지구조를 도식(scheme, schema)이라고 불렀다. 도식은 영유아가 경험한 어떤 측면을 이해하기 위해 구성한 사고 또는 행동의 조직화된 패턴(유형)으로 '사고의 틀'이라고 할 수 있다. 예를 들어, 대다수의 3세 유아는 태양이 살아 있다고 생각하는데, 이는 움직이는 것은 모두 살아 있다는 단순한 인지도식에 근거하여 생각하기 때문이다.

신생아는 기본적인 반사를 가지고 태어나므로 반사행동을 반복하면서 도식을 형성한다. 예를 들어, 빨기반사를 갖고 태어난 신생아는 젖을 빨면서 빤다는 행동도식(behavioral scheme)을 형성하여 일종의 습관이 된 것처럼 행동한다. 영아기 말이 되면 영아는 상징도식(symbolic scheme)을 형성하여 경험을 시각적 이미지처럼 정신적으로 나타내는 도식을 형성한다. 학령기 초 영유아는 내적인 정신활동이나 두뇌활동(예: 인지적 덧셈이나 뺄셈)을 할 수 있는 조작적 도식(operational scheme)을 형성한다. 조작적 도식은 정보를 정신적으로 다루며 일상생활에서 부딪히는 문제를 논리적으로 생각할 수 있게 한다. 따라서 나이 차이가 많은 두 영유아는 서로 다른 유형의 도식을 가지고 있으므로 똑같은 사물과 사건이라도 자신의 인지구조에 따라 다른 방식으로 해석하고 반응한다.

② 인지기능

Piaget에 의하면 영유아는 호기심 많은 적극적인 탐험가로서 직접 경험하여 보다 능동적으로 새롭게 세상을 이해하려는 구성주의자이다. 인간은 평생 끊임없이 환경에 적응하기 위해 상호보완적인 활동인 동화(assimilation)와 조절(accommodation)을 한다. 동화는 자신이 이미 가지고 있는 도식에 외부대상을 받아들이는 인지과정이며, 조절은 자신이 가진 기존의 도식이 새로운 대상을 받아들이는 데 적합하지 않아 불평형(disequilibrium) 상태가 되면 새로운 대상에 맞도록 이미 가지고 있는 도식이나 구조를 바꾸는 것이다.

처음 새로운 대상이나 사건을 접하면 현재의 인지구조로 이해하려고 하지만(동화) 현재의 도식으로 해결이 어렵다고 판단되면 도식을 수정하거나(조절) 현실과 더 잘 어울리도록 도식을 다른 관련 도식과 통합시키려 한다(조직화). 그 결과, 사고대상을 이해하면 영유아는 개인 내 인지구조와 환경 간의 조화, 즉 평형(equilibrium)을 이루게 된다. 그러나 호기심 많고 능동적인 인간은 또 다른 새로운 대상이나 사건을 접하여 다시 인지적 불평형 상태가 되므로 새로운 동화나 조절 또는 조직화의 과정이 시작되고, 그 결과로 이전보다 더 높은 수준의 평형을 이룬다. 이렇게 평형과 불평형의 상태가 지속적으로 반복해 일어나는 것을 평형화(equilibration)라고 하며, 이를 통해 영유아는 더 높은 인지수준으로 나아간다.

〈표 2-1〉 Piaget의 인지기능별 정의와 예

인지기능	정의	예
평형 (equilibrium)	도식과 경험의 조화	새가 날아다니는 것만 본 영유아는 날아다니는 것은 모두 새라고 생각한다.
동화 (assimilation)	기존 도식에 근거하여 새로운 경험을 이해함으로써 그것에 적응	하늘을 날고 있는 비행기를 본 영유아는 그것을 새라고 생각한다.
조절 (accommodation)	새로운 경험을 기존의 도식에 맞춰 수정	영유아는 새로운 새가 깃털이 없고 날갯짓을 하지 않는다는 것을 알게 되어 갈등이나 불평형을 경험한다. 그것이 새가 아니라고 결론지은 영유아는 그것에 새로운 이름을 붙이거나 "저게 뭐야?"라고 질문한다. 성공적으로 조절이 이루어지면 최소한 잠시나마 평형상태를 회복한다.
조직화 (organization)	기존 도식을 새롭고 더 복잡한 구조로 재정리	영유아는 날아다니는 대상이라는 상위범주와 새와 비행기라는 두 개의 하위범주로 구성된 위계적 도식을 형성한다.

(3) 인지발달단계

영유아가 인지적으로 성장함에 따라 인지적인 내용은 변할 수 있으나 인지구조의 기능은 언제나 똑같이 작용한다. Piaget는 조직화와 평형과정을 통해 새롭게 생기는 인지구조는 항상 기존의 구조보다 더 정교한 상위구조를 형성하므로 질적으로 다르다고 가정하고, 이러한 인지구조의 질적인 변화에 기초하여 인지발달단계를 제시하였다. 그 발달단계는 모든 영유아가 동일한 순서를 거치지만 그 속도는 영유아마다 다를 수 있다. 또한, 각 단계는 그 이전 단계의 구조를 통합하면서 나타나기 때문에 질적으로 다르고, 수준도 더 높을 뿐만 아니라 단계를 건너뛰지도 못한다(신명희 외, 1998, p. 48). Piaget의 인지발달단계는 감각운동기, 전조작기, 구체적 조작기, 형식적 조작기의 순서로 이루어진다.

① 감각운동기

영아는 감각운동기(sensorimotor stage, 0~2세) 동안 감각기관과 운동기능을 통해 세상을 이해하고, 감각-운동의 행동적 도식을 이용하여 외부 환경을 이해하고 그에 적응한다. 감각운동기는 하위 여섯 단계로 나뉜다(김태련 외, 2004, pp. 140-144; 최경숙, 2006b, pp. 138-142; Shaffer & Kipp, 2007, pp. 247-251).

1단계: 반사운동기(reflex exercises: 출생~1개월) 출생 직후부터 영아는 입에 닿거나 손에 닿는 것은 무엇이든 빨거나 잡는 등 환경 자극에 대해 자동적으로 반응함으로써 타고난 반사를 반복적으로 연습한다. 젖꼭지를 반사적으로 빠는 행동은 환경 내 자극인 젖꼭지를 자신의 반사기능에 동화하는 것이다. 그러나 젖꼭지의 크기에 따라 입 모양을 조정하거나 빠는 행동에 적응하고자 숨 고르기 등을 통해 자신의 빠는 행동을 초보적으로 조절한다.

2단계: 1차 순환반응기(primary circular reactions: 1~4개월) 영아가 우연히 했던 행동이 흥미 있어 이후 그 행동을 계속 반복한다는 의미에서 '순환반응'이라 하고, 흥미를 끈 행동이 외부 대상이 아니라 영아 자신의 신체 움직임이기 때문에 '일차적'이라고 하여 이 시기를 1차 순환반응기라고 한다. 우연히 손가락을 입에 넣었던 영아가 그것이 재미있거나 빠는 느낌이 좋으면 계속 손가락을 빠는 것을 예로 들 수 있다. 신체적 반응을 반복하는 것은 일종의 습관을 형성하는 것이다.

이 단계 동안 반사기능은 감각운동도식으로 발달한다. 이는 손에 닿는 물건은 무엇이나 잡는 반사기능에서 물건의 모양에 따라 잡는 방식을 정교하게 조절할 수 있는 감각운동적 잡기도식으로 발달하는 것을 예로 들 수 있다. 또한, 독립적인 도식을 통합하여 보다 큰 단위의 도식을 이룬다. 이 시기에 영아는 딸랑이를 잡아서 빠는 '잡기-빨기 도식'과 같은 새로운 도식을 형성한다.

3단계: 2차 순환반응기(secondary circular reactions: 4~8개월) 영아는 자신의 신체 외부에 있는 사물을 우연히 발견하고 그것이 흥미로우면 앞서 획득한 감각운동도식을 적용하여 그 사물과의 활동을 반복하기 때문에 이 단계를 2차 순환반응기라고 한다. 예를 들면, 영아는 매달려 있는 모빌을 우연히 발로 찼는데 그것이 움직이는 것을 보면 잠시 멈추었다가 다시 발로 차는 행동을 반복한다. 이 단계의 영아는 자신의 행동이 환경 내에서 어떤 결과를 가져온다는 초보적인 인과성(causality)에 대한 지식을 갖게 된다. 그러나 영아는 아직 행동하기 전에 어떤 의도나 목표를 가지고 행동하는 것은 아니다. 이 단계의 영아는 감춰진 물건의 일부가 보이면 찾을 수 있다.

4단계: 2차 순환반응의 협응기(coordination of secondary circular reactions: 8~12개월) 영아는 자신이 원하는 목표를 성취하고자 의도적인 행동을 한다. 영아는 목표가 되는 하나의 도식에 도달하기 위해 수단이 되는 다른 도식을 연결하여 두 개 이상의 행동을 협응하여 사용하기 때문에 이 단계를 2차 순환반응의 협응기라고 한다. 예를 들어, 영아가 보는 앞에서 딸랑이를 헝겊인형으로 덮으면 영아는 기어가서 헝겊인형을 밀치고 딸랑이를 잡는다. 즉, 딸랑이를 잡으려는 수단으로서 기기, 밀기, 잡기 도식을 결합한다. 따라서 이 단계에서 영아는 수단과 목표를 결합하는 최초의 의도적인 문제해결 행동을 보인다.

영아의 이러한 행동은 대상영속성 개념이 상당히 발달하여 물건이 보이지 않더라도 영아가 물건을 찾아낼 수 있다는 것을 의미한다. 다만, 영아는 이전에 성공적으로 물건을 찾았던 행동을 반복한다. 즉, 이전에 찾았던 장소에 있던 물건을 영아가 보는 앞에서 꺼내 새로운 장소로 옮기면 영아는 이전의 장소에서만 물건을 찾으려 한다.

5단계: 3차 순환반응기(tertiary circular reactions: 12~18개월) 영아는 다양한 운동기술과 호기심을 가지고 적극적으로 주변을 탐색하면서 시행착오 과정을 거쳐 4단계에서 획득한 수단과 목적과의 관계와는 다른 새로운 수단과 목적과의 관계, 즉 새로운 인과관계를 모색한다. 따라서 3차 순환반응은 단순하게 목적을 반복하는 것이 아니라 새로운 행동을 통해 나타날 결과를 다양하게 시도해 보는 것이다. 예를 들어, 장난감 고무오리가 "꽥꽥" 소리를 내도록 누르기만 했던 영아는 이 단계에 오면 떨어뜨리거나 밟아보거나 베개로 눌러서 같은 소리가 나는지를 확인한다.

또한, 영아가 보는 앞에서 새로운 장소에 물건을 감추면, 영아는 대상영속성 개념을 가지고 물건을 찾을 수 있다. 그러나 영아가 보지 못한 상황에서 장소를 옮겨 물건을 감추면 영아는 계속 찾던 장소에서만 물건을 찾으려 한다. 그러므로 이 단계의 영아는 대상영속성 개념의 발달이 아직 불완전하다.

6단계: 정신적 표상기(mental representation: 18~24개월) 5단계까지의 영아는 외적이고 직접적인 감각운동적 행동 차원에서만 사물에 대한 인지기능이 가능했으나, 6단계의 영아는 대상을 마음속에 정신적 표상으로 저장하여 나중에 그 대상이 눈앞에 없더라도 꺼내서 사고하거나 문제해결에 사용한다. 따라서 이 단계의 영아는 시행착오를 덜 하게 되고, 표상을 통해 눈앞에 없는 대상에 대한사고도 가능해져 전조작기로 전환한다.

이 단계의 영아는 대상영속성 개념이 완전히 발달하여 보이지 않는 물건의 이동도 표상을 통해 이해하여 사라진 물건을 찾을 수 있다. 뿐만 아니라 영아는 과거에 다른 사람이 했던 행동을 기억했다가 시간이 경과한 후에 모방하는 지연모방(deferred imitation)도 가능하다.

〈표 2-2〉 감각운동기의 하위단계별 대상영속성 개념의 발달양상

하위 단계	연령 (개월)	인지발달양상	대표적 행동	대상영속성 발달양상
1	0-1	반사운동기	젖꼭지 빨기	대상영속성 개념이 없으며, 관심을 가지고 보던 물건이 사라지면 즉시 관심이 없어진다.
2	1-4	1차 순환반응기	손가락 빨기	
3	4-8	2차 순환반응기	딸랑이 소리를 듣기 위해 딸랑이 흔들기	쳐다보고 있던 물건의 일부를 가리면 그 물건을 찾을 수 있으나 보고 있더라도 물건을 전부 가리면 물건을 찾지 않는다.
4	8-12	2차 순환반응의 협응기	장난감을 잡기위해 방해되는 물건 치우기	쳐다보고 있던 물건을 천으로 덮으면 천을 치우고 물건을 찾아낸다. 그러나 영아가 보는 앞에서 처음과 다른 쪽의 천 밑에 물건을 숨기면 처음 숨겼던 천을 뒤집고 그곳에서만 물건을 찾으려 한다.
5	12-18	3차 순환반응기	장난감이 내는 다양한 소리를 듣기 위해 장난감 흔들기	눈앞에서 사라진 물건을 찾지만 영아가 보지 못한 상황에서 2, 3단계로 물건을 숨기면 처음 장소에서만 물건을 찾는다.
6	18-24	정신적 표상기	가상의 숟가락으로 음식을 먹는 척하기	물건을 숨기는 과정을 보지 않았더라도 그것을 찾아낸다.

출처: Kail, R. V. (2002). *Children*, p. 157; DeHart, G. B., Sroufe, L. A., & Cooper, R. G. (2004). *Child development: Its nature and course*, pp. 169-171의 내용을 재정리함.

② 전조작기

전조작기(preoperational stage, 2~7세)의 유아는 감각운동기에 비해 사물에 대해 상징이나 표상을 사용하는 능력이 증가하지만 논리적 사고는 할 수 없어 Piaget는 이 시기를 전조작기라고 명명하였다. 이 시기는 2~4세까지의 전개념기(preconceptional period)와 4~7세까지의 직관적 사고기(intuitive period)로 나뉜다.

전개념기 개념은 사물의 특징이나 관계, 속성에 대한 생각이므로 유아가 어떤 대상에 대한 정확한 개념을 가지고 있다면 그 대상이 어떻게 변하더라도 동일한 대상으로 인식할 수 있다. 그러나 전개념기의 유아는 개념 발달이 미숙하여 자아중심적 사고, 물활론적 사고, 전환적 사고, 인공론적 사고의 특징을 보인다. 또한 조작능력이 충분히 발달하지 못하였으나 표상을 통해 상징적 사고를 할 수 있다.

직관적 사고기 유아는 사물이나 사건의 여러 측면에 주의를 기울이지 못하며 그 속에 내재된 규칙이나 조작도 이해하지 못하고 겉으로 드러난 사물의 속성을 바탕으로 사고한다. 직관적 사고는 유아가 사물의 외양이 변해도 그 양적 속성이나 실체는 변하지 않는다는 보존(conservation)개념을 획득하지 못하고 있다는 점에서 뚜렷이 나타난다. 즉, 이 시기의 유아는 직관에 따라 판단하여 전체와 부분의 관계를 정확하게 알지 못하며, 주어진 과제를 이해하고 처리하는 것도 사물의 두드러진 특징에 좌우되기 쉽다. 따라서 직관적 사고기의 유아는 길이가 다른 여러 개의 막대를 순서대로 나열하는 서열화(seriation) 과제, 여러 가지 색, 크기, 모양의 물건을 속성이 같은 것끼리 분류하는 분류화(classification) 과제를 해결하지 못한다.

③ 구체적 조작기

구체적 조작기(concrete operational stage, 7~11세)는 아동기에 해당한다. 이 시기의 아동은 전조작기의 유아에 비해 인지능력 수준이 높아져 인지적 조작능력, 즉 심상이나 상징을 변경하고 재조직하며 논리적 결론에 이를 수 있는 내적인 정신능력이 발달한다. 특히 전조작기에는 어려웠던 가역적 조작이 가능해지면서 이 시기의 아동은 조작의 순서 전환을 할 수 있으며 조작된 상황도 되돌릴 수 있다는 것을 알게 된다. 그러나 이 시기의 아동이 할 수 있는 조작은 직접 경험한 구체적인 사실과 세계에 대한 것으로 한정된다.

구체적 조작기의 아동은 가역적 사고를 할 수 있어 분류화와 서열화 능력이 발달한다. 특히 서열화 능력은 길이가 다른 막대를 길이라는 한 가지 속성에 따라 순서대로 나열하는 단순서열화(simple seriation)와 길이와 두께가 다른 막대를 각각의 차원에 따라 비교하여 순서대로 나열하는 다중서열화(multiple seriation)가 모두 가능하다.

한편, 구체적 조작기의 아동은 탈중심화된 사고 특징을 보여 전조작기 동안

한 가지 측면만을 고려하여 사고하고 판단했던 중심화(centration) 경향을 탈피하여 한 가지 이상의 측면을 동시에 통합하여 고려할 수 있다. 액체량 보존개념 실험에서 아동은 컵의 모양이 달라진 것에만 주의를 집중하는 것이 아니라 달라진 상태를 전체적으로 고려하거나 높이나 넓이 등의 두드러진 차원을 동시에 고려하여 반응하는 것을 예로 들 수 있다. 또한, 사회적 관계에서도 탈중심화된 인지적 특성이 드러나 이 시기의 아동은 타인의 입장, 감정, 인지를 추론하고 이해할 수 있는 조망수용능력이 발달한다(Piaget, 1950; 송명자, 2011, p. 107 재인용). 이와 관련하여 구체적 조작기의 아동은 전조작기에 사용하던 자기중심적 언어를 7세경부터 급격히 덜 사용하고, 사회화된 언어(socialized speech)를 사용하기 시작하면서 탈중심화된 사고가 가능하다는 것을 보여준다(송명자, 2011, p. 108).

④ 형식적 조작기

인지발달의 마지막 단계인 형식적 조작기(formal operational stage, 11세 이후)는 사춘기에 시작한다. 구체적 조작기의 아동은 가시적이고 구체적인 사물이나 상황에 대해 논리적으로 조작할 수 있었지만, 이 시기의 청소년은 가설적이고 명제적인 사태에 대해 논리적으로 사고할 수 있다. 즉, 청소년은 가설연역적인 추리, 추상적 사고, 조합적 추리(combinational reasoning)를 할 수 있다. 이러한 사고는 성인기까지 지속적으로 발달한다.

(4) 평가

Piaget는 영유아가 성인이 가르치는 대로 배우는 것이 아니라 스스로의 방법으로 배우고 사고방식도 성인과 다르다는 점을 강조하면서 교육에도 많은 시사점을 제공해 주었다. 또한, 도덕발달을 인지발달과 연관지었던 그의 초기 연구는 사회인지(social cognition)라는 새로운 영역을 개척하는 데 기초가 되었다.

그리하여 Kohlberg와 Selman 같은 사회인지이론가는 도덕성, 우정 등의 사회생활 측면을 Piaget 이론에 기초하여 설명하였다.

반면, Piaget 이론은 인간발달에 대한 사회와 문화의 영향을 거의 고려하지 않았고, 발달단계의 진전이나 주요 개념을 과학적으로 검증하기도 어려우며, Piaget가 사용한 임상적 면접법은 객관성과 신뢰성이 결여되어 있고, 영유아의 능력을 과소평가했다는 비판을 받고 있다. 또한, 인지발달단계의 전이가 Piaget의 주장처럼 극적으로 일어나는 것이 아니며, 동일 단계 내에서도 인지적 특성의 발달 간 유사성이 부족하다는 비판도 있다. 그리하여 Piaget 이론을 수정한 신Piaget 이론이 등장하게 되었다(신명희 외, 2013, p. 44; 정옥분, 2007, pp. 201-202).

2) 정보처리이론

1970년대 이후 널리 사용하게 된 디지털 컴퓨터는 인지심리학자에게 큰 관심의 대상이 되었다. 입력된 정보를 신속하고 체계적으로 변환하여 결과를 제시하는 컴퓨터와 비교하여 인간의 정신적 조작 수행과정을 컴퓨터 프로그래머가 고안한 정보처리과정과 유사하다고 보았다(Berk, 2013, p. 21). 이 이론은 정보흐름도를 사용하여 정보가 입력상태에서 감각으로 들어와 출력상태에서 행동반응으로 출현하기까지의 과정을 부호화, 변형, 조작되는 과정으로 설명한다.

(1) 정보처리의 저장소 모델

인지체계를 컴퓨터와 유사하다고 보는 저장소 모델(store model)은 1960년대 말에 처음 등장하였다. 이는 인지체계의 구성요소, 즉 감각기억, 단기기억, 장기기억의 저장소에 정보를 보유하거나 저장하여 정보처리가 이루어진다고 본다. [그림 2-8]은 정보가 흘러가는 순서에 따른 인지체계의 구성요소를 제시한 것이다(Berk, 2013, pp. 278-280; Shaffer & Kipp, 2014, pp. 250-251).

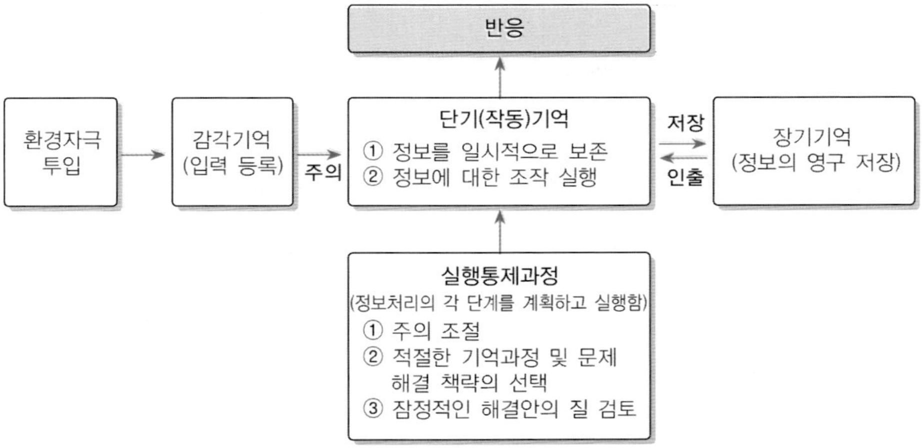

[그림 2-8] **정보처리의 저장소 모델**

출처: 정옥분(2007). **아동발달의 이론**, p. 204 재인용.

인지체계의 첫 번째 구성요소는 감각등록기(sensory register) 또는 감각저장소이다. 감각등록기는 인지체계로 로그인하는 부분으로서 감각적으로 투입된 정보를 사진을 찍듯이 그대로 보유하는 것이다. 시각, 청각 등과 같이 감각양식마다 분리된 감각등록기에 많은 정보량을 담을 수 있지만 아주 짧은 기간 동안에만 보유할 수 있다(예: 시각정보는 1/100초). 그러므로 감각등록기의 정보는 불안정하여 특별히 주의하여 단기기억으로 보내지 않으면 곧 사라진다.

인지체계의 두 번째 구성요소는 단기기억 저장소(short term memory store)이다. 단기기억 저장소는 수초의 짧은 시간 동안 주의를 기울인 제한된 양(약 5~9개)만을 저장할 수 있는데 정보를 반복해서 외우거나 조직화하여 저장하지 않으면 곧 잊어버린다. 또한, 단기기억 저장소는 실행통제과정을 통해 보유한 정보를 적극적으로 작동시킬 수 있는 의식적인 지적 활동 장소이므로 작동기억(working memory)이라고도 한다.

단기기억 저장소에 있는 동안 조작된 새로운 정보는 인지체계의 세 번째 구성요소인 장기기억 저장소(long term memory store)로 넘어와 비교적 영구히 저장된다. 장기기억 저장소는 세상에 대한 지식, 과거의 경험과 사건에 대한 느낌, 정보처리와 문제해결을 위해 사용하는 책략 등 막대한 양의 정보를 저장할 수 있다.

(2) 저장소 모델에서의 발달적 변화

저장소 모델을 발달에 적용해 보면 인지체계의 여러 측면에서 연령에 따른 발달적 변화가 나타난다. 구체적으로 저장소에서의 정보처리 용량의 증가, 인지체계에서의 정보처리 속도의 향상, 고도의 책략을 적용하는 실행기능의 향상으로 나타난다(Berk, 2013, pp. 280-282).

① 정보처리 용량의 증가

정보처리체계에서 '용량'은 정보를 저장할 수 있는 공간의 전체 양으로서 저장소에서 정보를 얼마나 오래 보유할 수 있는지, 또는 정보처리를 얼마나 빨리 할 수 있는지 등을 의미한다. 연령이 증가함에 따라 정보처리 용량이 증가하는데 이는 단기기억 저장소에서 보유할 수 있는 정보의 양과 정보를 처리하는 속도에서의 차이에 영향을 미친다(Shaffer & Kipp, 2014, p. 252).

전통적으로 단기기억 저장소의 용량은 기억 폭(memory span) 검사로 측정해 왔다. 기억 폭은 빠르게 제시하는 비관련 항목을 정확한 순서대로 회상할 수 있는 개수인데, 2세 반은 2개, 7세는 4~5개, 청소년기와 성인 초기는 6~7개로 증가한다([그림 2-9] 참조)(Cowan, 2005; Berk, 2013, p. 280 재인용).

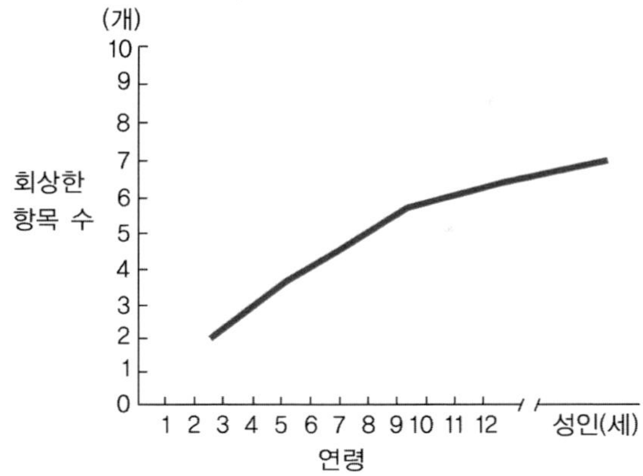

[그림 2-9] 연령에 따른 기억 폭의 증가

출처: Dempster, F. N. (1981). Memory span: Sources of individual and development differences. *Psychological Bulletin, 89,* p. 66.

② 처리속도의 향상

단기기억 저장소의 용량이 증가한다는 것은 부분적으로 정보처리의 속도가 향상된다는 것을 의미한다. 정보처리를 효과적으로 하기 위해서는 단기기억 저장소 내의 정보를 빨리 방출해야 한다. 예를 들어, 아동이 학습해야 할 정보를 큰 소리로 또는 중얼거리면서 더 빨리 반복하면 기억 폭은 더 커진다. 정보처리 속도는 뇌 신경계의 수초화가 증가하거나 정보처리를 방해하는 불필요한 시냅스의 제거와 같은 생물학적 성숙에 의한다(Berk, 2013, p. 281 재인용). 유아에 비해 아동과 성인은 정보를 더 빨리 살펴보고 그 정보를 더 빨리 변형할 수 있으므로 단기기억 저장소에서 한꺼번에 더 많은 정보를 보유할 수 있다.

③ 실행기능의 향상

실행기능(executive function)은 도전적인 상황에서 자기주도적으로 유목적적인 행동을 하는 데 필요한 인지조작과 책략의 집합체이다(Berk, 2013, p. 281). 실행기능은 주의 통제하기, 충동 억제하기, 작동기억에서의 정보의 양 조정하기, 사고와 행동을 계획·조직·모니터링하고 융통성 있게 수정하기 등을 포함한다.

유아기는 실행기능의 기초를 마련하는 중요한 시기로서 초점 맞춰 주의하기, 부적절한 반응 억제하기, 융통성 있게 사고하기와 같은 실행기능이 발달한다. 아동기에는 억제하기, 계획하기, 책략 사용하기를 통합함으로써 자신의 행동에 대해 스스로 모니터링하고 자기수정이 필요한 어려운 과제를 다룰 수도 있다. 청소년기에는 실행기능이 더 향상된다. 실행기능에서의 개인차는 유전요인과 실행요소의 최적 발달에 필수적인 지지적인 부모양육, 교육경험 등과 같은 환경에 의해 나타난다(Hansell et al., 2001; Berk, 2013, p. 282 재인용).

(3) 평가

정보처리이론은 엄격한 연구방법을 통해 인간의 인지과정을 컴퓨터의 정보처리과정에 비교하여 설명함으로써 인지과정에서의 개인차를 이해하고자 하였다. 그러나 정보처리이론은 사고의 요소를 포괄하여 이해하기보다는 요소로 나누어 분석하고, 창의성과 같이 논리적이지 못한 인지 측면을 간과했으며, 인지처리과정에서 사회문화적 맥락, 개인의 욕구와 능력 같은 다양한 요인의 연관성에도 관심을 기울이지 않았다는 비판을 받는다(신명희 외, 2013, p. 46; Berk, 2013, pp. 22-23).

3) Vygotsky의 사회문화적 인지이론

(1) 생애

Vygotsky는 1896년 러시아의 유대인 가정에서 태어났다. 그는 모스크바대학교에 입학하여 법학, 문학, 언어학을 공부하였고, 1917년 러시아 혁명 후 새로운 사회주의 건설의 일환으로 마르크시즘(Marxism)에 기초한 '새로운 심리학'을 구상하였다. 1924년 Pavlov의 조건반사이론을 비판하는 논문을 발표하며 주목받기 시작하였고, 인간발달에서 사회문화적 요인의 중요성을 강조하는 발달심리학을

Lev S. Vygotsky
(1896~1934)

구상하면서 사고, 기억, 추론 등의 정신활동을 강조하였다.

Vygotsky는 1934년 38세의 나이에 폐결핵으로 요절하였는데 그 해에 『사고와 언어(Thought and language)』(1934)가 출판되었다. Vygotsky는 생전에 180편이 넘는 논문과 책을 출판할 만큼 짧은 연구기간 동안 놀랄 만한 업적을 남겨 '심리학계의 모차르트'로 불리기도 한다(신명희 외, 2013, p. 47; 정옥분, 2007, pp. 226-228).

(2) 이론의 특징

인지발달을 연구하는 많은 학자들은 발달을 자율적인 한 개인이 나타내는 외로운 개별 활동의 결과로 봄으로써 환경을 개인의 발달에 긍정적 혹은 부정적 영향을 미치는 요소에 불과한 것으로 간주한다. 그러나 Vygotsky는 인간은 사회적 맥락 속에서 존재하기 때문에 인간의 행동도 그 맥락을 떠나 이해할 수 없으며, 나아가 인간에게 중요한 인지적 기술은 개인이 혼자 환경과의 상호작용을 통해 습득한 것이 아니라고 보았다. 그는 인지발달의 근원을 사회와 문화에서 찾고 개인은 부모, 교사 혹은 자신보다 약간 앞선 또래와의 사회적 상호작용을 통해 개념, 태도, 전략, 기술 등과 같은 개별적인 심리과정을 형성한다고 주장하였다. 이처럼 Vygotsky는 발달에서 사회문화적 요인이 중요하다고 강조함으로써 그의 이론을 사회문화적 인지이론이라고 한다.

① 인지발달의 사회문화적 기원

영유아는 새로운 원리를 배우고 찾기 위해 호기심을 가지고 적극적으로 환경을 탐색하는 존재라고 보는 Vygotsky의 입장은 Piaget의 입장과 일치한다. 그러나 Piaget는 인지발달과정에서 자기 스스로 주도하는 발견을 중시하지만, Vygotsky는 인지발달에 대한 사회문화의 영향을 강조한다. Vygotsky에 의하면 영아는 주의, 감각, 기억, 지각과 같은 기본적인 정신기능을 가지고 태어나지만 이것이 사회문화에 의해 새롭고 더욱 정교한 고등 정신기능으로 변화한다.

영유아는 혼자 중요한 발견을 하는 것이 아니라 더 발달된 기술을 가진 또래나 교사와의 협동적인 상호작용이나 대화를 통해 전수받는다. 처음에 교사가 영유아에게 행동을 직접 보여 주거나 언어로 지시함으로써 영유아가 정보를 이해하도록 도와주면, 영유아는 이해하려고 노력하다가 나중에 그 정보를 내재화하고 나아가 이를 이용하여 자신의 행동을 조절할 수 있게 된다. 또한, 사회적인 상호작용을 통해 영유아는 자신이 속한 사회에서 어떻게 사고해야 하는지, 그 사회의 가치와 신념을 전달하기 위해 무엇을 생각해야 하는지를 배운다. 그러므로 인지는 개인의 마음속에 먼저 존재하고 나중에 표현되는 것이 아니라 사회적 상호작용을 통해 개인에게 내재화(internalization)되어 발달한다. 사회와 문화는 영유아의 인지발달에서 매우 중요한 역할을 한다.

② 근접발달영역

Vygotsky는 사회적 상호작용이 학습자인 영유아에게 내재화되는 과정에서 현재의 실제적 발달수준(타인의 도움 없이 혼자의 힘으로 문제를 해결할 수 있는 수준)과 잠재적 발달수준(도움을 받아서 문제를 해결할 수 있는 수준)을 구분함으로써 영유아의 인지발달이 사회적 상호작용을 통해 어떻게 촉진되는지를 설명하였다. 영유아의 실제적 발달수준은 비슷하다 할지라도 잠재적 발달수준은 크게 다를 수 있다. 실제적 발달수준과 잠재적 발달수준 간의 중간영역을 근접발달영역(zone of proximal development)이라고 하는데([그림 2-10] 참조), 이에는 개인차가 있다. 따라서 영유아가 자신보다 능숙한 성인이나 또래와 상호작용하면서 도움을 받아 수행하는 능력이 증가하면 지식, 문제해결의 기법 등을 내재화하여 점차 스스로 사용하게 되고, 그 결과 독자적으로 수행할 수 있는 수준으로 인지발달이 이루어진다.

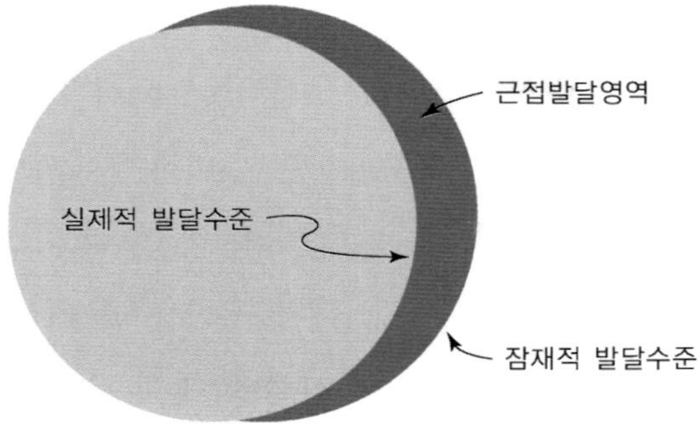

[그림 2-10] **근접발달영역**

출처: 정옥분(2007). 아동발달의 이론, p. 233

③ 비계 설정

영유아의 현재 발달수준보다 높은 수준에 있는 교사와 같은 성인이나 유능한 또래의 가르침이 일방적으로 이루어지는 것은 아니다. 교사는 영유아의 현재 발달수준을 이해하고 학습과정에 영유아가 자발적으로 참여할 수 있도록 새로운 교재를 소개하는 등 영유아의 발달수준에 적합한 교수법을 채택해야 한다. 이것은 영유아가 자신의 잠재능력을 최대한 개발하여 스스로의 힘으로 문제를 해결할 수 있도록 도움을 제공하는 발판, 즉 비계를 설정하는 것(scaffolding)이다. 영유아가 주도적 활동을 더 많이 하기 위해서는 성인이나 유능한 또래의 도움을 받아 새로운 지식과 기술을 구성하여야 하며, 성인이나 또래는 영유아가 활동에 참여할 수 있도록 초대하고 영유아의 반응에 따라 지도수준을 조정하여야 한다. 따라서 비계설정의 적절한 수준은 양자 간의 양방향적인 상호작용을 통해 결정된다.

④ 인지발달을 매개하는 심리적 도구

영유아는 자신의 사고를 돕기 위해 도구를 사용하며 이 도구는 영유아의 사고를 바꾼다. Vygotsky에 의하면 영유아는 활동하면서 자신의 인지기능을 스스로 형성해 가지만 이 과정에서 성인은 영유아가 심리적 도구를 사용하는 방법을 배우도록 돕는 역할을 한다. 심리적 도구는 영유아의 기본 정신과정을 논리적, 추상적 사고 등과 같은 고등 정신과정으로 변화시키는 역할을 한다. 여기에는 언어, 수 체계, 쓰기, 도표, 지도, 예술작품, 학습, 주의, 기억 책략 등이 포함된다. 기본 정신과정이 외부자극에 의해 통제되는 데 비해 고등 정신과정은 언어나 다른 상징체계를 사용하여 외부 사물에 대해 자발적으로 사고하고 문제를 해결한다.

Vygotsky는 언어를 가장 중요한 심리적 도구로 보았다. 초기에는 언어와 사고가 아무런 관계없이 독자적으로 기능하지만 영유아가 성장함에 따라 서로 만나게 된다. 일단 기억하는 것을 돕기 위해 언어를 사용하면 이미지나 인상을 사용하던 기억과정은 언어적인 형식으로 바뀐다. Vygotsky는 물건을 만드는 형틀이 그 물건의 모양을 결정하는 것처럼 언어가 사고의 구조를 결정한다고 주장하였다. 그리하여 그는 언어를 통한 공식적·비공식적 교육이 영유아의 개념적 사고 수준에 큰 영향을 미친다고 보았다. 즉, 영유아의 언어 환경이 단순하고 초보적인 수준이라면 영유아는 매우 단순하게 사고를 하지만, 영유아의 언어 환경이 다양하고 복잡한 개념을 포함한다면 감각기관이나 중추신경계 등과 같은 영유아의 생물학적인 기관이 손상되지 않는 한 영유아는 다양하고 복잡한 방식으로 사고하게 된다.

(3) 평가

Vygotsky 이론은 인지발달에 있어 사회문화적 맥락의 중요성을 강조하였고 그 자체가 영유아의 인지를 발달시키는 요인이라고 보았다. Piaget가 개인과 사회를 독립된 것으로 보고 개인의 발달에 주목했다면, Vygotsky는 개인과 사회를 분리할 수 없는 하나의 단위로 보고 이 둘 간의 상호작용을 통해 양자 모두의 발달이 이루어진다고 보았다. 또한, 대부분의 발달이론가들이 문화적으로 보편적인 발달이나 인지구조에 초점을 둔 반면, Vygotsky는 한 문화 내에서의 개인차뿐만 아니라 각 문화권 간의 발달 차이에도 관심을 가졌다. 그는 영유아 발달에서 보편적인 목표란 없으며 이상적인 사고나 행동은 각 문화권마다 다르다고 봄으로써 문화적 상대성을 인정하였다.

Vygotsky는 영유아의 인지발달에 있어 발달과 학습 간의 관계를 분명히 했다는 점에서도 크게 공헌하였다(성현란 외, 2004, p. 66). 즉, Vygotsky는 근접발달영역이 학습이 일어날 수 있는 한계를 설정해 준다고 주장함으로써, 학습을 통해 인지발달이 이루어진다고 보았다.

이러한 공헌에도 불구하고 Vygotsky의 이론에 대한 비판도 제기되고 있다(조성연 외, 2010, pp. 86-87; Shaffer & Kipp, 2007, pp. 284-285). 첫째, Vygotsky는 인간발달에 대한 문화적, 사회적 경험을 강조하였으나 생물학적 영향력의 중요성을 거의 언급하지 않았다. 둘째, Vygotsky 이론은 사회문화적 맥락의 차이에 대해서는 설명하지만 연령차에 대한 기술이나 설명은 거의 하지 않는다는 점에서 인지발달이론으로 볼 수 있는가라는 의문이 제기된다. 셋째, 근접발달영역의 개념이 모호하다. 혼자서 읽기를 못하는 세 영유아에게 단어 읽기, 문장 연결, 읽기 격려 등 각기 다른 방법으로 영유아를 도와주어 읽게 되었다면 세 영유아가 같은 넓이의 근접발달영역을 가지고 있다고 보기 어렵다. 비록 근접발달영역이 넓은지 좁은지를 알게 되었다 할지라도 세 영유아가 어떤 학습능력을 가지고 있는지는 알 수 없다.

4. 학습이론

학습이론(learning theory)은 어떤 학습의 결과, 즉 행동의 변화를 일으키게 하는 행동기제나 내적 기제인 학습 과정이 무엇인지를 설명하고 해석하는 등 학습이 일어나는 과정을 설명하는 이론이다(김영채, 1997, p. 198). 학습이론은 발달의 주요 추진력이 유기체 내부가 아닌 외부 환경에 있다고 봄으로써 인간발달에 있어 생물학적 요인보다는 환경적 요인을 더 강조한다.

1) 학습이론에 대한 이해

Locke는 인간의 모든 지식은 경험에 근거를 두고 있다는 경험주의 철학을 주장하였다. 이러한 관점에서 그는 인간의 마음은 백지상태와 같다고 봄으로써 백지설(tabula rasa, blank state)을 주장하였다. 백지설은 백지에 어떤 그림을 그리느냐에 따라 작품이 달라지듯 영유아가 어떤 환경에서 어떤 교육과 훈육을 받으며 성장하느냐에 따라 다양한 인간상을 가지게 된다는 것이다. Locke는 영유아가 좋은 습관을 형성할 수 있도록 학습과 경험을 제공하는 성인의 역할을 중시하였으며, 영유아에게는 무엇이든 가르칠 수 있다고 보았다. 이러한 Locke의 사상은 행동주의의 토대가 되었다.

행동주의는 인간의 심리보다는 눈으로 볼 수 있고 측정할 수 있는 행동을 연구대상으로 하여 환경이 인간의 행동을 결정한다는 환경결정론적 입장을 견지한다. 행동주의는 심리학이 과학이어야 한다는 것을 강조함으로써 인간의 발달을 이해할 때 무의식적 동기나 내면의 감정 혹은 인지적 사고과정 등 내적 과정에 초점을 두기보다는 직접 관찰하고 측정할 수 있는 외현 행동과 그 행동의 결과에 더 초점을 둔다. 또한, 행동주의는 인간 내부에서 일어나는 신경계의 변화, 호르몬의 변화, 정보처리과정, 무의식, 자유의지 등과 같은 것을 인정하지 않고, 환경자극과 그로 인해 유발되는 반응인 행동에만 관심을 둔다. 그래서 행동주의이론을 자극-반응이론(stimulus-response theory)이라고도 한다(최상진, 1997, pp. 29-30).

인간의 모든 행동은 자극에 대한 반응으로 나타나며, 인간은 외부의 자극과 경험에 의해 행동을 나타낸다. 유기체는 매일 소음, 빛, 전파 등 수많은 종류의 물리적 사건에 노출되는데 이러한 사건은 행동에 직접 영향을 미치기도 하고 미치지 않기도 한다. 행동에 직접 영향을 미치는 사건을 '자극'이라 하고, 근육이나 내분비선에 의해 야기되는 특정한 활동으로서의 행동을 '반응'이라 한다.

자극-반응이론에 의하면, 복잡한 행동도 자극과 반응 단위의 구성요소로 분석할 수 있다. 자극과 반응의 연합은 자극에 대한 반응일 뿐만 아니라 이것에 이어 발생하는 사건에 대한 또 다른 자극으로도 작용한다. 자극과 반응 간의 이러한 연계는 더욱 확대되어 더 복잡한 학습을 할 수 있게 해준다(정옥분, 2003, p. 93). 이런 의미에서 행동주의이론을 학습이론이라고도 한다.

행동에 영향을 미치는 자극은 강도와 지속시간에 의해 영향을 받는다. 강도는 자극을 야기하는 데 필요한 에너지로서 힘을 뜻하며, 대개 자극의 강도가 클수록 반응은 더 잘 일어난다. 자극은 지속시간에 따라 달라질 수 있는데 섬광처럼 매우 짧은 자극은 행동의 변화를 전혀 일으키지 않으며, 반대로 기계의 회전 소리처럼 지속적인 경우에도 변화를 일으키지 않는다. 또한, 반응행동의 유형에는 응답행동과 작동행동이 있다. 응답행동은 무릎 반사나 눈 깜박임과 같이 불수의적으로 나타나는 행동이며, 작동행동은 지렛대를 누르는 것과 같이 수의적인 통제에 따라 나타나는 행동이다.

학습이론의 기본 원리는 자극과 반응 간의 관계이므로 대부분의 행동은 자극과 반응 간의 관계에 의해 학습된 결과로 본다. 즉, 행동은 환경자극에 대해 학습된 반응양식이다. 따라서 유기체는 주변환경과의 끊임없는 상호작용에서 발생하는 경험을 통해 행동을 변화시키므로 학습이론은 환경의 자극 사건과 이에 대한 유기체의 반응 사건에 초점을 맞추어 연구한다(Chance, 1996, pp. 35-39).

한편, 학습이론은 발달에 있어서 단계라는 개념을 인정하지 않는다. 인간의 모든 행동은 자극에 대한 반응으로 나타나며, 외부의 자극과 경험에 의해 행동을 형성한다고 주장하기 때문에 인간의 발달을 연속적인 과정에 의해 이루어지는 것이라고 본다. 따라서 학습이론에서는 발달적 변화에 있어서 질적으로 다른 단계가 있다고 보지 않으며 연령에 대한 언급도 없다.

2) Pavlov의 고전적 조건형성

(1) 생애

Ivan P. Pavlov
(1849~1936)

현대 학습이론의 모태인 고전적 조건형성(classical conditioning)은 소화생리학자인 Pavlov의 동물 실험에서 비롯되어 이론으로 정립되었다. Pavlov는 자극과 반응 간의 관계를 최초로 연구하였다. Pavlov는 러시아의 작은 농촌에서 가난한 신부의 아들로 태어났으며, 과학에 흥미를 느끼기 전까지는 목사가 되려고 하였으나 성인이 되어 과학자로서 엄청난 능력을 발휘하게 되면서 철두철미한 실험주의자가 되었다. 그는 1904년 포유류의 소화생리에 관한 연구로 노벨상을 수상하였다. 그 후 개를 대상으로 음식이 분해되어 혈액에 흡수되는 소화과정에 관한 실험을 하던 중 먹이를 먹기도 전에 개의 입에서 침이 분비되는 것을 발견하고 새로운 연구문제에 몰두함으로써 오늘날의 심리학에 커다란 기여를 한 고전적 조건형성이론을 발전시켰다.

(2) 조건형성의 이해

① 무조건반사와 조건반사

Pavlov는 심적 반사(psychic reflex)에는 무조건반사(unconditioned reflex)와 조건반사(conditioned reflex)의 두 종류가 있다고 설명하였다. 무조건반사는 학습을 필요로 하지 않는 선천적이고 영구적인 반사로 개인차 없이 일어나며, 무조건자극(unconditioned stimulus)과 무조건반응(unconditioned response)으로 구성된다.

무조건반사는 무조건자극이 주어지면 자연스럽게 반응을 유발하는 것으로서 이때의 반응을 무조건반응이라고 한다. 여기서 '무조건'이란 특정 자극에 대해 절대적으로 반응이 일어나는 것을 의미하는데, 그 예로 개에게 먹이를 주었을 때 개가 자동적으로 침을 분비하는 것이다.

반면, 조건반사는 경험을 통해 후천적으로 습득되는 반사로서 종 간에 큰 차이를 보이며 같은 종 내에서도 구성원 간에 차이가 크다. 조건반사는 조건자극(conditioned stimulus)과 조건반응(conditioned response)으로 구성되는데, 먹이를 주러 가는 주인의 발자국 소리를 듣고 개가 미리 침을 분비하는 반응을 예로 들 수 있다.

② 조건화 과정

Pavlov는 개의 타액분비 실험을 통해 아무런 반응을 유발하지 않는 중성자극이 무조건자극과 연합하여 반응을 유발하는 조건화 과정을 설명하였다([그림 2-11] 참조). 개는 먹이(무조건자극)를 주면 자연스럽게 침을 분비한다(무조건반응). 개에게 종소리를 들려주면 아무런 반응을 나타내지 않는데 이를 중성자극이라고 한다. 그러나 먹이를 줄 때 계속 종소리를 함께 들려주면 개는 종소리만 듣고도 침을 분비하게 된다. 즉, 종소리가 먹이와 연합하여 침을 분비하도록 조건화된 것이다. 조건화 과정을 통해 종소리는 침을 분비시키는 조건자극이 되고, 그로 인해 개가 침을 흘리는 반응은 조건반응이 된다. 이처럼 중성자극이 무조건자극과 연합하여 무조건반응을 유발할 때 이를 조건자극과 조건반응이라고 한다.

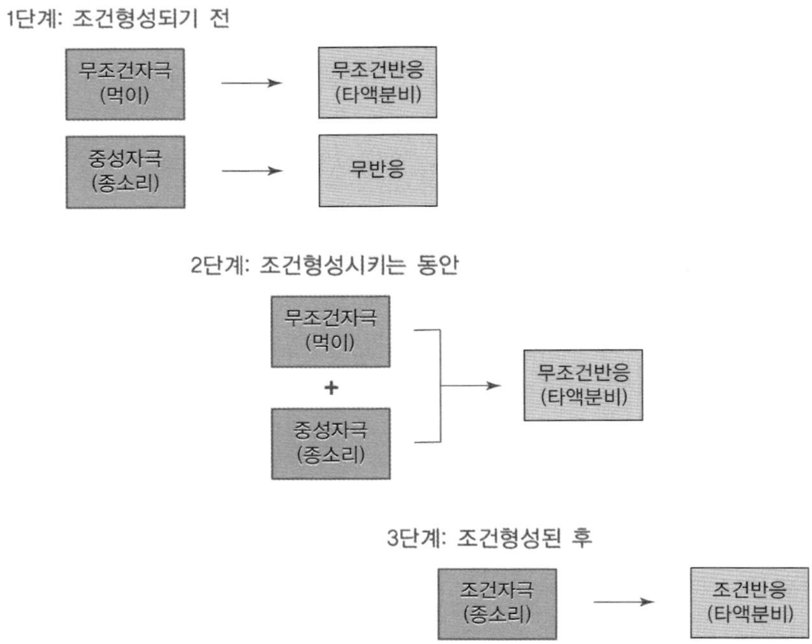

[그림 2-11] 고전적 조건형성 단계

출처: 김현택 외 (2001). 심리학, p. 87.

③ 조건형성의 기본 원리

조건형성의 기본 원리에는 시간의 원리, 강도의 원리, 그리고 일관성의 원리가 있다(안범희, 2007, p. 16). 첫째, 시간의 원리는 근접의 원리라고도 하는데, 조건형성과정에서 자극을 제시하는 시간이 짧을수록 조건형성이 더 잘 이루어진다. 즉, 조건자극의 제시는 무조건자극과 거의 동시에 이루어져야 가장 효과적이다.

둘째, 강도의 원리는 무조건자극의 강도와 감각역과의 관계에 대한 것으로 자극의 강도는 자극을 느끼는 감각역을 넘어야 한다. 즉, 무조건자극의 강도가 강하면 강할수록 조건형성이 쉽게 이루어진다.

셋째, 일관성의 원리는 동일한 조건자극을 통해 반응을 일관성 있게 강화해 줄 때 조건반응이 더 쉽게 이루어진다는 것이다. 즉, 조건자극(예: 조건화된 종소리)이 일관성 있게 제시되면 조건화는 보다 효율적으로 일어난다.

④ 고전적 조건형성 관련 요인

조건형성이 한 번 이루어졌다고 해서 조건자극이 조건반응을 영원히 유발하는 것은 아니다. 개가 종소리만을 듣고 침을 분비하는 조건화가 이루어졌다 할지라도 만약 먹이를 주지 않고 종소리만 계속 들려주게 되면 개는 더 이상 침을 분비하지 않게 되는데, 이를 소거 또는 소멸(extinction)이라고 한다. 소거는 학습된 반응이 더 이상 나타나지 않는 것이다.

그런데, 학습된 반응이 소거되었더라도 한참 후 조건자극을 다시 제시하면 조건반응이 일시적으로 다시 나타난다. 즉, 종소리에 더 이상 침을 분비하지 않는 개에게 일정 시간이 지난 후 종소리를 들려주면 개는 다시 침을 분비한다. 이와 같이 무조건자극을 제시하지 않더라도 이전에 학습했던 조건자극만으로 조건반응이 다시 나타나는 것을 자발적 회복(spontaneous recovery)이라고 한다. 그러나 조건자극을 무조건자극과 주기적으로 짝지어 주지 않으면 자발적 회복도 사라진다.

한편, 자극일반화(generalization)란 조건자극과 유사한 자극에 대해 조건반응을 나타내는 것이다. 예를 들면, 어떤 음조의 종소리에 침을 분비하도록 조건형성된 개는 유사한 다른 음조의 종소리에도 침을 분비하는 반응을 나타낸다. 자극일반화는 유사한 자극이라는 제한된 범위 내에서만 이루어진다.

자극일반화에 대한 보완적인 과정이 자극변별화(discrimination)로서, 이는 한 자극이 다른 자극과 변별되는 것이다. 자극일반화가 점차 분화되어 자극변별화로 대치된다. 예를 들면, 먹이는 주지 않고 음조가 다른 종소리를 계속 들려주면 개는 원래의 조건자극과 가장 가까운 음조의 종소리에만 국한하여 반응한다. 또한, 개에게 한 음조의 종소리에만 먹이를 주고 다른 음조에는 먹이를 주지 않으면 개는 이에 대해서도 변별반응을 나타낸다.

(3) 평가

고전적 조건형성의 기본 개념은 연합에 의해 지식이 형성된다고 한 Locke의 철학적 입장에 기초한다는 점에서 새로운 개념은 아니다. 그러나 Pavlov는 조건반사를 이용한 실험을 통해 학습이 이루어지는 연합의 원리를 과학적으로 이끌어냄으로써 학습이론의 초석을 마련하였다. 그러나 Pavlov의 이론은 자극과 반응 간의 수동적인 연합을 설명하는 데 그쳤다는 한계가 있다. Pavlov는 인간의 감정이나 행동이 후천적인 조건형성에 의해서도 이루어지는데 이를 고려하지 못하고 조건형성의 대상을 선천적인 반응을 유발하는 자극으로만 국한하였다는 점에서 비판을 받는다.

3) Watson의 행동주의

(1) 생애

John B. Watson
(1878~1958)

Watson은 Pavlov의 고전적 조건형성 원리를 인간의 행동에 적용시킴으로써 행동주의 학파를 창시하였다. Watson은 어린 시절에는 상당히 반항적이었으며 학교 성적도 보통 이상을 받은 적이 없었다. Dewey 밑에서 철학을 공부하기 위해 시카고대학교에 진학했지만 철학에는 별로 흥미를 느끼지 못해 신경학과 철학을 부전공으로 하고 심리학을 전공하였다. 특히, 동물심리학에 관심이 많았던 그는 박사학위 취득 후 존스홉킨스대학교에서 동물연구를 하면서 재능 있는 연구자로서 명성을 떨치게 되었다. Watson은 「행동주의자가 본 심리학(Psychology as the behaviorist views it)」(Watson, 1913)이란 논문을 통해 행동주의(behaviorism)라는 말을 처음 사용하였는데, 이후 행동주의는 심리학의 대표적인 이론 중 하나가 되었다.

(2) 환경결정론

Watson은 인간의 모든 행동을 학습된 것으로 간주하고 발달에서의 유전적 요인을 전혀 인정하지 않음으로써 인간의 발달이 환경에 의해 결정된다는 환경결정론적 입장을 주장하였다. Watson은 "나에게 12명의 건강한 아이를 준다면 그들을 자신이 원하는 대로 의사든, 변호사든, 도둑이든, 거지든 무엇이든 만들 수 있다."고 함으로써 인간의 발달이 전적으로 조건형성에 의해 이루어진다는 극단적인 환경주의적 입장을 표명하였다(Watson, 1930, p. 82).

(3) 정서의 조건형성

Watson은 고전적 조건형성을 통해 인간의 모든 행동을 설명할 수 있다고 주장하였다. Watson은 영아의 젖병 빠는 것을 고전적 조건형성 과정을 적용하여 설명하였는데, 젖병이라는 중성자극은 영아에게 빠는 반응을 유도하지 않지만 우유라는 무조건자극이 젖병과 연합되면 영아는 우유가 나오지 않아도 젖병을 빠는 조건반응을 보인다고 하였다. 심지어 그는 행동뿐만 아니라 정서반응까지도 고전적 조건형성으로 설명할 수 있다고 하였다.

Watson은 Rayner와 함께 고전적 조건형성 원리를 인간의 정서반응 습득에 적용하는 실험을 하였다(Watson & Rayner, 1920). 그는 11개월 된 자신의 아들 Albert에게 흰 쥐를 보여주고 그때마다 망치로 쇠막대기를 두드리면서 큰 소리를 반복해서 들려주었다. 처음에는 흰 쥐를 무서워하지 않던 Albert가 실험이 반복됨에 따라 흰 쥐만 보고도 울면서 놀라는 반응을 나타냈다. 심지어 Albert는 흰쥐뿐만 아니라 토끼나 개, 털 코트에까지 놀라는 공포반응을 보였는데, 이는 고전적 조건형성의 자극일반화 현상의 예다. 이에 대해 Watson은 중성자극인 흰 쥐에 놀라는 반응을 유발하는 큰소리가 연합하여 조건형성이 이루어진 것이라고 설명하였다.

이러한 Watson의 주장에 의하면, 인간이 보이는 대부분의 정서반응은 학습된 것이다. 일반적으로 영유아가 공포를 느끼는 대상은 영유아가 직접 접했거나 그 영향을 받아서라기보다는 학습된 효과에 의해 무서워하는 경우가 많다. 그러므로 이러한 조건형성을 이용하면 뜨겁거나 위험한 물건에 손대지 못하게 하는 회피반응을 학습시킬 수도 있고 두려움을 소거시킬 수도 있다.

(4) 탈조건형성

Watson의 이론을 실생활에 유용하게 적용한 것 중 하나가 조건형성된 정서를 탈조건형성(deconditioning)시키는 것이다. 조건화를 통해 공포를 습득한다면 조건화된 공포도 제거할 수 있다고 가정할 수 있다. 이런 가정하에 Watson은 탈조건형성을 제시하였고, 이는 행동수정기법의 하나인 체계적 둔감화(systematic desensitization)의 기초가 되었다. 체계적 둔감화는 불안이나 공포를 유발하는 자극에 점진적으로 노출시켜 그런 자극에 대한 감정을 둔화시키는 기법으로서, 이완상태에서는 불안이나 공포를 느낄 수 없다는 가정을 기초로 한다.

체계적 둔감화는 탈조건형성을 수행한 Watson과 Jones의 실험을 예로 들 수 있다. 토끼에 대한 공포가 있는 남아가 있었는데, Watson과 Jones는 아이가 좋아하는 음식을 먹는 유쾌한 경험과 토끼를 보는 공포상황을 같이 짝지어서 토끼에 대한 공포를 감소시켰다. 아이가 음식을 먹는 동안 토끼가 들어 있는 우리를 아이가 무서워하지 않을 만큼 멀리 두었다가, 매일 토끼 우리를 아이에게 조금씩 가까이 두면서 음식을 주었더니 마침내 아이는 토끼를 무서워하지 않게 되었다(Olson & Hergenhahn, 2009, p. 274).

(5) 평가

Watson은 Pavlov의 이론이 인간행동에 어떻게 적용될 수 있는지를 탐구하여 상당 부분의 정서적 반응이 고전적 조건형성을 통해 학습된다는 것을 밝혔다. 이러한 Watson의 행동주의는 심리학을 과학적으로 접근하였다는 점에서 의의가 있다. 그러나 Watson의 행동주의는 정신이 아닌 행동에 대한 과학이라는 점에서 인간의 내면세계에 대한 고려 없이 모든 것을 겉으로 보이는 행동만으로 평가하였고, 무슨 행동이든지 조건형성이 될 수 있다고 함으로써 인간을 기계처럼 개념화하였다는 비판을 받는다.

4) Skinner의 조작적 조건형성

(1) 생애

Burrhus F. Skinner
(1904~1990)

Skinner는 미국 펜실베니아주의 작은 마을에서 법률가의 아들로 태어나 단란한 가정 분위기 속에서 성장하였다. 그는 뉴욕의 해밀턴대학교에서 영문학을 전공하여 잠시 작가로 활동하였으나 포기하고, 하버드대학교에서 심리학을 공부하면서 행동주의이론에 빠져들게 되었다. 졸업 후 미네소타대학교, 인디아나대학교, 하버드대학교에 재직하면서 많은 연구 업적을 통해 고전적 조건형성에 의한 행동주의이론의 단순성을 비판하면서 새롭게 조작적 조건형성(operant conditioning)이론을 제시하였다.

Skinner는 학습심리학의 역사상 가장 많은 영향을 끼친 연구자 중의 한 사람이다. 그는 컴퓨터가 발달하기 전인 1930~1940년대에 이미 여러 가지 기계부품과 타이머를 사용하여 스스로 실험 장치를 제작하기도 하였다. 쥐, 비둘기 등의 동물실험을 위한 'Skinner 상자(Skinner box)'는 그의 대표적인 발명품이다. Skinner는 엄격한 행동주의자이자 환경론자였으며, 자신의 조작적 조건형성원리에 따른 이상사회를 묘사한 『월덴 투(WaldenTwo)』(1948)라는 소설을 출간하기도 하였다.

(2) 조작적 조건형성의 이해

Skinner의 조작적 조건형성이론에 영향을 준 사람은 실험적 검증을 통해 학습을 자극과 반응의 결합으로 보았던 Thorndike이다. Thorndike는 결과가 만족스러우면 반응이 강화되지만, 결과가 불만족스러우면 반응이 약화된다는 효과의 법칙(law of effect)을 통해 자극과 반응이 연합하는 과정을 설명하였다(Thorndike, 1927). Thorndike의 효과의 법칙은 특정한 자극에 대한 반응이 성공적일 때 그 결합이 강화된다는 점에서 강화 개념의 선구였으며, Skinner의 조작적 조건형성의 기초가 되었다.

엄격한 행동주의자였던 Skinner는 심리학은 인간의 심리, 목표, 목적, 욕구 등의 정신적 개념을 사용해서는 안 되며 관찰 가능한 외현행동의 연구로만 한정해야 한다고 주장하였다. 그에 의하면 유기체는 유전적 기질을 가지고 태어나는 것이 아니라 환경과 경험이 미치는 영향에 따라 행동이 형성되고 통제된다. 그리하여 Skinner는 유기체가 스스로 조건형성을 하는 조작적 행동(operant behavior)에 관한 연구를 하였다. 그는 인간의 행동은 고전적 조건형성과 같은 수동적이고 기계적인 반응행동만 있는 것이 아니고, 유기체가 스스로 행동하고 환경을 통제하는 자발적인 조작행동을 더 많이 한다고 보았다. 예를 들면, 영아가 숟가락을 사용하여 혼자 밥 먹는 것을 연습시키는 과정에서, 영아가 스스로 숟가락을 사용하여 혼자 밥을 먹으면(조작) 영아에게 상(자극)을 준다. 이처럼 반응이 자극을 유도하는 것을 조작적 조건형성이라고 한다. 조작적 조건형성은 자극이 반응을 유발한다는 고전적 조건형성과 달리 자극을 주기 전에 반응이 먼저 일어나야 한다.

동물과 달리 인간에게는 반응행동보다 조작행동이 훨씬 더 중요한 역할을 한다. 유아가 혼자서 옷을 입고 벗는다거나 혼자서 신발을 신는 것 등과 같은 행동은 특정 자극에 의해 자동적으로 발생하는 것이 아니라 그런 행동을 했을 때 어떤 결과가 뒤따르는가에 따라 다시 그런 행동을 할 수도 있고 그렇지 않을 수도 있다. 만일 유아가 혼자 신발을 벗었을 때 부모가 관심을 보이고 칭찬을 했다면 유아가 다시 혼자 신발을 벗을 가능성은 커지지만, 반대로 부모가 관심을 보이지 않았다면 유아가 다시 혼자 신발을 벗을 가능성은 줄어들 수 있다. 이러한 것은 행동의 결과에 따라 인간의 행동이 변화될 수 있다는 것을 의미한다.

〈표 2-3〉 **고전적 조건형성과 조작적 조건형성의 비교**

구분	고전적 조건형성	조작적 조건형성
용어	• 고전적 조건화 • 조건자극, 무조건자극 • 조건반응, 무조건반응 • 연합적 이동 • 조건 형태 학습	• 조작적(도구적) 조건화 • 반응, 강화 • 시행착오 학습 • 문제해결 • 반응 형태 학습
반응의 원인	• 자극에 의해 유도된 반응	• 유기체에 의해 방출된 반응
지극과 반응과의 관계	• 유도자극은 반응에 선행함(S-R)	• 강화자극은 반응에 따름(R-S)
행동의 효과	• 무조건자극을 통제하지 못함	• 강화를 통제함
학습되는 반응	• 주로 장기(臟器) 반응	• 주로 골격근 반응
소거	• 무조건자극 없이 조건자극만 제시	• 반응 후에 결과(강화) 생략
일반화	• 조건자극과 유사한 자극이 조건반응과 유사한 반응 유발	• 강화를 받았을 때와 유사한 자극이 제시되면 유사한 반응 출현
변별	• 한 자극에서 무조건반응이 뒤따르고, 유사한 자극에는 무조건 반응이 나타나지 않음	• 한 자극이 있을 때 수행한 반응은 강화되고, 다른 자극이 있을 때 수행한 반응은 강화되지 않음

출처: 김현택 외(2001). **심리학**, p. 97; 정옥분(2003). **아동발달의 이론**, p. 101.

(3) 강화

Skinner는 행동을 조작하는 과정에 대해 설명하기 위해 'Skinner 상자'를 만들어 실험하였다. Skinner 상자는 먹이통과 그에 연결된 지렛대, 먹이접시로 구성되었다. 이 상자 속에 굶주린 쥐를 넣어 두면 쥐는 상자 안을 이리저리 돌아다니다가 우연히 지렛대를 누르게 되는데, 그 결과로 먹이접시에 먹이가 나오게 된다. 지렛대를 누르면 먹이가 나오는 긍정적인 결과를 여러 번 경험하게 되면 쥐는 지렛대 누르기와 먹이와의 관계를 학습하게 되어 다른 행동은 사라지고 지렛대를 누르는 행동이 점점 빈번해진다. 이와 같이 행동의 발생 빈도를 증가시키는 것을 강화라고 한다. 그리하여 보상을 받거나 긍정적인 강화를 받은 행동은 반복되고, 강화되지 않거나 처벌받은 행동은 줄어든다. 그러므로 조작적 조건형성에서는 강화와 처벌의 역할이 중요하다. 영아가 자동차 카시트에 앉을 때 칭찬을 받으면 계속 자동차 카시트에 앉을 수 있고, 뜨거운 다리미에 손을 데이면 다리미 근처에 가지 않도록 조심하는 행동은 조작적 조건형성의 예다.

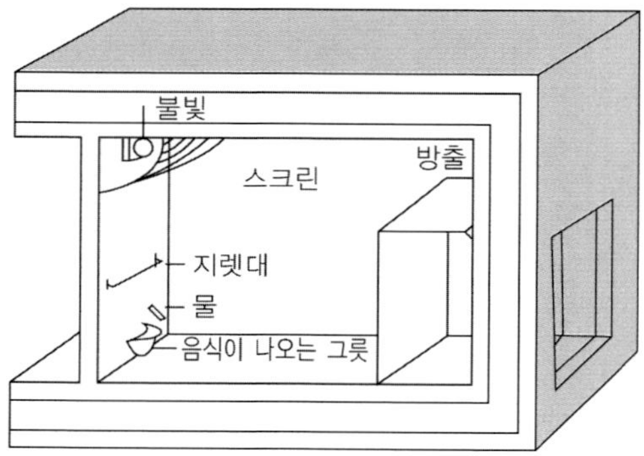

[그림 2-12] Skinner 상자

조작적 조건형성 과정에서 강화는 학습의 중요한 변인이다. Skinner는 인간의 모든 행동이 보상과 강화에 의해 학습된다고 보았다. 그는 운동기능, 인지능력, 언어, 사회성 등 영유아의 모든 발달은 환경의 영향과 연습으로 증가하는데, 이때 강화를 주면 그런 행동을 더 잘할 수 있게 된다고 설명하였다.

강화에는 정적 강화(positive reinforcement)와 부적 강화(negative reinforcement)가 있다. 정적 강화는 반응에 따르는 결과가 유쾌한 것으로 Skinner 상자에서 쥐가 지렛대를 눌렀을 때 나오는 먹이가 이에 해당한다. 부적 강화는 혐오상태를 제거하는 것이다. Skinner가 제시한 정적 또는 부적이라는 용어는 긍정적 또는 부정적, 좋은 것 또는 나쁜 것이라는 가치 판단이 아니라 행동을 제시하거나 철회하는 것이다. 예를 들어, 지렛대를 누르면 전기가 흐르는 것을 차단하도록 설계된 상자에 쥐를 넣었을 경우, 쥐는 지렛대를 누르면 전기가 차단된다는 것을 학습하게 되어 지렛대를 점점 더 자주 누르게 된다. 이 경우에 전기가 흐르는 것을 차단하는 것이 부적 강화이다. 부적 강화는 벌과 구별되는데, 부모에게 매를 맞거나 혼나는 등의 벌은 혐오상태를 제공하여 행동의 발생빈도를 감소시키는 것이다.

Skinner는 벌과 같이 불쾌한 자극을 주어 행동을 통제하려는 것을 철저히 반대하였다. 그러한 형태의 행동통제는 부정적인 정서와 사회적 부작용을 야기할 뿐만 아니라 영유아로 하여금 그러한 행동을 모방할 수도 있게 한다. 예를 들어, 부모는 자녀가 음식점에서 소리를 지를 경우 소리를 지르지 못하도록 때릴 수 있다. 이런 경우에 자녀의 소리 지르는 행동은 감소할 수 있지만 짜증을 내거나 화를 내는 등의 다른 부적응적인 행동이 나타날 수 있고, 나아가 때리는 행동을 모방할 수도 있다. 이와 같이 정적 강화와 부적 강화, 벌은 차이가 있다.

〈표 2-4〉 **자극 제시와 철회에 따른 강화와 벌의 유형**

구분	유쾌한 자극	불쾌한 자극
제시	정적 강화(보상) 예: 장난감 정리를 잘한 유아에게 그림책 선물하기	벌(처벌) 예: 장난감 정리를 하지 않은 유아를 꾸짖기
철회	벌(철회) 예: 장난감 정리를 하지 않은 유아에게서 그림책을 뺏기	부적 강화(경감) 예: 장난감 정리를 잘한 유아에게 꾸짖지 않기

출처: 안범희(2007). **학습이론 및 심리**, p. 22를 참고하여 수정함.

행동의 발생 빈도를 증가시키는 자극을 강화인(reinforcer)이라고 하는데, 강화인의 종류에는 물질적 강화인, 사회적 강화인, 내적 강화인(자기강화인)이 있다. 물질적 강화인은 장난감, 과자, 책 등의 물질을 말하며, 사회적 강화인은 칭찬, 격려, 쓰다듬기 등의 언어적, 심리적 강화인을 말한다. 내적 강화인은 자기 스스로의 만족감인 자기강화인이다. 이는 영유아가 성공의 경험을 맛봄으로써 자부심을 갖거나 자기 욕구의 즉각적인 만족을 조절하여 지연하거나 새로운 어떤 것을 통해 호기심을 증가시키는 것 등을 포함한다. 영유아의 행동을 변화시키고자 할 때 처음에는 물질적 강화인을 주지만 시간이 지나면서 점차 사회적 강화인으로 바꾸어 가고 최종적으로는 자기 스스로 만족하여 행동을 지속하도록 하는 내적강화인으로 바꾸어 간다.

강화는 행동이 발생한 직후 즉각적으로 주어질 때 가장 효과적이다. 강화를 주는 방법은 원하는 반응이 일어날 때마다 매번 주는 연속적 강화와 그렇지 않은 간헐적 강화가 있다. 간헐적 강화는 일정한 간격이나 비율로 이루어지는 고정간격 혹은 고정비율에 의한 강화와 강화가 제공되는 간격이나 비율이 일정하지 않은 변화간격 혹은 변화비율에 의한 강화가 있다. 일반적으로 조작적 조건형성은 강화를 어떻게 주느냐에 따라 습득되거나 제거되는 행동유형이 달라지는데, 연속적으로 강화를 준 것보다 간헐적으로 강화를 주어 형성된 행동이 소거하기에 더 어렵다.

(4) 행동조성

조작적 조건형성 과정에서는 자발적으로 일어난 행동에 대해 강화를 주어 그 행동을 학습시킨다. 그러나 영유아가 어떤 행동을 자발적으로 하는 것은 쉽지 않다. 그러므로 이런 경우에 조건형성을 시키고자 하는 행동과 가장 유사한 행동을 강화하면서 점진적으로 목표 행동을 학습시켜 나가는데, 이를 행동조성(behavior shaping)이라고 한다. 대개 조작적 행동은 점진적으로 행동조성을 한다.

Skinner는 상자 속에서 비둘기가 목표 지점을 쫄 때까지 기다렸다가 먹이를 주려면 얼마나 기다려야 할지 모르는 상황에서 행동조성기법을 사용하였다. 그는 비둘기가 목표 지점을 향해 우연히 돌아설 때만 먹이를 주었다. 이런 행동을 계속 반복하였더니 비둘기의 돌아서는 행동이 점차 증가하였다. 그런 후 비둘기가 목표 지점을 향해 조금이라도 움직이면 먹이를 주는 것으로 강화계획을 바꾸고, 그 다음에는 목표 지점이 놓여 있는 쪽으로 다가갈 때만 먹이를 주는 것으로 강화계획을 바꾸었다. 다음 단계에서는 머리를 조금이라도 움직이면 먹이를 주다가, 마지막에는 목표 지점을 쪼았을 때 먹이를 줌으로써 목표 행동을 학습시켰다. 이처럼 행동조성은 학습시키고자 하는 행동을 작은 단위로 나누어 점진적으로 접근해 감으로써 복잡한 행동을 조건형성시킨다. 이러한 행동조성방법을 점진적 접근법(method of approximation)이라고 한다(American Psychological Association, 2000, p. 500).

(5) 평가

Skinner 이론은 고전적 조건형성의 한계를 극복하고 학습이론의 범위를 넓혔다는 평가를 받는다. 그는 유기체가 자유롭게 활동하고 난 후 그 결과에 따라 행동을 조작적으로 통제하는 방법에 대해 탐구하였다. 또한, Skinner의 조작적 조건형성은 특수교육 분야와 유아특수교육에 영향을 미쳤다. 즉, 대부분의 영유아의 정서적 문제는 바람직하지 못한 행동이 우연히 강화되어 습관화되었기 때문에(정옥분, 2012, p. 75) 조작적 조건형성의 원리를 이용한 행동수정기법(behavior modification)은 영유아의 문제행동을 수정하고 바람직한 행동을 학습시키는 데 유용하게 활용되고 있다.

반면, Skinner는 인간을 수동적인 존재로 봄으로써 환경의 중요성만 강조하고 생물학적인 영향력을 무시하였다는 비판을 받는다. 그리하여 인간의 행동발달에 있어서 연령에 따른 변화나 개인차 등을 명확하게 설명하지 못하고 내적 상태의 존재를 거부하며 눈에 보이는 행동에만 주의를 기울임으로써 인간의 행동과 발달을 충분히 설명하지 못하였다. 또한, 실험실에서 동물을 대상으로 한 연구결과를 인간의 행동에 동일하게 적용하였다는 점에서 복잡한 인지적 능력을 지닌 인간의 행동을 설명하는 데도 한계가 있다.

5) Bandura의 인지적 사회학습이론

(1) 생애

Albert Bandura
(1925~2021)

Bandura는 캐나다의 앨버타라는 작은 마을에서 태어났으며, 브리티시컬럼비아대학교에서 심리학을 전공한 후, 미국의 아이오와 대학교에서 사회학습이론의 선구자 중 한 사람인 Sears와 함께 연구하였다. Sears의 영향을 받은 Bandura는 사회학습과 공격성에 관하여 많은 연구를 하였다.

Bandura는 Skinner의 조작적 조건형성이론의 영향을 받기는 하였으나 모델링 현상의 이론화에 관심을 가지면서 조건화보다 정보처리 개념에 더 많은 관심을 가졌다. 이후에 상호결정론과 자기규제, 자기효능감에 관심을 가지면서 인지적 사회학습이론을 주장하였다(이성태, 2007, p. 158). 스탠포드대학교에서 교수로 재직한 그는 『사회학습이론(Social learning theory)』(1977)을 출간하면서 1980년대 심리학의 지표를 바꾸어 놓았다.

(2) 관찰학습

인간은 자극을 주면 반응하는 단순한 기계가 아니라 능동적이며 사고할 줄 아는 인지적 능력을 지닌 사회적 존재이다. 또한, 인간은 동물과 달리 행동과 결과 간의 관계를 생각하고 앞으로 일어날 일을 미리 예측할 줄도 알고, 인지 능력이 있어 능동적으로 주위 세계를 이해하고자 한다. 이러한 인지능력으로 인간은 직접적인 외적 강화나 처벌 없이도 관찰을 통해 새로운 행동을 학습하고 억제할 수 있다. 이런 점에서 Bandura는 인간의 복잡한 행동을 고전적 조건형성이나 조작적 조건형성에서의 자극과 반응, 강화, 소거 등으로 설명하는 데는 한계가 있다고 보고, 사회적 상황 속에서 인간의 행동을 모방이라는 기제를 통해 설명하려고 했다. 이러한 학습은 일상적인 사회생활에서 많이 이루어지기 때문에 이를 사회학습이론이라고 한다. 사회학습이론은 보상이나 처벌을 통해서도 행동이 학습될 수 있지만 동시에 인간의 내적 과정도 인정함으로써 인간의 행동을 학습하는 데 있어서 인지적 과정을 고려하였다. 그러므로 Bandura의 이론을 인지적 사회학습이론이라고 한다.

인지적 사회학습이론은 다른 사람의 행동을 관찰함으로써 학습이 일어나므로 대리적 조건형성(vicarious conditioning) 또는 관찰학습(observational learning)이라고도 한다. 예를 들면, 집에서 늘 존댓말을 사용하는 부모를 보고 언어를 배우는 영유아는 존댓말을 사용하게 된다. 이처럼 인간은 다른 사람의 행동을 관찰하면서 그 행동에 따른 결과도 관찰한다. 따라서 자신이 어떤 행동을 모방하여 수행한다면 어떠한 결과를 얻게 될 것인지를 예측할 수 있어 그 행동이 강화되는데 이를 '대리강화'라고 한다. 이런 경우에 직접 학습을 하는 것이 아니라 대리적으로 이루어진다고 하여 '대리학습'이라고도 하며, 모방을 통해 이루어진다고 하여 '모방학습'이라고도 한다.

(3) 상호결정론

Bandura는 상호결정론(triadic reciprocal determinism) 개념을 제시하였는데, 그는 인간은 동물과 달리 인지적 존재이며 발달은 영유아와 환경 간의 지속적인 상호작용을 통해 이루어진다고 주장함으로써 상호결정론에 대해 설명하였다. 상호결정론에 따르면 영유아의 발달은 능동적으로 개입하는 영유아(Person: P), 영유아의 행동(Behavior: B), 그리고 환경(Environment: E)의 세 요인 간의 상호작용에 의해 이루어진다([그림 2-13] 참조). 환경이 영유아의 성격과 행동을 형성한다고 본 Watson이나 Skinner와 달리 Bandura는 영유아, 행동 그리고 환경이 양방향으로 작용한다고 보았다.

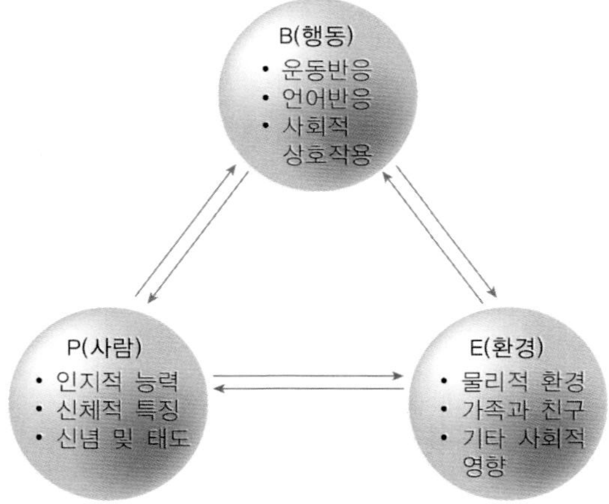

[그림 2-13] **상호결정론 모델**

출처: Shaffer, D. R. (1999). *Developmental psychology: Childhood and adolescence*, p. 51.

영유아가 가진 인지적 능력 혹은 신체적 특성이나 태도는 영유아의 행동에 영향을 주는데(P→B: 예, 호기심이 많은 영아가 활발하게 움직이면서 다양한 놀이 활동에 참여한다), 영유아의 행동도 영유아의 능력이나 신념 또는 태도에 영향을 미친다(B→P: 예, 신체발달이 빨라 활발하게 움직이는 영유아가 다양한 대근육 놀이 기구를 사용해 보려는 태도를 보인다). 뿐만 아니라 영유아의 특성이나 태도는 환경에도 영향을 미치고(P→E: 예, 영유아가 순한 기질인 경우에는 부모의 자녀 양육 어려움이 적을 수 있어 더 편안한 가정 분위기를 만들 수 있다), 이와 달리 환경도 영유아에게 영향을 미친다(E→P: 예, 사회경제적 수준이 높아 부모가 다양한 환경적 자극을 제공해 주면 영유아는 적극적이고 호기심이 많은 생활태도를 지닐 수 있다). 그리고 행동이 환경에도 영향을 미치고(B→E: 예, 영유아의 신체발달이 빠르거나 움직임이 많으면 부모는 자주 바깥 놀이터에 데리고 나갈 수 있다), 환경도 영유아의 행동에 영향을 미친다(E→B: 예, TV의 폭력적인 장면이 영유아의 공격성을 높인다)(Olson & Hergenhahn, 2009, pp. 454-455).

(4) 관찰학습의 구성요소

영유아가 능동적으로 자신의 성장과 발달에 개입할 수 있는 것은 환경과 상호작용할 때 인지적 사고과정을 거치기 때문이다. 예를 들면, 소꿉놀이에서 영유아가 부모 흉내를 내기 위해서는 부모 행동에 대한 내적 표상이 필요하다. 또한, 영유아가 다른 사람이 보상이나 처벌을 받는 것을 관찰하여 대리강화를 함으로써 자신의 행동 결과를 예상하는 것도 하나의 인지적 과정이라고 할 수 있다.

Bandura는 관찰학습에서의 이러한 인지적 과정이 무엇보다 먼저 관찰대상에게 주의를 기울이는 주의집중과정, 대상의 형태를 상징적인 형태로 기억하는 파지(把持)과정, 행동을 정확하게 재생하기 위해 운동기술을 구비하는 운동재생과정, 그리고 수행을 좌우하는 강화와 동기적 과정을 거쳐 이루어진다고 설명하였다(이옥형, 1997, pp. 66-68)([그림 2-14] 참조). 그는 이 중 한 과정이라도 생략되면 영유아는 성공적인 관찰학습을 이루기 어렵다고 보았다.

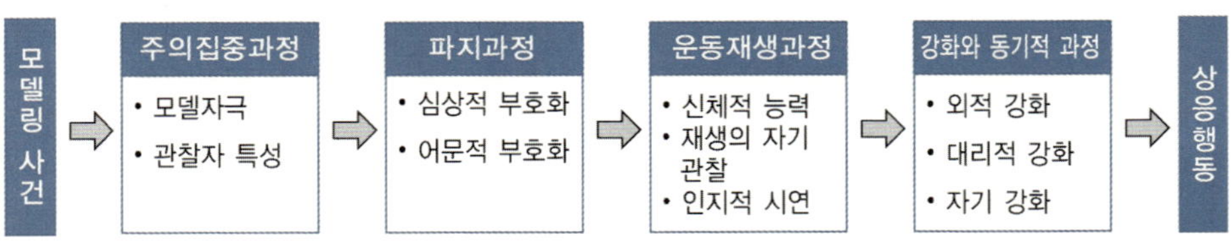

[그림 2-14] **관찰학습의 구성요소와 과정**

출처: 안범희 (2007). 학습이론 및 심리, p. 136.

① 주의집중과정

영유아가 관찰을 통해 학습하기 위해서는 모델의 행동에 주의를 기울여야 한다. 영유아가 주의를 집중시키는 요인에는 모델에 대한 애정, 유사성(예: 성, 연령, 인종 등), 모델의 사회적 힘(예: 지위, 유능함, 인기 등) 등이 있으며, 관찰자인 영유아의 욕구나 흥미 등과 같은 심리적 특성도 주의집중에 영향을 미친다.

즉, 관찰자는 자신이 좋아하고 관심이 있는 사람, 자신과 비슷한 특성을 가진 사람, 인기가 있고 능력이 있어 부러운 사람의 행동에 관심을 갖는다.

② 파지과정

영유아는 대상의 형태를 상징적 형태로 기억하는 파지과정(retention process)을 거친다. 영유아는 모델을 관찰한 후 어느 정도 시간이 지난 다음에 그 모델의 행동을 모방한다. 따라서 모델의 행동을 상징적인 형태로 기억해 두어야만 모방이 용이하므로 주의를 집중하여 기억한 정보를 인지적으로 저장해 두어야 하는데, 이를 '파지'라고 한다. 정보를 파지하는 형태는 이미지나 그림 등 상징적인 형태로 기억하는 심상적 부호(imaginal code)와 글이나 문자 형태로 기억하는 어문적 부호(verbal code)가 있다. 영유아는 어문적 부호에 비해 심상적 부호를 더 많이 사용하는데, 이는 심상적 부호가 어문적 부호보다 파지하는 데 인지과정에서 더 효과적이기 때문이다. 그러나 연령이 증가할수록 어문적 부호로 파지하는 것이 증가한다.

③ 운동재생과정

영유아는 관찰을 통해 알게 된 새로운 반응 패턴을 운동기술로 연습함으로써 인지적 시연(cognitive rehearsal)과정을 거쳐 획득한다. 즉, 영유아는 자신이 수행하고 있는 운동기술을 이전에 관찰했던 것과 비교하여 차이가 나는 부분에 대해 스스로 교정하면서 연습한다. 이러한 과정을 반복함으로써 관찰했던 모델의 행동과 일치하도록 영유아는 자신의 행동을 교정한다.

④ 강화와 동기적 과정

영유아는 새로운 행동을 학습했더라도 그 행동을 유발하는 강화 요인이 없으면 그 행동을 다시 반복하지 않는다. 즉, 친구가 같은 반의 다른 친구를 괴롭히는 것을 보고 그런 행동을 배울 수는 있으나 자신도 다른 친구를 괴롭히는 행동을 할 것인지의 여부는 강화와 동기에 의해 좌우된다. 그러므로 영유아는 모델의 행동을 모방함으로써 직접 강화를 받거나 받을 것이라고 예상한다면 그 행동에 보다 주의를 기울이고 기억하려고 노력한다. 또한, 영유아는 자신의 내적 기준에 따라 스스로 보상과 벌을 주는 자기강화에 의해서도 행동의 재생 여부가 좌우된다. 반면, 모델의 행동을 수행할 수 있다 할지라도 영유아는 그 행동이 부정적으로 승인되거나 사회에서 바람직하게 받아들여지지 않는다면 외현적인 행동으로 재생하지 않을 수도 있다.

여기서 Bandura가 언급한 강화는 Skinner의 강화와 다소 차이가 있다. 즉, Skinner에게 있어서 강화는 학습하기 위해 필요한 것이지만, Bandura에게 있어 강화는 습득한 학습을 실제로 수행하기 위해 필요하다. 이는 자기효능감(self-efficacy)과도 연관된다. 자기효능감은 자신이 어떤 일을 잘 해낼 수 있다는 개인적인 신념이다. 그러므로 영유아가 다른 사람의 행동을 모방할 때 자기효능감이 중요한 영향을 미친다(Bandura, 1989). 영유아가 행동을 모방할 때는 자신의 능력으로 가능한 일이라면 시도하고, 자신의 능력으로 할 수 없다고 생각한다면 그 일을 피하려고 한다. 즉, 어떤 행동을 모방할 것인지 아닌지는 그 행동이 보상을 가져오는지 또는 그 행동을 할 수 있는 자신의 능력에 대한 신념이 어떠한지에 달려 있다고 할 수 있다.

(5) 평가

관찰학습의 개념은 오래전부터 있었던 개념이긴 하나 Bandura는 그 중요성을 크게 부각시켰다. 그는 모델이 행동에 미치는 영향을 밝혔고, 사회적 행동이 인간의 행동을 어떻게 변화시키는지에 대해 이해하고자 하였다. 인지적 사회학습이론은 인지발달의 사회적, 정서적, 동기적 측면을 동시에 고려하면서 관찰학습과 상징적 표상을 통해 인간의 사고가 사회와 어떻게 연관되는지를 구체적으로 보여주었다는 점에서 의의가 있다. 또한, 초기 학습이론에 비해 환경과 행동 간의 관계를 설명할 때 인간의 인지체계를 연계하여 설명함으로써 인간의 능동적 역할을 강조하였다는 점에서도 그 의의가 있다. Bandura의 이론을 기초로 공격성, 성역할, 감정이입, 친사회적 행동 등에 대한 연구가 다양하게 이루어졌으며, 최근에는 자기효능감에 대한 연구도 활발하게 진행되고 있다.

반면, 인지적 사회학습이론은 인지체계가 어떻게 발달하고 이러한 발달이 관찰학습에 어떻게 영향을 미치는지에 대해서는 규명하지 못했다는 비판을 받고 있다. 또한, Bandura의 연구가 방법론적인 면에서 체계성이 부족하고, 이론과 관련한 실증적인 예시를 충분히 제시하지 못해 현장에서 유용하게 활용하는 데도 어려움이 있다(Lerner, 1990).

5. 동물행동학

동물행동학(ethology)은 Darwin의 진화론에 근거하여 모든 종의 개체발달은 진화과정을 통해 내재된 생물학적 역사와 환경의 영향을 받는다고 전제하고 자연관찰을 통해 동물이 보이는 본능적인 행동을 연구한다(Crain, 1983, pp. 66-69). 동물행동학은 인간행동의 많은 부분을 여러 문화권에서 공통적으로 나타나는 인간이라는 종 특유의 유전적 기제로 설명한다. 대표적인 동물행동학자로는 Lorenz를 들 수 있으며, Bowlby와 Ainsworth는 이를 영유아의 발달에 적용하였다. Bowlby는 인간이 가지고 있는 종 특유의 내적 기제에 따라 주 양육자와 영아 간에 초기 애착을 형성하는 과정에 대한 이론을 수립하였고, 그의 제자였던 Ainsworth는 애착이론을 검증할 수 있는 효과적인 연구방법을 개발하였다.

1) Lorenz의 각인이론

(1) 생애

오스트리아에서 의사의 아들로 태어난 Lorenz는 어려서부터 동물에 관심을 보여 동물을 집으로 가져와 기르곤 했다. 젊었을 때는 집 근처에 있는 동물원에서 병든 동물을 간호하면서 일기 형태로 조류의 행동을 자세히 기록하기도 했다. Lorenz는 아버지의 희망에 따라 의학을 공부한 후 의사자격증을 취득했으나 야생동물 연구에 대한 미련을 버리지 못하고 빈대학교에서 동물학을 전공하여 1933년에 동물학 박사학위를 취득하였다. 그러면서 Lorenz는 동물의 신체적 특징뿐만 아니라 본능적인 행동패턴도 진화한다고 확신하여 조류를 관찰하고 이를 일련의 연구논문으로 발표하면서 국제적 명성을 얻었고, 1973년 Tinbergen, Frisch와 함께 노벨생리학·의학상을 공동수상하였다. 저서로는 『본능적 개념의 확립(The establishment of the instinct concept)』(1937), 『진화와 행동수정(Evolution and modification of behavior)』(1965) 등이 있다.

Konrad Lorenz
(1903~1989)

(2) 각인이론

Lorenz는 동물행동학의 주창자로서 각 종의 동물이 보이는 특정 행동을 체계적으로 연구하였다. 그는 단순히 본능적인 행동이라고 생각했던 종 특유의 행동이 환경 내의 특정한 자극에 의해 유발되는 필연적인 반응이라는 사실을 밝혀 이를 이론화하였다. 이를 입증하는 다수의 사례 중 가장 유명한 사례가 청둥오리의 각인행동이다. 각인(imprinting)이란 어린 동물이 생후 초기의 특정한 시기 동안 어떤 대상에 노출되어 그 대상에 애착하게 되는 것이다(Crain, 1983, p. 70). Lorenz는 청둥오리가 낳은 알을 둘로 나누어 한쪽은 어미 청둥오리가 부화하게 하고, 다른 쪽은 Lorenz가 직접 부화시켰다. 청둥오리는 부화 후 13시간에서 16시간 사이에 처음 본 움직이는 대상을 따르려는 생득적 경향성을 가지고 있어 이때 자신이 본 움직이는 물체를 어미로 인식한다. 그 결과, Lorenz가 부화시킨 청둥오리 새끼가 그를 어미 따르듯 졸졸 따라다니는 행동을 보였는데, Lorenz는 새끼 청둥오리는 부화 후 처음 본 대상에게 각인되어 추종행동을 보이는 것이라고 주장하였다. 이런 행동은 새끼 청둥오리가 Lorenz에게 각인하여 나타낸 종 특유의 행동이다.

[그림 2-15] Lorenz에게 각인된 새끼 청둥오리의 추종행동

출처: http://americanmaitred.com/tag/filial-imprinting

Lorenz는 출생 후 일정 기간 내의 결정적 시기(critical period)에 각인현상이 일어나며, 이 기간 동안 각인되지 않으면 이후에는 그 행동을 습득할 수 없고, 각인된 대상에 대한 사회적 애착행동은 평생 지속된다고 주장하였다. 종에 따라서는 각인이 일어나는 민감한 시기를 생후 초기의 매우 빠른 시기에 거치지만 침팬지와 같은 영장류는 생후 3~4개월이 지나야 각인이 이루어진다. 즉, 다른 침팬지에게도 관심을 보이던 새끼 침팬지는 이 시기부터 어미 침팬지에게 뚜렷한 애착을 보이면서 어미 곁에 머물고, 새끼 곁을 떠나려는 어미에게 올라타려 하며 다른 침팬지에 대해서는 경계를 한다. Lorenz는 어미에 대한 새끼의 추종행동은 먼저 같은 종에게 각인된 후 개별 어미에게 각인된다고 주장하였다. 이러한 Lorenz의 이론에 근거하여 Bowlby는 새끼 침팬지가 생의 특정한 시기에 특정 대상에게 애착하게 되는 것과 유사한 과정이 인간의 영아에게도 나타난다고 주장하였다.

(3) 평가

Lorenz의 각인이론은 진화론적인 맥락에서 인간 행동의 발달을 설명하고 해석하는 새로운 접근방식을 제시하였다는 점에서 기존의 발달이론과 차별화된다. 특히 결정적 시기와 각인이라는 새로운 개념을 제안하였다는 점에서 의의가 있다. 또한, 자연스러운 일상생활 환경에서 대상을 관찰하여 연구해야 한다는 Lorenz의 연구방법은 영유아 대상의 연구에 관찰법을 적용하는 데도 영향을 미쳤다. 그러나 학습이론가는 Lorenz 이론이 인간의 발달에서 학습과 경험의 역할을 무시하였다고 비판하였다. 심지어 각인도 결정적 시기 동안 일어나는 영구적인 학습이라는 견해도 있다.

2) Bowlby의 애착이론

(1) 생애

John Bowlby
(1907~1990)

런던에서 출생한 Bowlby는 외과의사인 아버지의 뜻에 따라 캠브리지대학교에서 의학을 전공하고 정신분석학적 훈련도 받았다. 임상의로서 Bowlby는 고아원에서 성장한 아동이 타인과 친밀하고 지속적인 관계를 형성하지 못하는 등 여러 가지 정서적인 문제가 있다는 것을 발견하였다.

Bowlby의 관심은 동물행동학적 이론을 인간관계, 특히 영아와 어머니 간의 애착관계에 적용하는 계기를 마련하였고, 「아동의 어머니에 대한 유대의 본질(The nature of the child's tie to his mother)」(1958)이라는 논문에서 동물행동학의 틀 안에서 애착이론을 논하였다. 저서로는 『애착과 상실: 애착(Attachment and loss: Attachment)』(1969), 『안전기저(A secure base)』(1988) 등이 있다.

(2) 애착의 이해와 단계

Bowlby는 진화의 환경을 고려해야 인간의 행동을 제대로 이해할 수 있다고 생각했다. 그는 생존에 초점을 두고 인간의 역사를 볼 때 영유아는 보호받기 위해 부모와 가까이 있는 기제가 필요했고 이에 양육자와 가까이 있고자 하는 몸짓과 신호, 즉 울음, 미소, 잡기, 따라다니기 등과 같은 애착행동이 발달하게 되었다고 믿었다. 나아가 Bowlby는 이러한 애착행동이 타고난 것이며 인간 종의 모든 개체에서 매우 전형적인 패턴을 가지고 나타날 뿐만 아니라, 인간 종의 적응 가치를 지닌 본능적인 행동으로 간주하였다(Bowlby, 1969; Crain, 1983, pp. 75-76 재인용).

Bowlby의 애착이론에 의하면 영아는 양육자에게 신호를 보내는 내적 기제를 가지고 태어나고, 어머니는 자녀의 생물학적 신호에 반응한다. 즉, 영아가 어머니를 보고 미소 지으면 어머니는 영아를 사랑스럽게 느끼고 정성껏 보살핀다. 또한, 영아의 울음이나 붙잡는 행동 등도 어머니의 반응을 유발하는 애착행동이라고 할 수 있다. 이러한 상호작용을 오랜 기간 반복하게 되면 영아와 어머니 간에는 애착관계가 형성된다. Bowlby는 생후 1년 동안 영아는 자신을 잘 돌봐주고 같이 놀아주며 모성행동을 보이는 사람에게 애착행동을 강하게 자주 나타낸다고 하였다. 대부분의 동물 종은 결정적 시기가 생후 몇 시간 내지 최고 며칠 이내로 짧은 편이지만 인간은 결정적 시기가 더 오래 지속된다.

Bowlby(1969)는 애착형성이 다음의 네 단계로 이루어진다고 주장하였다(정옥분, 2007, pp. 352-353; Berk, 2013, pp. 428-430).

① 전 애착단계

전 애착단계(preattachment phase: 출생~6주)의 영아는 붙잡기, 미소 짓기, 울기, 눈 응시하기 등과 같은 타고난 다양한 신호체계를 가지고 사람들과 친밀한 관계를 유지하며, 양육자의 냄새, 목소리, 얼굴 등을 감각적으로 인식한다. 그러나 아직 어머니와 애착이 형성되지 않아 낯선 사람과 혼자 남겨져도 개의치 않는 모습을 보인다.

② 애착형성단계

애착형성단계(attachment in the making phase: 6주~8개월)에서 영아는 친숙한 양육자와 낯선 사람에게 다르게 반응한다. 양육자와 상호작용할 때는 더 많이 웃고 미소 짓거나 옹알이를 더 자유롭게 하며 양육자가 달래 주면 더 빨리 울음을 그친다. 이 시기의 영아는 자신의 행동이 주위 사람의 행동에 영향을 미친다는 것을 알게 되어 자신의 필요에 따라 신호를 보내면 양육자가 반응해줄 것이라는 신뢰감을 발달시킨다. 그러나 이 단계의 영아는 아직 애착관계가 분명하게 형성되지 않아서 양육자인 어머니와 떨어져 낯선 사람과 함께 남겨져도 분리불안(separation anxiety)을 보이지 않는다.

③ 애착단계

애착단계(clear-cut attachment phase: 8개월~18개월)에서 영아는 친숙한 양육자인 어머니에 대해 분명히 애착했음을 보여준다. 즉, 영아는 신뢰하는 어머니와 멀어지게 되면 분리불안을 보인다. 분리불안은 6~15개월 사이에 증가하는데 이는 애착대상이 눈앞에서 사라져도 계속 존재한다는 대상영속성 개념을 획득하지 못했다는 것을 시사한다. 영아는 어머니가 자신을 혼자 남겨두고 떠나려 하면 떠나지 못하도록 애쓰고, 다른 사람보다 어머니에게 더 접근하고 따르고 올라타려고 한다. 이러한 행동은 영아가 친숙한 양육자를 탐색을 위한 안전기지로 삼는다는 것을 의미한다. 분리불안은 18개월까지 지속적으로 나타나다가 사라진다.

④ 상호관계의 형성단계

상호관계의 형성단계(formation of a reciprocal relationship: 18개월~35개월) 동안 영아는 정신표상과 언어가 급속하게 발달한다. 이 단계에서 영아는 양육자가 오고 가는 것에 영향을 미치는 요인을 이해하고 양육자가 돌아오리라는 것을 예측할 수 있다. 그러므로 분리불안이 감소하는 대신 영아는 자기가 원하는 방향으로 양육자가 행동목표를 수정하도록 요구하고 설득한다. 이 단계에서 영아는 양육자인 어머니가 언제 돌아올지 묻고 그동안 블록놀이를 하고 있을 것이니 빨리 돌아와서 동화책을 읽어달라고 제안하는 등의 행동을 한다.

(3) 내적 작동모델

Bowlby(1980)에 의하면 영아는 애착형성의 네 단계를 거치면서 부모가 없을 때 안전기저로 사용할 수 있는 지속적인 정서적 유대를 형성한다. 이는 내적 작동모델(internal working model)로 설명할 수 있다. 내적 작동모델은 애착대상이 자신에게 얼마나 유용할지, 스트레스 상황에서 자신을 지지해 줄 수 있을지, 애착대상과 자신이 어떻게 상호작용할지 등에 관한 기대를 모아놓은 집합체이다(Berk, 2013, p. 430 재인용).

추후에 내적 작동모델은 성격의 중요한 부분이 되고 미래의 친밀한 관계를 형성하는데 있어 일종의 안내자 역할을 한다. 이와 관련하여 Stern(1985)은 내적 작동모델의 기초 단위를 '함께하는 방식에 대한 도식(schemata of a way of being with)'으로 묘사하였다(정옥분 외, 2009, p. 188). Stern에 의하면 영아는 이러한 도식을 기초로 애착대상과의 관계에 대한 표상을 형성하며, 그 표상은 영아가 행동할 때 중요한 관계의 대상에게 영향을 미치게 된다. 따라서 영아는 연령이 증가하면서 인지, 정서, 사회적 능력이 향상되고, 부모와 상호작용하고, 성인, 형제, 친구와 긴밀한 유대관계를 맺으면서 내적 작동모델을 연속적으로 수정하고 확대해 나간다.

(4) 애착의 실패

Bowlby는 환경 결핍으로 인해 영아에게 미치는 회복 불가능해 보이는 부정적인 영향을 설명하고자 동물행동학에 관심을 기울였다. Bowlby가 접한 고아원에서는 소수의 양육자가 다수의 영아를 돌봐주어야만 했다. 이곳에서 영아는 신체적인 욕구는 충족하였지만 함께 웃어 주고 놀아 주며 옹알이를 받아 주고 안아달라고 할 때 안아 줄 양육자가 없어 특정한 사람과 정서적 유대감을 형성하는 것이 어려웠다. 이에 Bowlby는 고아원에서 성장한 사람은 타인과 애정적 관계를 형성할 기회, 즉 타인에게 각인할 기회가 없어 타인과 지속적인 유대관계를 맺을 수 없고 타인을 자신의 목적을 위해서만 이용하려는 사람이 된다고 보았다. 또한, 그는 양친 슬하에서 성장했어도 어머니와 장기간 분리를 경험한 아동도 고아와 유사한 징후를 보인다는 것을 알게 되었다. Bowlby는 이러한 아동의 정서적 문제가 생의 초기에 어머니와의 친밀한 인간관계를 통해 확고한 애착을 형성하지 못했기 때문이라고 해석하였다. 그리하여 그는 어머니와 영아 간의 관계에 대한 세심한 주의를 기울이지 않고는 영유아의 발달을 이해할 수 없다는 확신을 갖게 되었다.

이와 같은 '각인의 실패' 외에 Bowlby는 애착을 형성한 후에도 애착대상과 분리되어 고통을 겪는 영아의 반응에도 관심을 두었다. 이를 위해 Bowlby는 병원에 입원하여 수 주 동안 격리된 영아의 반응을 관찰하였는데 처음에는 울고 고함치며 반항하던 영아가 오래 격리되면 어머니에 대해 아예 흥미를 잃어버리는 초월상태(detachment)가 된다는 것을 발견하였다. Bowlby는 영아의 이러한 초월상태를 방어적인 행동유형으로 보았다.

(5) 평가

Bowlby의 애착이론은 20세기 후반부터 영유아의 사회·정서발달 분야의 연구에 큰 영향을 미친 것으로 평가된다. Bowlby는 정신분석학자로서 훈련을 받았던 만큼 어린 시절의 초기 경험의 중요성을 강조하였고, 비록 초기 경험이 후기발달의 모든 것을 결정하지는 않을지라도 후기 발달의 가능성을 제한할 수 있다는 점을 시사하였다. 또한, 그는 양육과 관련하여 진화의 맥락에서 영아가 가지고 태어난 양육자에 대한 반응과 신호가 양육자와의 관계 형성에 중요하므로 부모는 영아의 신호에 반응할 수 있도록 영아의 내적 경향을 따라야 한다는 입장을 취하였다. 이는 Gesell의 의견과 일치한다(Crain, 1983, p. 87). 뿐만 아니라 Bowlby는 고아원과 같은 열악한 환경의 수용시설이 영유아에게 미치는 영향에 대해 최초로 경고하였다. 그리하여 그는 영아의 애착단계를 고려하여 입양 시기가 부모나 주 양육자와 분리되는 고통을 최소화할 수 있는 때여야 한다는 점을 지적하였다. 반면, Bowlby는 생의 초기 발달에 치중하여 연구함으로써 유아기 이후의 발달에 대한 고려가 미흡하고, 어떤 동물행동학적 개념이 인간의 행동에 적용될 수 있는지에 대해서도 명확하게 설명하지 못했다는 비판을 받는다(정옥분, 2007, p. 358).

3) Ainsworth의 낯선 상황 실험

(1) 생애

1913년 미국 오하이오주 글렌데일에서 태어난 Ainsworth는 성적이 우수하여 16세에 토론토대학교에 입학하여 석사를 거쳐 1939년 박사학위를 취득했다. 대학원 시절, Ainsworth는 '안정 이론(security theory)'을 주장한 William E. Blatz의 지도를 받았는데, 안정 이론은 부모 의존도에 따라 부모와의 관계의 질이 다르며 이것이 이후 배우자와의 관계의 질에도 영향을 준다는 내용이 핵심이 되었다.

Mary Ainsworth
(1913~1999)

Ainsworth는 졸업 후 토론토대학교에서 성격심리학을 가르치며 연구를 수행하였고, Klopfer와 함께 로르샤흐 검사 개정판을 내었다(Bretherton & Main, 2000). 그녀는 결혼 후 런던으로 이주하여 Tavistock Clinic에서 John Bowlby의 연구팀에 합류하여 아동발달에 있어 모성 분리(maternal separation) 효과를 연구하였다. 여기서 정상적인 어머니-자녀 관계와 비정상적인 어머니-자녀 관계의 유대감을 비교하여 아이에게 어머니 같은 존재의 부재는 발달에 부정적인 효과를 준다는 것을 보고하였다(Bretherton & Ainsworth, 1974). 1965년 Ainsworth는 낯선 상황 실험을 고안하여 애착 행동의 개인차를 평가하였다.

(2) 낯선 상황 실험

Ainsworth(1973)는 애착을 사람 또는 동물이 자신과는 다른 특정한 개체 사이에 형성하는 정서적 유대로서 시간과 공간을 초월하여 그들을 결속시키는 유대감으로 보았다(조성연 외, 2010, p. 289 재인용). 그녀는 애착이 부모-자녀관계의 기본적 특성이지만 모든 어머니와 영아의 관계는 동일하지 않다는 점에 주목하여 어머니와 영아 간에는 다양한 애착유형이 있다는 가설을 세웠다.

Ainsworth 외(1978)는 애착을 표준화된 상황에서 연구할 수 있을 것이라는 가정 아래 12~18개월 된 영아와 어머니를 위한 '낯선 상황 실험(Strange Situation Procedure: SSP)'이라는 실험 상황과 절차를 고안하였다(<표 2-5> 참조). 낯선 상황 실험은 영아가 장난감을 가지고 놀 수 있도록 고안된 실험실에 양육자와 낯선 사람이 교대로 들어오고 나가는 스트레스 상황을 제시한다. Ainsworth가 낯선 상황에서 약 3분 정도 소요되는 여덟 가지의 에피소드를 진행하는 동안 영아는 어머니와 두 번 분리되고(한 번은 낯선 사람과 있고, 한 번은 영아 혼자 있는다) 재결합하는 경험을 한다. 특정 장면에서 영아가 심하게 울거나 보채면 어머니가 결정하여 그 장면을 빨리 진행할 수 있다(Berk, 2013, p. 430 재인용).

〈표 2-5〉 **낯선 상황 실험의 여덟 가지 에피소드**

에피소드	등장 인물	지속 시간	실험 상황	관찰하는 애착행동
1	어머니, 영아	30초	실험자가 어머니와 영아를 실험실로 안내한 후 실험실을 나간다.	
2	어머니, 영아	3분	영아가 장난감을 가지고 놀면서 실험실을 탐색하는 동안 어머니는 의자에 앉아 잡지를 읽는다. 영아가 접근하면 응답하지만 어머니가 먼저 반응을 시도하지는 않는다.	• 안전기저로서의 어머니
3	어머니, 영아, 낯선 사람	3분	낯선 사람이 실험실에 들어와 가만히 앉아 있다가(1분), 어머니와 이야기를 나누고(1분), 영아에게 접근한다(1분).	• 낯선 사람에 대한 영아의 반응 • 안전기저로서의 어머니
4	영아, 낯선 사람	3분	**첫 번째 분리:** 어머니가 실험실을 나간다. 낯선 사람이 필요한 경우에 당황하는 영아를 진정시킨다. 영아를 달래줄 필요가 없다면 의자에 앉아 있는다.	• 분리불안
5	어머니, 영아	3분	**첫 번째 재결합:** 어머니가 다시 실험실에 들어오고 낯선 사람은 실험실을 나간다. 어머니는 영아를 반기고 필요하면 달래준 후 의자에 앉아 잡지를 읽는다.	• 어머니와 재결합 시 영아의 반응
6	영아	3분	**두 번째 분리:** 영아만 남겨두고 어머니가 실험실을 나간다.	• 분리불안
7	영아, 낯선 사람	3분	**두 번째 분리:** 낯선 사람이 다시 실험실에 들어와 영아를 달래거나 의자에 앉아 있는다.	• 낯선 사람에 의해 달래지는 정도
8	어머니, 영아	3분	**두 번째 재결합:** 어머니가 실험실에 들어오고 낯선 사람은 나간다. 어머니는 영아를 반기고 필요하면 영아를 달랜 후 장난감을 가지고 놀게 한다. 어머니는 의자에 앉아 잡지를 읽는다.	• 어머니와 재결합 시 영아의 반응

출처: Murkoff, H. et al. (2002). *What to expect when you're expecting*, p. 167.

[그림 2-16] **낯선 상황 실험의 에피소드 3**

(3) 애착 유형

애착연구자(예: Ainsworth et al., 1978; Main & Solomon, 1990)는 어머니와 재결합할 때 나타나는 영아의 접촉추구, 접촉유지, 접촉회피, 접촉저항, 탐색행동 등을 평가하여 영아의 어머니에 대한 애착유형을 안정애착과 불안정한 애착인 회피, 저항, 혼란의 네 유형으로 분류하였다(박혜주, 2004, p. 33; Berk, 2013, pp. 430-431).

① 안정애착

어머니와 안정애착(secure attachment)을 형성한 영아는 낯선 상황에서 어머니를 안전기저로 삼아 주위를 탐색하기 위해 어머니와 쉽게 떨어진다. 어머니와 재결합 시에도 어머니와 신체적으로 접촉하면서 위로받기를 원하고 쉽게 달래진다. 또한, 낯선 사람보다 어머니에게 더 확실하게 관심을 보이고, 어머니와 떨어졌을 때도 어떤 방법으로든 능동적으로 위안을 찾고 다시 탐색 행동을 한다.

이 유형에 속한 영아의 어머니는 영아의 요구에 민감하고 적절하며 신속하게 반응하고, 영아가 스스로 놀 수 있도록 해 준다. 북미지역 중류층 가정 영아의 약 60%가 이 유형에 속한다. 반면, 낮은 사회계층의 경우에는 안정애착 영아의 비율이 더 낮아 상대적으로 불안정한 유형에 속하는 영아의 비율이 더 높았다. 한국 중류층 비취업모의 영아 중에서는 약 64%가 안정애착 유형에 속한다고 보고된 바 있다.

② 회피애착

회피애착(avoidant attachment) 유형의 영아는 어머니와 실험실에 함께 있을 때나 어머니가 실험실을 나가도 울지 않으며, 어머니와 재결합 시에도 어머니를 무시하거나 강하게 회피하며 어머니에게 별로 반응하지 않는다. 이 유형의 영아는 낯선 사람에게도 비슷한 반응을 보이며 어머니가 보내는 신호에도 반응하지 않는다.

이 유형 영아의 어머니는 영아의 요구에 무감각하며, 영아와 신체적 접촉이 적고 화가 난 것 같아 보이고 영아를 거부하는 것처럼 행동한다. 북미지역 중류층 가정 영아 중 이 유형에 속하는 영아는 약 15% 정도이다. 한국 중류층 비취업모의 영아는 약 14%가 회피애착 유형에 속한다고 보고된 바 있다.

③ 저항애착

저항애착(resistant attachment) 유형의 영아는 어머니가 실험실을 떠나기 전부터 불안해하고 놀이나 탐색을 별로 하지 않으며, 어머니가 실험실을 나가면 심한 분리불안을 나타낸다. 어머니가 돌아오면 화를 내고 거부하면서도 어머니와 가까이 있으려는 양면성을 보인다.

이 유형 영아의 어머니는 영아를 거부하지는 않지만 영아의 요구에 무감각하고 영아를 다루는 방식이 서툴다. 북미지역 중류층 가정 영아의 약 10%가 이 유형에 속한다. 한국 중류층 비취업모의 영아 중에서는 약 11%가 이 유형에 속한다고 보고된 바 있다.

④ 혼란애착

혼란애착(disorganized, disoriented attachment) 유형은 불안정애착의 가장 심한 형태로서 회피애착과 저항애착이 결합된 유형이다. 혼란애착 유형은 영아가 어머니와 재결합 시 강한 접근추구행동을 보이면서도 어머니가 접근하면 고개를 돌리거나 강한 저항을 보이는 모순된 행동과 침울하고 얼떨떨해하는 모습을 보인다. 북미지역 중류층 가정 영아의 약 15%가 이 유형에 속한다. 한국 중류층 비취업모의 영아 중 약 11%가 이 유형에 속한다고 보고된 바 있다.

문화권마다 양육방법이 달라 낯선 상황에서 영아가 보이는 행동은 다를 수 있고, 또 이에 대한 해석에도 차이가 있을 수 있다. 그러므로 Ainsworth는 낯선 상황 실험에 의해 분류된 애착유형의 분포는 문화권에 따라 차이가 있다고 보았다.

(4) 평가

Ainsworth는 아이와 양육자 사이의 생애 초기 감정적 애착을 관찰하기 위해 낯선 상황 실험을 설계하여 오늘날 애착 이론의 초석을 다졌다(Ravo, 1999). Ainsworth가 개발한 낯선 상황 실험은 실제로 영아와 어머니 간의 애착을 측정함으로써 Bowlby의 이론을 검증하고 애착 관련 연구를 부흥시켰다.

그러나 인위적인 실험실 상황에서 관찰된 영아의 행동이 일상생활에서 그대로 나타난다고 보기에는 무리가 있고, 자연스러운 환경에서 영아가 보이는 행동과는 차이가 있을 수 있다. 예를 들면, 영아는 집이 아닌 낯선 실험실 상황에서 탐색행동이 줄어들 수 있고, 어머니에게 더 가까이 다가가거나 매달릴 수도 있다. 또한, Ainsworth의 실험은 항상 표준화된 절차로 이루어지기 때문에 다른 가족 구성원이나 형제가 참여한다거나 낯선 사람의 특징적 행동이 미치는 영향 등은 실험실에서 알 수 없다는 비판도 있다. 아울러 낯선 상황 실험에서 영아와 어머니와의 분리시간은 불과 3분으로 짧지만 일본이나 이스라엘의 어머니는 미국 어머니보다 자녀가 실험장면을 견디기 힘들어한다고 생각하여 실험을 중지해 줄 것을 더 많이 요청하였다. 이처럼 나라마다 다른 어머니의 반응은 낯선 상황 실험을 다른 문화권에서도 동일하게 적용할 수 있을지에 대해 의문을 갖게 한다(조복희, 1995, p. 88). 또한, 미국 중산층 가족만을 대상으로 했다는 점, 생태적 타당성이 없다는 점에서 비판을 받기도 하였다.

6. 맥락적 접근

맥락적 접근은 인간과 그를 둘러싼 사회적, 물리적 환경 간에 존재하는 상호의존적인 체계와 그 상호작용에 대해 관심을 두고 인간을 둘러싼 환경과 그 맥락에 초점을 맞추어 인간의 발달을 설명한다. 즉, 영유아를 중심으로 한 가정, 학교, 지역사회 등의 가까운 환경에서부터 신념, 가치, 역사, 시간 등의 멀리 있는 환경까지 여러 다양한 환경이 발달에 미치는 영향에 관심을 둔다.

1) Bronfenbrenner의 생태학적 이론

(1) 생애

Urie Bronfenbrenner
(1917~2005)

Bronfenbrenner는 러시아의 모스크바에서 출생했으며, 여섯 살 때 미국으로 이주하였다. 그는 신경병리학자인 아버지가 근무하는 정신지체아를 위한 국립연구소 안에서 어린 시절을 보냈다. 그곳은 매우 넓은 농장 지역으로 수목이 우거져 있고 언덕, 늪지, 숲 등의 자연환경과 수많은 동식물을 쉽게 접할 수 있는 곳이었다. 이러한 환경에서 Bronfenbrenner는 생물과 환경

간의 상호의존적인 관계를 이해하고 자연 현상에 대한 민감성을 키워 인간발달생태학을 정립하는 기반을 마련하였다(이성태, 2007, p. 190).

Bronfenbrenner는 코넬대학교에서 음악과 심리학을 전공하였으며, 1942년 미시간대학교에서 박사학위를 받았다. 1948년 이후 코넬대학교 교수로 재직하면서 발달이론 연구의 실제 적용과 정책 개발에 관심을 가져 국가 차원의 여러 위원회에 관여하였으며, 특히 헤드스타트 프로그램과 그 외 여러 발달 프로그램을 설계하기도 하였다. Bronfenbrenner는 『인간발달 생태학(The ecology of human development)』(1979)이라는 저서를 통해 자신의 생태학적 이론을 설명하였다.

(2) 생태학적 체계

Bronfenbrenner는 발달을 인간이 자신의 환경을 지각하고 다루는 방식에서의 지속적인 변화라고 정의하였다(Bronfenbrenner, 1979, p. 3). 또한, 그는 인간발달 생태학을 능동적으로 성장하고 있는 인간과 인간이 속해 있는 변화하는 속성을 지닌 인접한 환경 간에 전 생애에 걸쳐 일어나는 점진적인 상호 조절과정을 과학적으로 연구하는 학문이라고 정의하였다(정옥분, 2007, p. 273). 그리하여 그는 사회문화적 맥락에서 영유아를 이해해야 한다고 주장함으로써 생태학적 모델(ecological model)을 제시하였다.

Bronfenbrenner의 생태학적 모델은 영유아의 생활에 직·간접적으로 작용하는 사회적 환경의 상호연계성을 체계화하였다. 그는 영유아발달에 직접 작용하는 요인에만 국한하여 생각했던 관점에서 벗어나 보다 포괄적인 관계망에서의 영유아발달을 이해하였다. 생태학적 모델에 의하면 영유아를 중심으로 영유아와 가까이에 있는 체계일수록 영유아에게 직접적이고 큰 영향을 미치며, 외부에 있는 체계가 그 안에 있는 체계에 영향을 미치고, 모든 체계는 상호작용하면서 영향을 미친다. 이런 점에서 Bronfenbrenner의 생태학적 모델은 상호작용 개념이 매우 중요하다. 초창기에 Bronfenbrenner는 이 구조를 네 가지 체계, 즉 미시체

[그림 2-17] **러시아 인형**

계, 중간체계, 외체계, 거시체계로 나누었고, 후에 시간체계를 추가하였다. 이들 체계는 마치 러시아 인형처럼 겹겹이 싸여 있는 겹 구조로 되어있다([그림 2-17], [그림 2-18] 참조).

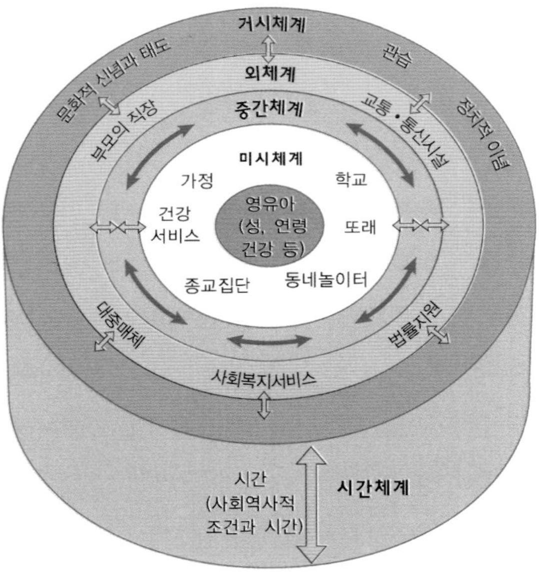

[그림 2-18] **인간발달의 생태학적 모델**

출처: Santrock, J. W. (2007). *Child development*(11th ed.), p. 49.

① 미시체계

Bronfenbrenner의 생태학적 모델에서 영유아는 중앙에 위치한다. 미시체계(microsystem)는 영유아를 둘러싸고 있는 가장 내부에 있는 수준으로서 영유아에게 가장 직접적인 환경이며 즉각적인 장면이다(Bronfenbrenner, 1979, p. 20). 미시체계에는 가정, 친구, 또래, 학교 등이 속하며, 이러한 환경은 영유아와 밀접하게 상호작용하면서 영유아에게 영향을 미친다. 또한, 영유아가 사는 집의 크기, 동네에 있는 놀이터의 시설물, 도서관에 비치된 장서의 양 등과 같은 물리적 특성과 또래집단의 사회경제적 지위, 부모의 교육수준, 교사의 신념 등과 같이 영유아의 발달에 영향을 미칠 수 있는 인적 특성 등을 모두 포함한다. Bronfenbrenner에 의하면 영유아는 환경의 영향을 받는 수동적인 존재가 아니라 환경을 구성하는 능동적인 주체이므로 영유아가 성장하면 미시체계도 변화한다.

② 중간체계

중간체계(mesosystem)는 두 가지 이상의 미시체계 간의 관계, 즉 환경 간의 관계이다. 미시체계가 단일한 장면이라면 중간체계는 단일한 장면에서 벗어나 환경과 환경 간의 관계로 이루어져 미시체계 속에서 성장하는 개체가 특정한 시점에서 상호작용하는 것이다. 중간체계의 상호작용은 사적이며 직접적으로 이루어지는데, 여기에는 학교(교사)와 가정(부모) 간 관계, 형제 간 관계, 가정과 또래집단 간 관계가 포함된다. 예를 들어, 부모와의 관계가 원만하지 않은 유아는 친구와의 관계도 원만하지 않을 수 있는데, 이는 중간체계가 유아의 발달에 영향을 미쳤기 때문이라고 볼 수 있다. 일반적으로 중간체계의 상호작용이 밀접할수록 영유아의 발달은 순조롭게 진행된다.

③ 외체계

외체계(exosystem)는 영유아와 직접 상호작용하지는 않지만 영유아의 미시체계에 영향을 미치는 사회적 환경으로서 영유아가 존재하지 않는 장면 내에서 일어나는 상황이다. 지역사회에서 기능하고 있는 주요 기관으로 부모의 직장, 어머니의 취업 여부, 학교운영위원회, 교육제도, 정부기관, 교통·통신시설, 문화시설 등을 들 수 있는데, 영유아가 이러한 외체계에 직접 참여하지는 않지만 이러한 환경은 영유아의 행동에 영향을 미친다. 외체계가 영유아에게 미치는 영향은 비개인적이고 간접적이며 일방적이다.

④ 거시체계

거시체계(macrosystem)는 미시체계, 중간체계, 외체계에 포함된 모든 요소뿐만 아니라 개인이 사는 사회문화적 환경까지 포함한다. 거시체계는 법률과 같이 명백한 형태를 가진 것도 있으나 문화, 국가, 정치적 이념, 관습, 일상생활 습관 등과 같이 대부분 비형식적이다. 영유아가 속해 있는 사회문화적 배경에 따라 부모의 양육태도 등과 같은 가치관이 달라지며 이러한 가치관은 영유아의 발달에 지속적으로 영향을 미친다. 거시체계는 영유아의 삶에 직접 개입하지는 않지만 매우 강한 영향력을 발휘하며, 하위체계에 대한 지지기반과 가치 준거를 제공한다.

⑤ 시간체계

시간체계(chronosystem)는 Bronfenbrenner가 처음 발표한 생태학적 모델에는 포함되어 있지 않았으나 영유아를 설명하는 데 필요한 체계로 간주하여 후에 새롭게 포함된 체계이다. 시간체계는 시간적으로 한 시점의 사건이나 경험이 아닌 전 생애에 걸쳐 일어나는 변화와 사회역사적인 환경을 의미한다. 즉, 영유아가 어떤 시대에 출생하여 성장하였는가에 따라 영유아의 삶은 큰 영향을 받는다. 예를 들어, 조선시대에 태어난 영유아와 현대에 태어난 영유아는 그 가치관과 생활방식 등에서 현저한 차이가 있다.

사회라는 환경은 계속 변화하고, 그 사회 속에서 생활하는 유기체인 영유아도 끊임없이 변화한다. 유기체와 환경 간의 상호작용인 생태체계 안에서 이 둘은 서로에게 영향을 미친다. 부모, 가족, 친구, 유아교육기관 등 영유아를 둘러싼 미시체계에서부터 문화, 관습, 이념 등의 거시체계에 이르기까지 모든 생태체계는 영유아에게 영향을 미치며, 이러한 생태체계는 과거, 현재, 미래라는 시간체계의 변화 속에서 작용한다. 그러므로 영유아에 대한 이해는 이러한 생태체계 내에서 포괄적으로 이루어져야 하며, 이는 영유아가 자신이 속한 사회에 어떻게 적응해 나가는지를 이해하는 데 도움을 준다.

(3) 생태학적 전환

생태학적 전환(ecological transition)은 한 체계 또는 둘 이상의 체계가 주요한 전환을 겪는 것으로서 전 생애에 걸쳐 발생하는 역할이나 환경에서의 전환이다. 생애주기 동안 이는 자연스럽게 이루어지며 여러 번 일어난다. 이때 전환이 중요하고 변화가 크면 개인의 민감성과 불안감을 고조시켜 개인의 발달을 강화하거나 저해하기도 한다. Bronfenbrenner는 모든 생태학적 전환을 발달과정의 결과이자 시작이라고 주장하였다(Bronfenbrenner, 1979, p. 25).

가장 일반적인 생태학적 전환은 기존의 미시체계가 기능을 상실하고 새로운 미시체계가 나타나는 것이다. 미시체계에서의 생태학적 전환은 동생의 출생, 학교 입학과 졸업, 취업, 결혼, 자녀 출산, 이사, 은퇴 등을 예로 들 수 있다. 미시체계에서의 생태학적 전환으로 개인을 둘러싼 환경이 변화한다. 즉, 미시체계에서의 생태학적 전환으로 중간체계도 변화하여 여러 역할에서 변화가 이어진다. 생태학적 전환에서 중요한 것은 미시체계 자체의 변화가 아니라 미시체계의 변화에 따라 중간체계가 달라지는 것이다. 즉, 부모의 이혼이 자녀에게 부정적인 영향을 미치지만, 모든 자녀가 같은 정도의 영향을 받는 것은 아니다. 미시체계인 이혼 자체보다는 이혼으로 인한 역할의 변화, 즉 원부모와의 관계, 다른 가족 구성원과의 관계와 지지, 주변 사람과의 관계와 지원 등에 따라 자녀가 받는 영향이 다를 수 있다.

(4) 평가

인간발달을 설명하는 많은 연구는 영유아의 발달 자체에 관심이 있어 실시되었고, 영유아와 환경의 관계를 다룬다고 하더라도 영유아 주변의 직접적인 환경에만 한정하여 이루어졌다. 그러나 Bronfenbrenner의 생태학적 이론은 환경의 영향을 보다 다양하게 설명한다. 즉, 생태학적 이론은 영유아를 둘러싼 환경을 직접적이고 큰 영향을 미치는 미시체계부터 영향력이 작은 시간체계까지 겹겹의 구조로 체계화하였으며, 이들 각각의 체계와 영유아발달과의 관계를 설명하였다. 또한, 개인-과정-맥락의 세분화되고 체계화된 과정중심적 연구방법을 통해 중재프로그램을 만들거나 정책 방향에 대한 실제적 제언을 하는 데도 공헌했다(정옥분, 2003, p. 388). 더불어, 환경의 영향을 실험실 상황이 아닌 자연 환경에서의 상호작용에 초점을 맞추어 인간과 환경이 어떻게 영향을 주고받는지에 대해서도 설명하였다.

반면, 생태학적 이론은 영유아의 발달에 영향을 미치는 모든 맥락과 환경을 고려하여 연구를 수행하기에는 어려움이 있기 때문에 이론의 검증가능성에 대한 비판이 있다. 또한, 이 이론은 인간발달에 대한 다양한 환경의 영향을 강조하였으나 영유아의 능동적 발달과정이나 생물학적인 면과 성숙 등의 영향에 대해서는 간과하고 있다는 비판도 있다(정옥분, 2003, p. 388). 이를 보완하기 위해 Bronfenbrenner(1995)는 그의 생태학적 이론에 생물학적인 영향력을 첨가하여 자신의 생태학적 모델을 생물생태학적 모델(bioecological model)이라고 재명명하였다. 그럼에도 불구하고 그의 이론은 여전히 생태학적, 환경적 영향력이 우세하다.

2) 발달이상에 대한 생태학적 상호교류접근

발달이상에 대해 맥락적으로 접근한 이론을 발달정신병리학(developmental psychopathology)이라 하며, 이를 생태학적 상호교류접근이라고도 한다. 이는 발달이상을 정상발달 궤도에서 벗어난 것으로 보고 정상발달을 기초로 부적응을 이해하고자 하는 통합적 관점이다.

전통적으로 발달이상은 '마음(psyche)'과 '고통받는다(patho)'라는 그리스어에서 유래한 정신병리(psychopathology)로 일컬었다. 정신병리는 병리증상을 나타내는 대상을 연구하는 이상심리학(abnormal psychology)에서 주로 다루었으며 정신분석학이 대표적이고, 정신의학, 인본주의, 행동주의 등에서도 다루고 있다. 이러한 이론은 발달이상의 원인이나 치료방법에 대한 접근방식은 다르지만 발달이상과 관련된 요인을 미시적으로 접근한다는 점에서는 공통적이다. 그러나 영유아기의 정신병리는 발달적으로 접근하는 것이 보다 효과적이라는 관점이 대두되면서 발달심리학과 이상심리학을 접목한 통합적 관점으로 발달정신병리학이 등장하였다.

(1) 발달의 정상성에 대한 이해

정상(正常)은 누구에게나 빈번히 일어나는 일반적인 행동이며, 이상(異常)은 그 일반성에서 벗어난 것으로 흔하지 않고 타인에게 방해가 되는 특이한 행동이라고 할 수 있다. 영유아기는 순간적으로 이상행동을 할 수 있는 시기이며, 충동조절이나 집중력이 부족하고 자기중심적인 사고 특성을 나타내기 때문에 영유아를 바라보는 성인의 기준에 따라 같은 행동일지라도 정상 혹은 이상으로 판단되기도 한다. 예를 들면, 교사는 이리저리 돌아다니는 유아를 산만하다고 볼 수도 있지만 아이니까 당연하다고 볼 수도 있다. 또한 영유아는 발달특성상 감각적으로, 순간순간 반응하고 행동하기 때문에 상황에 따라 반응이 달라진다. 즉, 그 행동의 특성이 고정적이지 않기 때문에 영유아기 발달이상을 다룰 때는 장애(disorder)보다는 성향(tendency)이나 어려움(difficulties)에 초점을 두고, 정상 발달궤도에서 얼마나 벗어나 있는가를 기준으로 이해하여 영유아가 정상 발달궤도로 재진입할 수 있도록 도와주어야 한다.

정상과 이상은 일반적으로 다음과 같은 규준으로 구분하여 판단한다(이경화 외, 2010, pp. 16-17). 첫째, 통계적 규준을 적용하여 평균에서 일탈된 정도에 따라 정상과 이상을 구분한다. 둘째, 사회문화적 규준을 적용하여 문화권마다 수용할 수 있는 것은 정상으로, 수용할 수 없는 것은 이상으로 판단한다. 셋째, 기능적 규준으로 뇌손상으로 인한 정신의학상의 기능장애를 이상으로 판단한다. 넷째, 발달적 규준을 적용하여 연령단계에 맞는 발달과업의 획득 여부로 정상과 이상을 판단한다. 즉, 연령을 기초로 자기 연령의 발달특성에서 지나치게 동떨어져 있으면 이상으로 구분된다.

(2) 통합적 접근

발달정신병리학은 정상발달을 기초로 일탈행동을 이해하기 때문에 발달과 관련된 여러 요인을 통합적으로 고려한다. 즉 발달이상을 개인적 특성과 환경 요인 간의 상호교류과정의 결과로 설명한다. 따라서 정상적인 발달과정에서의 주요 발달관련 요인, 주요 발달과업, 발달경로 및 위험 요인과 보호 요인, 그리고 그러한 요인들 간의 상호작용을 종합적으로 분석하여 접근하고자 한다. 그러므로 이 접근은 정상발달로부터의 일탈을 조기에 감지하여 개입하거나 일탈의 발생을 적극적으로 예방하는 데 유용한 지침을 제공한다. 미국에서의 Head Start 프로그램, Sesame Street와 같은 TV 프로그램은 조기 개입 및 예방적 개입의 대표적인 예라고 할 수 있다

① 발달관련 요인

일탈행동에 영향을 미치는 발달관련 요인은 다섯 가지 범주로 구분한다. 첫 번째 범주는 시간에 따른 변화, 즉 연령 증가에 따른 성숙 요인으로, 연령별 체중이나 신장, 기기, 앉기, 서기, 걷기 등의 운동근육 발달시기에 대한 행동규준 목록이나 제2차 성징의 출현 등을 예로 들 수 있다. 두 번째 범주는 유전이나

뇌의 구조 및 기능 등에서의 생득적인 개인차를 결정하는 기질적 요인으로, 21번 염색체 이상으로 나타나는 다운증후군을 예로 들 수 있다. 세 번째 범주는 성, 지능, 자아정체감, 성향 등의 개인 내 요인이다. 네 번째 범주는 다른 사람과의 상호작용에 초점을 두는 개인 간 요인으로, 부모의 양육방식, 부모-자녀관계, 또래관계, 형제관계, 교사-영유아관계 등이 속한다. 다섯 번째 범주는 사회계층, 지역사회, 문화, 시대적 특성과 같이 개인이 속해 있는 집단의 영향 요인으로, 외환 위기나 금융 위기와 같은 국가의 경제적 위기가 가정의 경제파탄과 가정 해체로 이어져 그 가정의 자녀가 위기에 직면하는 경우를 예로 들 수 있다.

② 주요 발달과업

통합적 관점에서 주요 발달과업에 대한 이해는 일탈행동을 하는 유아가 정상발달 궤도에 재진입하기 위해 어떤 발달과업을 중점적으로 획득해야 하는지를 알려줄 뿐만 아니라 교사나 보호자가 유아의 강점과 약점을 파악하여 보다 효과적으로 개입할 수 있게 해준다. 일탈행동과 관련된 주요 발달과업은 애착, 주도성, 자기통제, 인지, 공격성, 양심, 불안, 또래관계, 성, 일이다(Wenar & Kerig, 2000, pp. 29-59). 이중 애착, 주도성, 인지, 자기통제는 기본적인 발달과업에 해당한다([그림 2-19] 참조).

애착은 생후 첫 단계에서 주양육자와 맺는 가장 기본적인 발달과업이다. 애착은 이후에 맺게 되는 또래관계, 이성관계, 동료관계 등에서 내적작동모델로 작용한다. 주도성은 유아가 걷기 시작하면서부터 새롭고 흥미로운 환경을 탐색하고 숙달하려는 욕구가 강해지고, 이를 충족하면서 발달한다. 주도성은 자신이 원하든 원치 않든 해야만 하는 과제, 즉 일이나 학업 등의 수행능력과 관련된다. 만약 유아가 모험적인 일에 무관심하거나 두려워한다면, 또는 적합한 일을 시키는 데도 계속 거부한다면 그 유아의 주도성 발달 관련 경험을 주의 깊게 살펴볼 필요가 있다. 다음으로 자기통제는 성장하면서 점점 커지는 공격성 문제를 다룰 때 가장 주목해야 하는 발달과업이다. 유아는 자신의 욕구가 사회적으로 용인되지 않을 때 이를 조절할 수 있어야 사회화에 성공하는데, 이는 자기통제와 관련된다. 마지막으로 인지는 자기 자신뿐만 아니라 물리적, 사회적 환경을 이해하는 것과 관련된다. 유아는 인지적으로 미성숙하기 때문에 마술적인 생각으로 사실을 왜곡할 수 있고, 보이는 대로 사고할 뿐만 아니라 다른 사람의 관점을 이해하기도 어려워 비합리적으로 상황을 이해할 수도 있다.

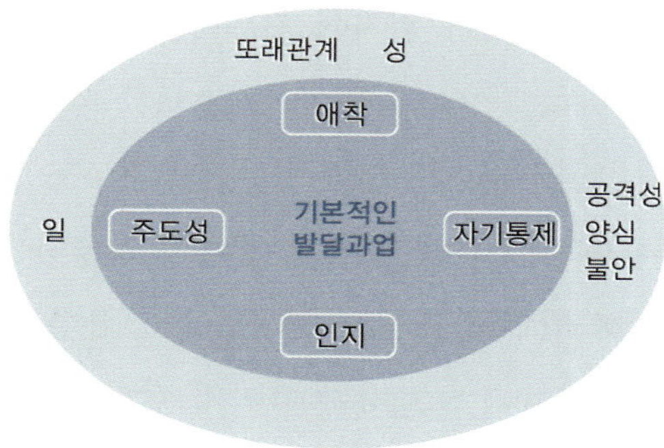

[그림 2-19] **일탈행동과 관련된 주요 발달과업**

③ 발달경로

통합적 관점에서는 발달관련 요인이 시간 경과에 따라 변화하면서 서로 상호작용하기 때문에 유아가 일탈행동을 보이면 발달경로를 탐색한다. Loeber(1991, p. 97)는 특정한 행동이 나타난 순서를 발달경로라고 정의하면서 유아가 시간 경과에 따라 나타내는 행동 간의 관계에 초점을 두었다(Mash & Wolfe, 1999, p. 9 재인용).

발달경로에 대한 탐색은 환경의 영향과 유아의 특성이 독립적이지 않고 서로 영향을 주고받기 때문에 유아와 가정, 그리고 사회적 맥락과 관련된 요인 및 그 경험이 끊임없이 역동적으로 상호작용하면서 발달한다고 보는 상호교류

모델에 근거한다(Zeanah, 2000, p. 27). 상호교류모델은 유아의 특성이나 환경적 요인에만 초점을 두지 않고 발달과 관련된 모든 요인을 동시에 고려하여 발달 이상을 평가하고 분석한다.

④ 위험 요인과 보호 요인

통합적 관점은 발달경로에서의 일탈과 관련한 위험 요인과 보호 요인을 분석한다. 위험 요인은 까다로운 기질이나 생물학적 취약성 등과 같이 발달과정에서 위험한 영향을 주는 것이다. 반면, 보호 요인은 긍정적 정서, 수용적인 양육태도와 같이 위험으로부터 보호하여 문제가 될 수 있는 상황을 극복할 수 있게 해주는 것이다.

(3) 발달이상에 대한 분류

발달이상을 장애로 분류할 때 병인, 증상유형, 특수교육대상 등을 근거로 한다.

① 병인에 따른 분류

장애의 병인에 따라서는 기질적 장애와 기능적 장애로 분류한다. 기질적 장애의 주된 병인은 염색체 결함, 신경전달물질의 분비이상, 뇌기능 손상 등의 생물학적 요인으로 환경의 영향은 적다. 반면, 기능적 장애는 부모의 양육태도, 다른 사람과의 관계, 생활환경 등 외부 환경 요인이 주된 원인이다.

② 증상유형에 따른 분류

장애의 증상유형에 따라서 내면화된(internalized) 장애와 외현화된(externalized) 장애로 분류한다. 내면화된 장애는 타인에게 해가 되는 행동은 하지 않지만 자신감이 부족하거나 공포감, 불안, 죄의식 등을 가진다. 이는 불안장애나 기분장애를 포함하며, 공포증, 걱정, 위축, 복통, 매스꺼움, 구토, 강박적 행동, 불면증,

은둔, 우울, 울기 등의 증상을 나타낸다. 반면, 외현화된 장애는 지시를 거부하거나 법을 위반하거나 사회적 규범에서 지나치게 벗어나서 타인에게 해가 되는 반사회적 행동을 나타낸다. 이는 자신의 문제를 외부로 드러내면서 주변과 마찰을 일으켜 갈등을 유발하는데, 품행장애나 적대적 반항장애가 대표적이며, 불복종, 도벽, 거짓말, 싸움, 파괴, 욕설, 분노폭발, 가출 등의 행동을 나타낸다.

③ 특수교육대상에 따른 분류

특수교육대상에 따른 분류는 「장애인 등에 대한 특수교육법」에 근거한다. 이 법에 따라 특수교육대상자는 시각장애, 청각장애, 지적장애, 지체장애, 정서·행동장애, 자폐성장애, 의사소통장애, 학습장애, 건강장애, 발달지체, 그밖에 두 가지 이상의 장애가 있는 경우 등 대통령령으로 정하는 장애를 가진 자로 분류한다.

(4) 발달이상에 대한 의학적 진단

임상현장에서는 대체로 발달이상을 병리적 관점에서 정신장애로 명명한다. 임상의학 현장에서 정신장애를 진단할 때 가장 많이 사용하는 기준은 미국정신의학회(American Psychiatric Association: APA)에서 만든 DSM(Diagnostic and Statistical Manual of Mental Disorders) 시리즈와 세계보건기구(WHO)가 설정한 국제질병분류(International Classification of Disease and Related Health Problems: ICD) 시리즈이다. 우리나라는 DSM 시리즈를 주로 사용하는데 2013년에 DSM-5가 출간되어 국내 임상의학 현장에서 이를 적용하고 있다.

DSM-5는 발달적이고 생애주기적인 순서에 따라 장애유형을 제시하였는데 영·유아기를 포함한 아동·청소년기 관련 정신장애 범주 및 유형은 〈표 2-6〉과 같다.

〈표 2-6〉 DSM-5에서의 영·유아기를 포함한 아동·청소년기 관련 정신장애 유형

장애범주	장애유형
신경발달장애	지적장애, 의사소통장애, 자폐스펙트럼장애, ADHD, 틱장애, 특정학습장애, 발달성 협응장애
불안장애	분리불안장애, 선택적 함묵증
충격적인 외상 또는 스트레스 관련장애	반응성 애착장애
섭식장애	이식증, 되새김장애, 회피/제한적 음식섭취장애
배설장애	유뇨증, 유분증
파괴적, 충동-조절 및 품행장애	적대적 반항장애, 품행장애
기타 임상적 문제	관계문제, 학대 및 방임. 학업/교육문제

출처: 조성연 외(2014). 영아발달, p. 353.

PART
02

단계별 영유아발달

Chapter 03

태내기와 신생아기

Chapter 03

태내기와 신생아기

인간의 발달은 정자와 난자가 결합하는 순간부터 시작하며 이 시기 동안의 발달은 일생 중 그 어떤 기간보다 빠르게 진행된다. 태아가 모체 내에 있는 기간을 '태내기'라고 하며, 이 기간 동안 다양한 유전적·환경적 요인이 태아의 발달에 결정적 영향을 미친다. 이후 태아가 출생한 후 환경에 적응하는 기간을 포함하여 한 달을 '신생아기'라고 한다. 신생아기는 인간의 전 생애를 고려할 때 매우 짧은 기간이지만 모체의 자궁 속에서 탯줄에 의존하여 보호를 받던 태아가 독립적으로 새로운 환경에 적응하며 살아야 하는 특별한 전환의 시기이기도 하다. 따라서 이 장에서는 임신으로 인한 모체의 변화, 태아의 발달과정 및 특징, 태교, 태내 발달이상과 임신 중 영향을 미칠 수 있는 다양한 환경 요인, 임신 중 이상증상, 분만 과정과 방법 및 신생아의 특징을 비롯한 생리적 현상과 각종 반사, 일상생활 등에 대해 살펴보고자 한다.

1. 태내기

1) 임신

임신은 난자와 정자의 결합에 의해 수정란이 형성되며 이때 유전적인 잠재성이 결정된다. 수정란이 자궁벽에 착상하는데 소요되는 기간은 약 7~10일이며, 수정란이 자궁벽에 착상한 후 태반이 형성되고 자궁 안에서 태아가 성장하고 발달한다.

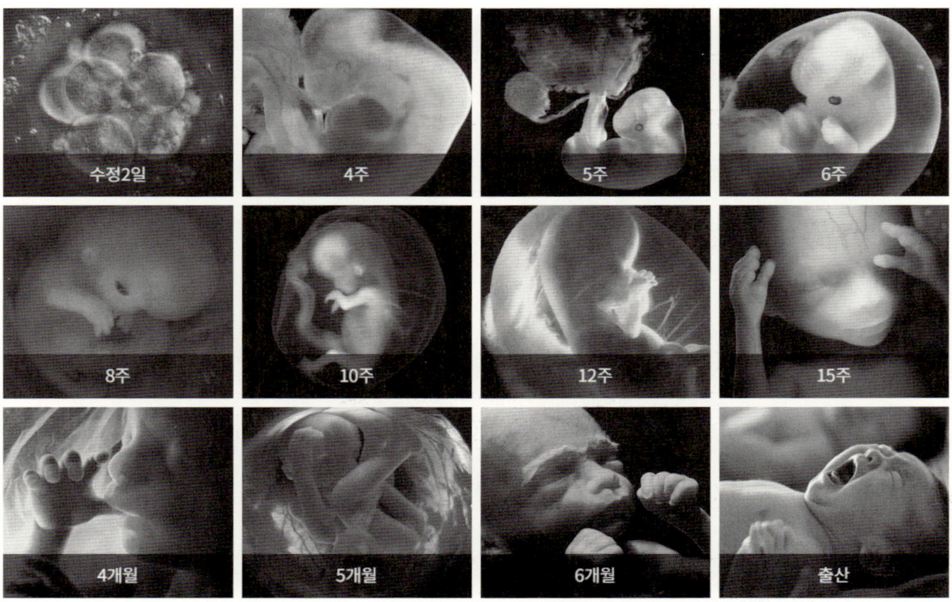

[그림 3-1] 태아의 태내발달과정

출처: (사)프로라이프 홈페이지 생명의 연속성. https://www.prolife.or.kr/page/sub_050101에서 2025. 1. 27. 인출.

(1) 임신의 초기 징후와 생리적 변화

임신을 하면 월경이 중단되고, 입덧이 나타난다. 입덧은 임신한 여성의

1/3~2/3에서 나타나는데 대개 임신 3개월 말경에 사라지며, 심한 경우에는 구토현상이 나타나기도 한다. 자궁이 커지면서 방광을 압박하여 종종 빈뇨현상이 나타나고, 유방은 유선이 발달하면서 커지고 유두 주위에 작은 피지선의 융기와 함께 유륜이 나타나며 색이 진해진다. 또한, 체중이 증가하고, 멜라노트로핀(melanotropin)으로 인해 피부가 착색되는 현상이 나타나기도 하며, 쉽게 피로감을 느껴 평상시보다 잠을 더 많이 자며, 장의 움직임이 둔화되고, 특정 음식물에 대한 선호현상이 나타나며, 수분 결핍과 자궁 팽창 등을 이유로 변비현상이 나타나기도 한다.

(2) 임신 중의 영양

임신 중의 충분한 영양 공급은 태반의 성장과 함께 정상적인 임신과 출산, 태아의 건강한 성장·발달, 분만 후의 소모된 체력 회복, 충분한 유즙 분비를 위해 필수적이다. 그러므로 임신 중에는 칼슘, 철분, 인 등의 무기질과 비타민을 충분히 섭취하는 등 영양소가 고루 들어 있는 식품을 섭취해야 한다.

(3) 임신 개월별 발달

임신 1개월 태아는 머리와 몸체를 구분하기 어렵다. 배아의 길이가 4mm 정도 되며, 척추, 뇌, 눈, 코, 귀, 소화기관, 심장, 간, 내장의 각 기관이 생기기 시작한다.

임신 2개월 태아 신장은 2.5cm 정도, 몸무게는 2.2g 정도이다. 머리와 몸체의 형태가 확실해지고, 머리가 전체 몸길이의 반을 차지한다. 팔, 다리, 눈, 귀, 입을 겨우 구별할 수 있고, 신경계가 발달하기 시작하며, 주요 장기의 발생이 끝난다.

임신 3개월 태아 신장은 6.5~7.5mm 정도, 몸무게는 약 18~28g이다. 모발이 나기 시작하고, 손가락과 발가락의 구별이 가능해지며, 머리는 몸 전체의 1/3이 된다. 생식기가 생겨 성구별이 가능해지고, 태아가 조금씩 움직이기 시작한다.

임신 4개월 태아 신장은 13~17cm 정도, 몸무게는 100~135g 정도이다. 머리가 몸 전체의 1/3이 되면서 출생 시까지 이 비율이 계속 유지된다. 태아의 피부에 솜털이 생기고, 많은 기관이 성장하며 순환조직과 배뇨조직이 작동한다. 태아의 성별을 확실히 구별할 수 있으며, 사지 운동을 시작하고, 눈썹과 속눈썹이 자라기 시작한다. 손톱과 발톱이 완전히 형성되며, 소리에 반응하기 시작한다.

임신 5개월 태아의 신장은 18~23cm 정도, 몸무게는 250~340g 정도이다. 청진기로 태아의 심장 소리를 들을 수 있다. 눈동자가 빨리 움직이고, 손발의 움직임도 활발해지며, 근육은 더 강해진다. 자궁 내의 움직임이 활발해지면서 모체는 태동을 느낄 수 있다.

임신 6개월 태아의 신장은 28~34cm 정도, 몸무게는 600~700g 정도이다. 태아는 청각이 발달하여 어머니의 심장 소리를 들을 수 있고, 양수를 삼키기도 하고, 딸꾹질과 하품을 하며, 손가락을 빨기도 한다. 몸의 균형이 잡히고, 혈관이 투명하게 보이며, 눈을 감고 뜨기도 한다. 피지샘의 분비가 시작되며, 피부에 지선(oil glands)이 형성되어 태지(胎脂)가 붙기 시작한다.

임신 7개월 태아의 신장은 35~38cm 정도, 몸무게는 900g 정도이다. 대뇌가 빠르게 발달한다. 피부는 쭈글쭈글하다. 미각이 형성되고, 호흡과 삼키기를 통제할 수 있을 정도로 신경계가 성장한다. 감각운동과 운동기능을 위한 조직이 형성되고, 촉자극이 발달하면서 통증을 느낄 수 있고, 반사유형도 완전하게 발달한다. 폐가 성숙해지는 시기이므로 태아가 이 시기에 태어나면 약 80%

정도는 생존할 수 있다.

임신 8개월 태아의 신장은 40~42cm 정도, 몸무게는 1.5~1.8kg 정도이다. 청각이 거의 발달하여 바깥소리를 들을 수 있을 뿐만 아니라 반응도 한다. 체중이 증가하고, 움직임도 매우 활발해져 자궁벽을 힘차게 차기도 한다. 폐가 성숙해지면서 태아는 숨쉬기 운동을 연습하기 시작하고, 머리는 점점 아래로 향한다. 피부는 주름이 많으며, 외부 자극에 대해 고통을 느낀다. 태아의 움직임이 활발하고, 딸꾹질을 하며, 울기도 한다.

임신 9개월 태아의 신장은 46cm 정도, 몸무게는 2.0~2.5kg 정도가 되지만 체중 증가 속도는 이전보다 느리다. 근육에 자극이 오면 놀라기도 하고, 피하지방의 발육도 양호해져서 주름이 점차 없어진다. 손톱과 발톱이 완전히 다 자라며, 질병에 대한 항체가 형성된다. 태아가 활발하고 힘차게 움직이면서 분만을 위해 머리가 모체의 자궁경부 방향으로 회전하여 자리를 잡는다. 내장도 다 만들어지고 폐의 기능도 갖추어진다.

임신 10개월 태아의 신장은 50cm 정도, 몸무게는 3.0~3.5kg 정도 된다. 피하지방의 발육이 양호하여 탄력성이 있으며, 주름은 없다. 사지는 굽어 있는 상태이고, 태지는 몸의 일부에만 남아 있다. 태아의 움직임은 출산일이 가까워지면서 차츰 줄어들고, 병에 대한 저항력이 증가한다. 태아는 완전히 발육하여 신생아의 특징적인 모습을 나타낸다.

(4) 임신 중 태아 진단

① 양수검사

양수검사(amniocentesis)는 임신 14~18주에 실시하며, 결과는 약 3주 정도 지나면 알 수 있다. 양수검사는 초음파 스캐너로 태반의 위치를 확인한 후 복부에서 주사로 양수를 채취하여 실시한다.

② 융모막 채취법

융모막 채취법(chorionic villus sampling: CVS)은 '융모막 생검'이라고도 하며, 임신 8~11주 사이에 실시할 수 있고, 24시간 이내에 결과를 알 수 있다. 이 검사는 초음파검사를 이용하여 가는 튜브를 질을 통해 자궁 속으로 삽입하거나 복부를 통해 주사바늘로 소량의 융모돌기를 채취함으로써 염색체를 분석, 검사한다.

③ 초음파검사

초음파검사(ultrasound)는 임신 시기, 태아의 크기와 형태 및 위치, 태아의 생존 여부와 개월 수 및 성장률, 쌍태아 유무, 태반의 위치와 이상 유무 등 태아의 상태를 확인하거나 구조적 결함 등을 발견할 수 있어 태내기 진단용으로 가장 많이 활용되며, 융모막 채취법과 양수검사를 할 때 사용되기도 한다. 첫 번째 초음파검사는 보통 임신 11~13주 사이에 실시하는데 이후 임신 중 필요할 때마다 실시하고, 검사 시간은 5~10분 정도 소요된다.

2) 태내 발달단계

태내기는 임신으로 시작하여 출산으로 끝나는 기간으로 평균 266일(38주)이며, 대부분의 태아는 이 기간을 전후하여 34~40주 사이에 태어난다.

① 발생기

발생기(germinal stage)는 난자와 정자가 수정한 후 세포분열을 거듭하면서 자궁벽에 착상하는 약 2주간의 기간이다. 발생기 동안 접합체(zygote)가 자궁까지 도달하지 못하고 나팔관이나 장기의 어떤 부위에 착상하는 것을 '자궁 외 임신'이라고 한다.

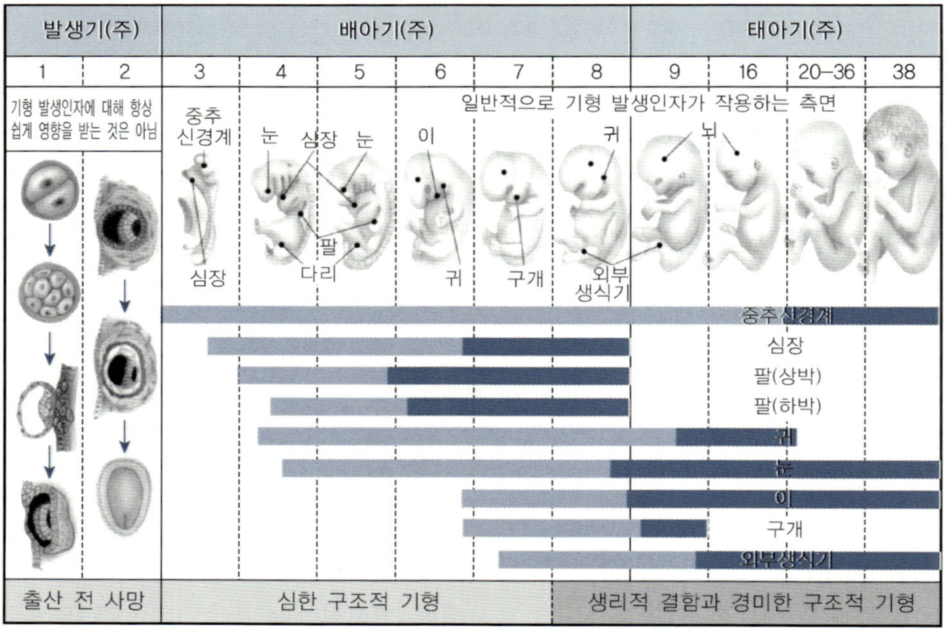

[그림 3–2] 태내 발달의 결정적 시기

출처: Berk, L. E. (2008). *Infants and children*, p. 105.

② 배아기

배아기(embryonic stage)는 접합체가 자궁벽에 착상한 후 3~8주 사이로서 인간의 성장 과정 중 가장 빠른 성장 속도를 나타내는 기간이다. 이 시기에 분화되는 유기체를 배아(embryo)라고 하며, 배아는 외배엽, 중배엽, 내배엽으로 분화되어 신체의 모든 주요 기관과 조직으로 발달한다. 배아기 동안 배아의 많은 신체 기관이 형성되고, 신장은 약 1.5인치(3~4cm), 체중은 14g 정도 되는데, 심각한 유전적 이상이 있는 배아는 자연유산된다.

③ 태아기

태아기(fetal stage)는 임신 3개월부터 출생 때까지의 기간으로 이 시기의 유기체를 '태아(fetus)'라고 한다. 태아는 외형적으로 완전한 인간의 모습을 갖춰 각

기관 체계와 사지, 근육을 움직임으로써 인간으로서 필요한 모든 체계를 갖추어 기능을 수행한다. 태아기의 약 210일을 '생존 가능 연령'이라고 한다.

3) 태내 발달이상

태아에게 이상이 생기면 대개 자연유산되지만 때로 결함을 가진 채 태어나기도 한다. 선천성 이상(異常)은 유전이나 염색체 이상 또는 태아 때 받은 손상, 부모의 부주의 혹은 운명이라고 밖에 할 수 없는 미지의 원인으로 신체 외형과 장기 기형 및 체내 대사장애, 자폐증, 뇌성마비와 같은 정신장애를 나타낸다(The British Medical Association, p. 224).

(1) 성염색체 이상

인간은 수정되는 순간 23쌍의 염색체를 갖는데 이 중 한 쌍이 성을 결정하는 성염색체이다. 대부분의 단일 성염색체(monosome)에 의한 기형은 임신 초기에 유산되며, 자연유산의 약 20%도 단일 성염색체 이상에 기인한다.

① 터너증후군

터너증후군(Turner syndrome)은 염색체 중 X가 하나 없는 XO로 전체 염색체 수가 45개이며, 여성 2,500~8,000명당 1명꼴로 나타난다. 터너증후군 여성은 키가 작고(평균 143cm), 살이 쪘으며, 목이 없이 얼굴과 어깨가 거의 붙어 있고, 가슴이 넓고, 손가락은 굵고 짧다. 심장과 신장이 기형이며, 지능 수준은 정상적이지만 소녀티가 나고, 여성호르몬의 부족으로 2차 성징도 잘 나타나지 않는다.

② 클라인펠터증후군

클라인펠터증후군(Klinefelter syndrome)은 정상적인 남성 XY염색체에 X가 하나 더 붙어 염색체가 XXY를 이루며, 남아 900명당 1명꼴로 발생한다. 이 증후군은 어머니의 출산 연령이 많을수록 출현 빈도가 많고, 정신지체(75%는 정상지능 수준)와 언어지체를 나타낸다. 또한, 이 증후군은 남자지만 생식능력이 없고, 남성적 특성이 약하며, 성격은 수동적이고 내성적이며, 여성에 대해 관심이 없고, 정서적으로 불안한 특징을 보인다.

③ 초웅증후군

초웅증후군(supermale syndrome)은 남성 XY염색체에 Y가 하나 더 많아 XYY염색체로서 'XYY증후군'이라고도 하며, 남아 500~1,000명당 1명꼴로 발생한다. 이 증후군은 키가 크고, 여드름이 심하고, 때로 골격기형과 정신지체 등을 나타낸다.

④ XXX증후군

XXX증후군(triple X syndrome)은 여성 XX염색체에 X가 하나 더 많은 것으로 출생한 여아 1,000명당 0.65명꼴로 발생하며, 2세 때부터 결함이 나타나기 시작한다. 상대적으로 키가 큰 것을 제외하고는 같은 연령층의 정상아와 비교하여 신체적 외모나 성적인 발달에서 별다른 차이가 없지만 언어적 지체가 있다.

(2) 상염색체 이상

상염색체(autosome)는 성염색체를 제외한 나머지 22쌍의 염색체이다.

① 다운증후군

다운증후군(Down syndrome)은 가장 보편적으로 나타나는 상염색체 이상으로 염색체수가 47개이다. 이 증후군은 둥근 머리, 굵고 짧은 목, 작은 턱과 귀, 낮은 코, 뭉뚝하고 짧은 손과 발, 치켜 올라간 눈꼬리, 납작한 뒤통수의 외모와 혀를 삐죽 내밀곤 하는 특징이 있다. 다운증후군은 정신지체(IQ 40-70)를 나타내며, 청각장애, 심장장애와 골격이상을 지니지만, 정서적으로는 다정하고 유쾌한 성격으로 일상생활 적응이 쉬워 부모와 주변의 따뜻한 관심과 배려만 있으면 스스로 기본 생활을 영위할 수 있을 만큼의 훈련도 가능하다(Berk, 2008, p. 61). 어머니의 출산 연령이 많을수록 다운증후군의 출현 빈도가 높다.

〈표 3-1〉 어머니의 연령별 다운증후군 아기의 출산 확률

어머니 연령	첫 임신 시	다운증후군 아기의 출산 이후
29세 이하	1,000명당 1명	100명당 1명
30~34세	700명당 1명	100명당 1명
35~39세	220명당 1명	100명당 1명
40~44세	65명당 1명	25명당 1명
45~49세	25명당 1명	15명당 1명

출처: Shaffer, D. R. (1999). *Developmental psychology: Childhood and adolescence*(5th ed.), p. 85.

② 에드워드증후군

에드워드증후군(Edward syndrome)은 18번 염색체가 세 개로서 신생아 8,000명당 1명꼴로 나타나며 산모의 나이가 많을수록 더 많이 발생한다. 이 증후군의 특징은 머리가 작거나 뒤통수가 유난히 튀어나왔고, 귀가 아래로 처졌거나 턱이 작은 경우가 많으며, 사지 기형도 많다.

③ 파타우증후군

파타우증후군(Patau syndrome)은 13번 염색체가 세 개로 신생아 20,000~25,000명당 1명꼴로 발생하는데 생존 기간이 짧다. 태어날 때부터 중추신경계, 심장 등 주요 신체 장기의 기형이 심하고, 이마가 좁고, 무뇌증, 시각장애와 심각한 정신지체를 나타낸다.

④ 묘성증후군

묘성증후군(cri du chat syndrome)은 '고양이울음증후군'이라고도 하며, 5번 염색체 결실로 발생하고 15,000~50,000명당 1명꼴로 나타난다. 고양이울음소리 같

은 소리를 내고, 외모도 묘상이며, 저체중, 소두증, 얼굴이 둥글고 납작하며, 두 눈 사이가 멀고, 신경근육의 손상과 키가 작다. 대부분 태아 때 사망하며, 생존하더라도 심한 기형과 정신지체를 나타낸다.

⑤ 테이삭스병

테이삭스증후군(Tay-Sachs disease)은 '흑내장성 가족성치매(amaurotic familial idiocy)'라고도 하며 유태계 백인에게서 주로 나타나고 지질이 신경계에만 축적되는 것이 특징이다. 출생 직후에는 정상적으로 보이나 생후 6개월경에 증세가 나타나기 시작하여 진행성 정신장애, 실명, 간질 발작이 나타나고, 대개 2세 미만에 쇠약 또는 감염으로 사망한다.

⑥ 페닐케톤뇨증

페닐케톤뇨증(Phenylketonuria: PKU)은 선천적 대사장애를 일으키는 유전병이다(안효섭, 2007, pp. 180-182, 위키피디아 재인용). 이는 아미노산의 일종인 페닐알라닌(phenylalanine)이 체내에 축적되어 나타나는데 출생 초기에는 증상이 없다가 영아기에 여러 가지 증상, 즉 지능장애, 담갈색 모발, 피부의 색소 결핍, 신경계 손상으로 앉기, 뒤집기, 걷기의 이상, 언어 기능의 이상, 과활동성, 경련 등을 나타낸다. 이는 초기 진단을 통해 식이요법으로 페닐알라닌 섭취를 줄이는 것만으로도 정상 생활이 가능한데 조기에 발견하지 못하면 영구적인 지능장애를 초래한다.

4) 태내 발달에 대한 환경 요인

(1) 연령

모체의 연령은 다운증후군 등의 선천성 기형아를 출산할 가능성을 높이는데 35세 이상 임신부는 35세 미만 임신부에 비해 기형아 출산율이 더 높다. 반면,

모체의 연령이 어린 경우에도 생식기관이 아직 충분히 발달하지 않았기 때문에 미숙아를 낳을 확률이 크고, 진통시간이 더 길며, 모체와 아기 모두의 사망률도 높다. 아버지의 연령이 많을 때도 다운증후군과 난쟁이병을 일으키는 아콘드로플라시아(Achondroplasia)의 아기를 낳을 가능성이 크고, 아버지의 연령이 증가할수록 염색체의 결함도 빈번하게 나타나 20~34세까지는 2~3%, 35~44세는 7%, 45세 이상에서는 14%에 이른다(Merewood, 1998; 정옥분, 2003, p. 201 재인용).

(2) 영양

모체의 영양 상태는 태아의 발달에 직접 영향을 미쳐 모체의 영양이 부족하면 유산과 사산의 가능성이 높고, 출생 시 저체중과 심각한 중추신경계의 장애를 일으키며, 신체적으로 기형이 될 확률도 증가한다(Korones, 1981; Pillitteri, 1981). 또한, 임신 중의 부적절한 다이어트는 다른 기관, 즉 췌장, 간, 혈관 등의 구조에 이상을 일으켜 성인기 때 심장질환과 당뇨병을 증가시킬 수 있고(Barker et al., 1993), 아이가 커가면서 비만이 되거나 심지어는 당뇨병에 걸릴 가능성도 있다(베이비뉴스, 2013. 12. 13.).

(3) 약물

임신 초기에 모체가 복용하는 모든 약물은 태반을 통해 태아에게 전달되어 치명적인 영향을 미쳐 기형아 발생을 유발할 수 있다. 1960년대 초 임신 초기의 입덧 증상을 완화시키기 위해 임신 4주에서 6주 사이에 탈리도마이드(thalidomide)라는 안정제를 복용했던 모체로부터 팔과 다리의 심각한 기형이나 청력 결함이 있는 아기가 태어났으며 이들은 자라면서 지능 수준도 평균 이하로 떨어졌다(Shaffer, 1999, p. 121). 또한, 어머니가 아스피린을 반복하여 복용한 경우에는 저체중아 출산이나 출산 후 운동발달 미숙, 지적 수준 저하, 태아의 순환계 이상, 유산의 원인이 되기도 한다. 다량의 카페인 섭취는 태아의 자연유산 확률을 증가시키거나 저체중아 출산, 지능저하, 성장장애, 불완전한 태내 발달과 태아사망률을 증가시킨다(Dlugosz & Bracken, 1992; Stoppard, 2002, p. 119).

(4) 흡연

흡연은 니코틴이 영양소의 공급을 차단하고, 태아의 체중 증가를 어렵게 하며(Stoppard, 2002, p. 117), 발육을 지연시키고, 태반 조기박리의 가능성도 높인다(베이비뉴스, 2013. 12. 28.). 또한, 흡연은 적혈구 세포 내의 산소를 줄여 중추신경계를 손상시키기도 하고, 태아의 발육장애, 미숙아 출산 및 심하면 폐가 미숙하여 사망하거나 비교적 높은 비율의 자연유산을 유발하기도 한다. 특히, 출산 전 2~4주 동안의 모체 흡연은 태아에게 가장 심각한 영향을 줄 수 있다(Tanner, 1970). 모체의 흡연은 임신 중에 적절한 영양섭취를 어렵게 하는 경향이 있어 태아의 부적절한 영양상태를 유발시키고, 태어난 후에도 영유아는 만성 귀질환과 천식 등의 호흡기 질환, 복통(colic), 수면장애 등을 유발할 가능성이 높을 뿐만 아니라, 주의력결핍/과잉행동장애(ADHD)를 일으키기 쉽고, 쉽게 흥분하며, 고집이 세고, 손을 더 많이 가게 하는 경향이 있다. 또한, 모체의 흡연은 영아가 수면 중 호흡곤란 등을 일으켜 영아돌연사(급사)증후군(sudden infant death syndrome: SIDS)을 더 자주 나타내게 한다(국민일보, 2009. 3. 2.; SBS 뉴스, 2000. 8. 25.).

모체의 간접흡연도 저체중 출산, 영아 사망, 주의력과 학습에서의 장기적인 결손 등 태아의 성장에 부정적인 영향을 미친다. 독일의 조사에 의하면 흡연을 하는 아버지가 비흡연 아버지보다 저체중아의 출산과 신생아 사망률이 더 높았으며(Barney, 1987, p. 81), 남성의 정자에 기형을 유발하거나 수정을 방해하고, 유산할 확률도 높였다(베이비뉴스, 2013. 12. 28.). 또한, 흡연 남성의 자녀는 비흡연 남성의 자녀에 비해 뇌수종, 안면마비 등의 결함이 생길 확률이 배로 증가하고, 뇌암, 임파종, 백혈병에 걸릴 확률도 20%나 증가하였으며(정옥분, 2003, p. 200), 흡연하는 아버지의 여아는 난소가 발암물질에 노출되는 영향이 평생 지속되었다(KBS 뉴스, 2009. 10. 21.).

(5) 음주

임신 중의 알코올 섭취는 태아에게 부정적 영향을 미치는데 이는 임신 6~12주 사이에 가장 해롭다(중앙일보, 2005, 9. 15; Stoppard, 2002, p. 118). 또한, 임신 동안의 음주는 태어난 후 영유아의 주의력결핍/과잉행동장애(ADHD)의 비율을 높이고, 자녀의 성장에도 부정적인 영향을 미치는 원인이 되기도 한다. 임신 중 음주와 관련하여 발생할 수 있는 태아 기형으로 태아알코올증후군(fetal alcohol syndrome: FAS)이 있다. 이는 아기에게 지능 저하, 안면 이상, 성장장애를 유발하는데 알코올에 중독된 모체의 아기 중 약 1/3이 이 증후군에 걸려 있다. FAS는 인종에 따라 다르지만 1,000명당 1명꼴로 발생하며, 드물지만 음주를 한 경우에도 학령기 학습장애, ADHD, 사회부적응, 충동적이고 강박적이며 공격적인 성향 등을 유발할 수 있는데 이를 태아알코올스펙트럼장애(fetal alcohol spectrum disorder)라고도 한다. 이의 빈도는 100명당 1명꼴이다(헬스로그, 2013. 12. 13.).

아버지의 무절제한 음주도 태아알코올증후군을 야기하는 것으로 나타났는데 이는 아버지의 음주로 정자가 변형되었기 때문일 수 있다. 실제로 음주 후 남성의 정자 수와 그 운동성은 현저하게 떨어지는 것으로 나타났다.

(6) 질병

풍진(rubella 혹은 German measles)은 임신 초기에 나쁜 영향을 미친다. 특히, 배아기 동안 풍진에 걸린 임신부의 아기 중 50% 이상은 심장 결손, 백내장, 청력장애, 성기와 요도 및 장의 비정상, 정신지체 등을 나타낸다.

당뇨병은 모체의 높은 혈당수준과 인슐린 처치로 인해 태아의 유산이나 사산을 초래할 수 있으며, 신체 이상과 신경학적인 결함이 있는 아기를 출산할 가능성을 높인다. 당뇨병에 걸린 모체의 태아는 뇌를 제외하고 대개의 기관이

거구증(macrosomia)을 나타낼 수 있어 분만 시 난산이 될 수도 있다.

매독(syphilis)은 성적 접촉으로 감염되어 태아에게 전달되는데 잠복 기간이 길어 감염 여부를 금방 알기 어렵고, 출산 시 산도를 통해서도 감염될 수 있다. 모체가 매독균에 감염되면 태아는 내장기관과 대뇌 손상, 정신지체, 청각과 시각 손상, 피부 이상, 뼈에 염증이 생기며, 심한 경우 태아가 사망할 수도 있다. 임신 5~6개월 이내에 25% 정도는 유산이나 사산되지만, 모체의 매독 감염이 조기 발견되면 페니실린으로 치료할 수 있어 태아에게 영향을 주지 않을 수도 있다.

후천성면역결핍증(Acquired Immune Deficiency Syndrome: AIDS)은 인간의 면역기능을 파괴하는 HIV(Human Immunodeficiency Virus)에 의해 유발되는데 모체가 AIDS에 걸렸을 경우에 감염은 대개 자궁에서 일어날 확률이 가장 크지만 태아는 태반을 통해, 진통 중이나 분만 시 자궁에서, 출산 시 산모의 혈액이나 체액의 접촉을 통해, 출산 후 모유수유를 통하거나 기타 다른 접촉을 통해 전염될 가능성도 높다. HIV에 감염된 아동의 사망률은 약 80%에 이르고, 감염된 아동의 96% 정도가 네 살 무렵 중추신경계의 장애를 보이는데 이 중 43%는 비교적 가벼운 발달지체를, 50% 정도는 심각한 발달지체를 나타낸다(Field, 1997, p. 118).

(7) 환경호르몬

20세기 중반 화학물질이나 농약 등으로 발생한 환경오염 물질은 인간의 호르몬과 유사하게 작용하여 성장 지연, 면역기능 저하, 정자의 운동능력 저하 등 인체에 유해한 영향을 미친다는 것이 밝혀졌다. 이것을 인간이 만든 환경오염 물질에서 나오는 가짜 호르몬이라 하여 일본에서 '환경호르몬'이라 명명하였고, 우리나라에서는 '내분비계 장애물질(endocrine disruptor)'이라는 공식용어를 사용한다.

1986년 체르노빌 원전의 방사능 누출사고와 제2차 세계대전 당시 일본의 히로시마와 나가사키의 원자폭탄 투하로 인한 피폭, 모스크바 공업지역에서 팔꿈

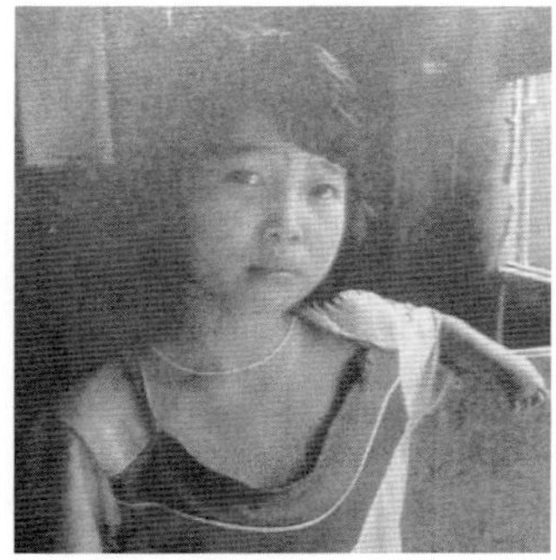

[그림 3-3] 고엽제에 노출된 부모에게서 태어난 아동
출처: 조복희(2000). 아동발달, p. 197.

치 이하가 없는 기형아와 다운증후군 자녀의 다수 출산, 수은에 중독된 물고기를 먹은 모체에게서 대뇌 손상과 소두증을 나타내는 미나마타병(Minamata disease)의 출현 등은 환경호르몬이 태아에게 미친 영향이라고 볼 수 있다. 또한, 비스페놀A 등은 아동의 과잉행동과 학습장애를 유발할 위험이 있고(한국일보, 2007. 8. 8.), 다이옥신도 심장과 신장기형, 질의 기형, 구개열 및 발달지연, 언어장애, 행동장애, 지능발달장애를 유발한다.

한편, 납성분이나 벤젠, 솔벤트 등의 유해물질이 많은 곳에서 일하는 아버지도 저체중아나 미숙아를 낳을 확률이 높으며, 아버지가 직업상 라듐을 많이 쐬게 되면 염색체 이상의 자녀가 태어날 확률도 높다(조복희, 1997, p. 97).

(8) 정서상태

모체의 정서 불안은 태아 활동성의 증가와도 관계가 있어 임신 동안 정서적 불안을 많이 경험했던 모체의 태아는 출생 후 과잉 활동적이며, 자극에 더 민감하고, 더 자주 울며, 수유와 수면상의 문제가 더 많고, 행동발달이나 사회성에도 더 많은 문제를 나타낸다.

(9) Rh 인자의 불일치

모체와 태아의 혈액형이 다를 경우, 즉 Rh-인 모체가 Rh+인 태아를 임신하게 되면 모체가 생성한 항체 때문에 태아의 적혈구가 파괴되어 태아를 유산하거나 사산하게 된다. 첫째아는 모체가 아직 항체를 형성하지 않았기 때문에 영향이 없지만 둘째아부터는 치명적 손상을 입게 되어 태어나더라도 황달 증상과 대뇌 손상을 나타낸다.

5) 임신 중 이상

(1) 임신중독증과 임신오조

임신중독증은 임신 말기에 가장 주의해야 하는 질병으로 임신 중 갑자기 체중이 증가하거나 혈압 상승, 부종, 단백뇨 등의 여러 가지 병적인 상태를 보이는 증상인데 난산이나 미숙아를 출산할 가능성을 높인다. 또한, 임신오조는 임신 3개월 말 무렵에는 끝나야 할 입덧이 심하여 임신부의 건강 상태에 지장을 초래하게 되는 병적인 구토이다. 임신오조를 제대로 치료하지 못하면 임신부는 탈수증, 전해질 불균형과 영양실조를 유발할 수 있다.

(2) 전치태반과 자궁 외 임신

전치태반은 태반이 자궁 입구에 가까이 발육해서 자궁의 아래쪽 부위에 형성되는 것으로 태반이 완전히 자궁 입구를 막고 있다면 정상분만으로 태아를 출산하지 못하고 제왕절개술로 분만해야만 한다.

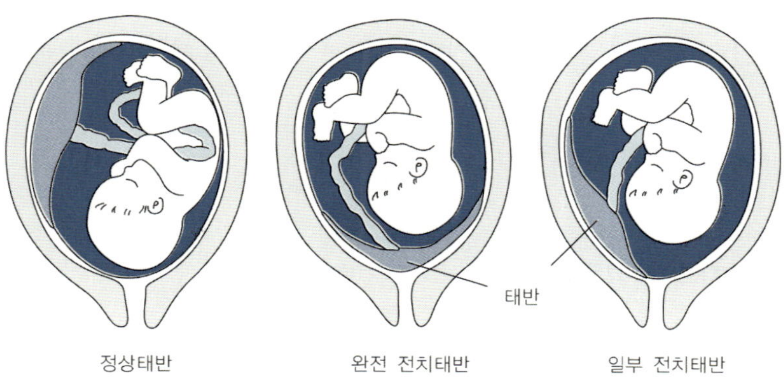

[그림 3-4] **전치태반의 유형**

자궁 외 임신은 접합자가 자궁까지 도달하지 못하여 자궁강 내에 정상적으로 착상하지 못하고 나팔관이나 난소, 난관협부, 장기의 어떤 부위에 착상하는 것이다. 자궁 외 임신인 경우에 태아사망률은 100%이고, 적절한 처치를 하지 않으면 모체의 생명이 위험할 수도 있다.

(3) 유산, 조산, 만산

유산은 태아가 자궁 밖에서 생존이 가능한 시기인 임신 20주 이내에 숨지는 임신 종결 현상이다. 자연유산은 임신 12주 이내에 임신이 종결되는 것으로 연속 2회 이상 자연유산하거나 연속성에 관계없이 3회 이상 자연유산하면 습관성유산이라고 한다. 조산은 임신 28주 이후부터 분만예정일 2주일 전까지의 출산이나 37주 이전에 아기를 출산하는 것이다. 임신 28주 전에 태어나면 대부분 생명에는 지장이 없지만 조산으로 인한 장애 유발 가능성이 있다. 만산은 '과기산(過期産)'이라고도 하는데 출산 예정일이 2~3주 이상 지나서 분만하는 경우이다. 만산은 대부분 정상이지만 뱃속에서 태아가 계속 커져 태아와 자궁이 잘 맞지 않거나 자궁 내 태아의 위치가 비정상인 것 등이 문제가 된다.

6) 분만

(1) 분만 시작

임산부는 진통, 즉 자궁수축으로 분만을 시작하는데 초산은 10~15분, 경산은 20~30분 간격으로 강한 진통을 경험한다. 분만은 태아, 태반, 양수 등의 부속물인 만출물질(passenger), 태아가 나오는 곳인 산도(passage), 부속물을 밖으로 내보내는 힘인 만출력(power)에 의해 이루어진다.

(2) 분만의 진행

분만은 분만 횟수, 자궁경부 상태, 임신부의 연령, 출산 간격, 태아의 크기 등과 같은 여러 요인에 의해 영향을 받는데 초산은 평균 약 14시간, 경산은 약 8시간 정도 소요된다. 분만은 개구기, 태아만출기, 후산기의 세 단계로 진행된다.

'개구기'는 분만 제1기로 규칙적인 진통이 10~20분 간격으로 나타나면서 자궁구가 10cm까지 완전히 열리는 기간이다. '태아만출기'는 분만 제2기로 자궁경관이 10cm 이상 완전히 열린 상태에서 태아가 바깥세상으로 나오는 때까지로 최대의 만출력을 필요로 한다. 이 단계는 자궁구가 완전히 열리고 파수가 되며 모체가 힘을 주면 태아가 산도로 들어가 분만한다. '후산기'는 태아를 분만한 후 태반과 탯줄이 완전히 나오는 때다. 신생아가 태어나고 가벼운 진통과 같은 느낌으로 아랫배가 딱딱하고 팽팽해지면 배에 가볍게 힘을 주어 태반을 배출시키는데 10~20분 정도가 소요된다. 태반이 나올 때는 '후출혈'이라 하여 약 500ml 정도의 혈액이 함께 나온다.

(3) 분만방법

분만은 다양한 방법에 의해 이루어진다. 가장 대표적이고 전통적인 분만은 자연분만이다. '자연분만'은 모체의 진통 때문에 태아도 산고를 경험하면서 폐를 바르게 활성화시키는 표면활성제의 생성을 촉진하여 신생아의 호흡을 도와준다. 자연분만의 일종으로 앉아서 아기를 분만하는 좌산(坐産)은 임산부가 중력이 미치는 방향으로 힘을 줄 수 있어 아기를 낳는 데 더 효과적이라는 주장도 있다(Stoppard, 2002, p. 64). 또한, '제왕절개분만'은 자연분만이 어려운 경우에 약 40분에서 1시간 정도 소요되는 수술로 태아를 분만하는 방법으로 이는 임산부와 태아가 위험할 경우에 유용하다.

이외에 무통분만 방법이 있는데, 무통분만은 모체가 일종의 최면상태인 반무의식 상태에 빠진 채 자연분만으로 아기를 출산하는 리드(Reed)법, 언어에 의한 조건반사를 출산에 응용하여 분만하는 정신예방성 무통분만법(psycho prophylactic method: PPM), 진통이 시작될 때 산통을 해소하고 적절한 분만 동작을 취할 수 있도록 호흡법을 훈련하는 라마즈(Lamaze) 분만법 등이 있다. 또한, 수중분만(waterbirth)은 임신부가 커다란 욕조 속에 들어가 물속에서 아기를 출산하는 방법으로 산모가 충분히 이완할 수 있고, 남편과 함께 분만함으로써 심리적인 안정감을 느낄 수 있다는 장점이 있으나, 출산 시에 무균법이 곤란하고, 분만 후에 나오는 출혈량의 판정도 어려우며, 그에 따른 지혈대책이 곤란하다는 단점이 있다.

2. 신생아기

신생아기는 신생아의 탯줄이 배꼽에서 완전히 떨어져 아물고 환경에 적응하는 출생 후 약 한 달간을 의미한다. 신생아기는 매우 짧은 기간이지만 신생아가 출생 후 독립적으로 새로운 환경에 적응해야 하는 특별한 전환의 시기이다. 신생아는 태어나면서부터 스스로 호흡하고, 입을 통해 영양분을 섭취해야 하며, 주변환경의 다양한 자극을 느끼고 이에 적응해야만 한다(박성연, 도현심, 2003, p. 104).

1) 신생아의 신체적 특징

(1) 신장과 체중

신생아의 평균 키는 남아 49.9cm, 여아 49.1cm이고, 평균 체중은 남아 3.3kg, 여아 3.2kg으로 남아가 여아에 비해 약간 큰 편이다(윤성하 외, 2017).

(2) 머리와 가슴

출생 시 아기의 머리 크기는 몸 전체 길이의 1/3 이상이다. 신생아는 머리둘레가 가슴둘레보다 좀 더 크다. 특히 신생아의 가슴 모양은 원통형이어서 앞뒤와 좌우의 폭이 거의 비슷하다. 갓 태어난 신생아의 두개골에는 숫구멍(fontanel)

이라 불리는 여섯 개의 연한 부분이 있는데 이 부분은 단단한 막으로 덮여 있으며 18개월 정도 되어야 완전히 닫힌다.

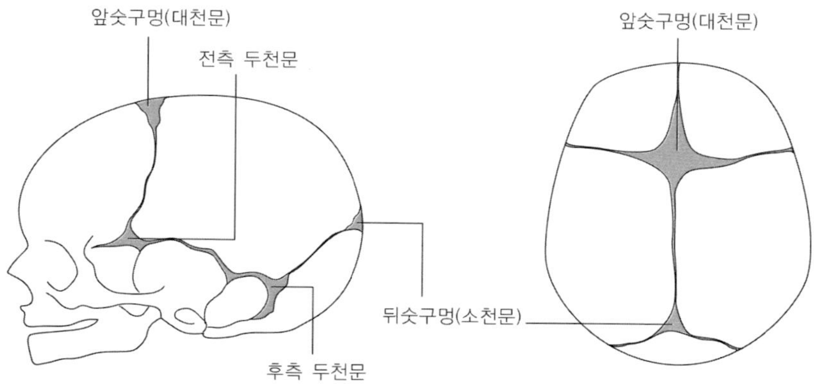

[그림 3-5] 대천문과 소천문의 위치

출처: 알심. https://gdny.kr/75에서 2025. 2. 23. 인출,

(3) 피부

신생아는 대부분 온몸이 주름투성이고 피부는 매우 얇아 분홍빛을 띠지만 수일 내에 정상적인 피부색을 갖게 된다. 또한, 신생아는 황백색의 크림 같은 끈적끈적한 태지로 둘러싸여 있는데, 이것은 세균 감염을 막기 위한 유성의 보호막으로서 자연적으로 마르거나 옷에 묻어서 혹은 씻기면서 없어진다.

(4) 신생아의 생리 현상

신생아는 생리적 체중감소, 신생아 황달, 몽고반점 등 몇 가지 특징적인 생리 현상을 나타낸다.

신생아는 대부분 생후 2~3일경부터 체중이 감소하기 시작하여 생후 일주일이나 열흘까지 출생 시 체중의 약 5~10% 정도 감소하는 생리적 체중감소가 나타난다. 그러나 신생아가 젖을 잘 먹게 될수록 체중이 다시 늘기 시작하여 대개 출생 후 약 일주일 안에 출생 시 체중을 되찾으며 이후부터는 빠른 속도로 증가한다.

신생아는 대부분 생후 3~4일이 지나면 피부와 눈의 흰자위가 노랗게 변하는 신생아 황달 증상을 나타낸다. 이는 신생아의 간기능 미숙과 그로 인한 혈액 내의 빌리루빈(bilirubin) 농도가 상승하면서 생기는데 생후 일주일 정도 지나면 간 기능이 원활해져 자연스럽게 사라진다.

우리나라에서 태어나는 대부분의 신생아는 등과 엉덩이, 다리 등에 푸른색의 넓은 점이 있는데 이 점은 몽고민족에게 나타난다고 하여 몽고반점(Mongolian spot) 혹은 아반(兒班)이라고 불린다. 이것은 세 살까지는 뚜렷하지만 유아기에 서서히 흐려져 열 살 경에는 거의 없어진다.

2) 신생아의 생리적 적응

(1) 호흡기관

신생아는 출생하자마자 대개 20~30초 안에 첫울음과 더불어 스스로 호흡을 시작한다. 이때의 호흡은 산소 부족, 이산화탄소의 증가, 찬 공기의 접촉 등으로 인해 야기되는 반사적 행동이다. 이후 대다수의 신생아는 배와 가슴을 이용하여 정상적으로 호흡하게 되는데 처음 5일 간은 평균 호흡수가 1분당 30~50회 정도로 성인보다 거의 두 배 정도 빠르고 불규칙하게 호흡한다.

(2) 순환기관

신생아는 출생과 더불어 스스로의 힘으로 신체 각 부분에 혈액을 순환시킨다. 신생아의 순환기가 완전히 안정되기까지 신생아의 심장 박동은 어른보다 빠르고 불규칙하여 1분당 140회 정도이고, 혈압은 낮지만 생후 약 열흘 정도 지나면 안정된다.

(3) 소화기관

신생아는 출생 후 스스로 음식물을 섭취하고 배설한다. 이를 위해 신생아는 빨기반사 행동을 보이고, 위에서는 젖을 소화시킬 수 있는 분비액이 자동적으로 분비된다. 또한, 신생아는 장이 가득 차면 괄약근이 자동적으로 열리면서 자연스럽게 배변한다.

(4) 체온 조절

신생아는 성인보다 체온이 약간 높은 편인데 스스로 체온을 조절하여 주변 환경의 온도 변화에 적응하기까지는 시간이 걸린다. 신생아는 피부 지방층이 얇고, 몸의 크기에 비해 체표 면적이 넓어 보온이 잘되지 않으며, 양수에 젖어 있던 상태여서 성인보다 네 배 정도 쉽게 체열을 손실할 수 있을 뿐만 아니라 스스로 체온을 안정되게 유지할 수 있는 기제도 미숙하다(박성연, 도현심, 2003, p. 106).

3) 반사행동

반사(reflex)는 외부에서 어떤 자극이 주어졌을 때 이에 대해 무의식적이고 자동적으로 반응하는 것인데, 신생아는 본능적이며, 비자발적인 반사행동을 많이 나타낸다.

(1) 생존반사

생존반사는 '적응적 반사'라고도 하는데 이에는 젖찾기반사, 빨기반사, 삼키기반사 등 주로 수유와 관련된 것이 많고, 대부분 신생아기를 지나 영아기에 접어들면서 점차 의식적인 행동으로 대치된다.

젖찾기반사(rooting reflex)는 먹이찾기반사 혹은 근원반사라고도 하는데 신생아의 입 주위에 손가락이나 고무젖꼭지 등으로 자극을 주면 그 자극물을 향해 고개와 입을 돌리고 무언가 입으로 빨려고 하는 반사행동이다([그림 3-6] 참조). 젖찾기 반사는 입을 벌리고 좌우로 두리번거리며 무엇인가를 찾으려하기 때문에 탐지반사(searching reflex)라고도 한다.

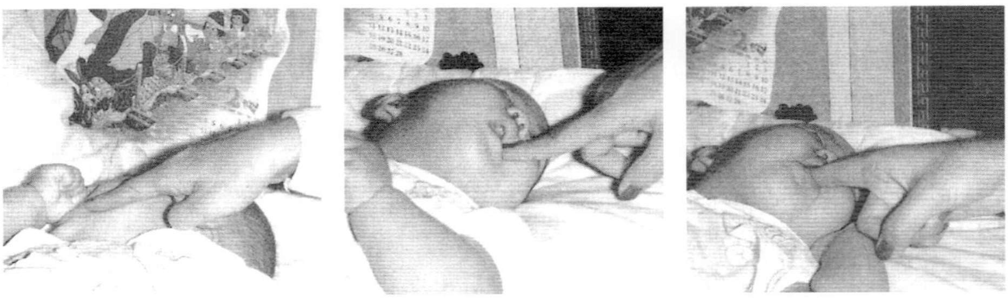

[그림 3-6] 젖찾기반사

출처: 김광웅, 방은령(2003). 아동발달, p. 185.

빨기반사(sucking reflex)는 입에 닿는 것은 무엇이든지 힘차게 빨려고 하는 반사행동이다([그림 3-7] 참조). 빨기반사는 생후 1년 경 반사적인 것은 사라지지만 이후 의식적인 빠는 행동으로 대치된다.

위축반사(withdrawal reflex)는 신생아의 손발에 고통스러운 자극이 오면 손발을 오므리고 다리를 움츠리는 반응을 보이는 반사행동으로 수축반사라고도 한다([그림 3-8] 참조). 이는 위험으로부터 신체를 보호하려고 하는 신생아의 본능적인 행동에서 비롯된다.

기침 · 하품 · 재채기반사는 호흡과 관련하여 생존가치를 지니는 반사행동이다. 기침반사와 재채기반사는 기도를 깨끗이 하는 기능을 하며, 하품반사는 한꺼번에 다량의 산소가 필요할 때 산소를 공급하는 기능을 한다(강문희 외, 2004, p. 110).

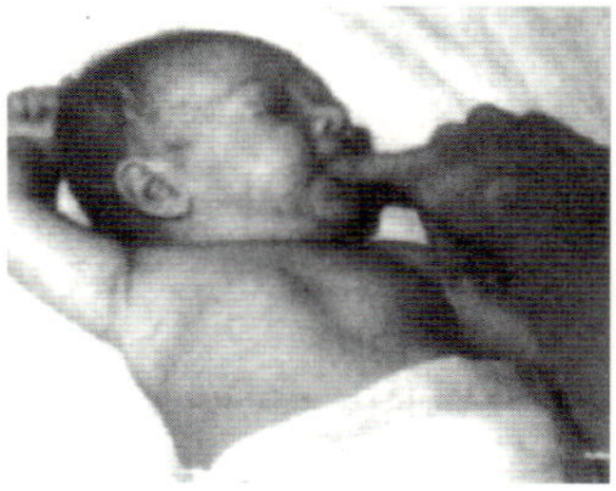

[그림 3-7] **빨기반사**
출처: Gander, M. J., & Gardiner, H. W. (1981). *Child and adolescent development*, p. 114.

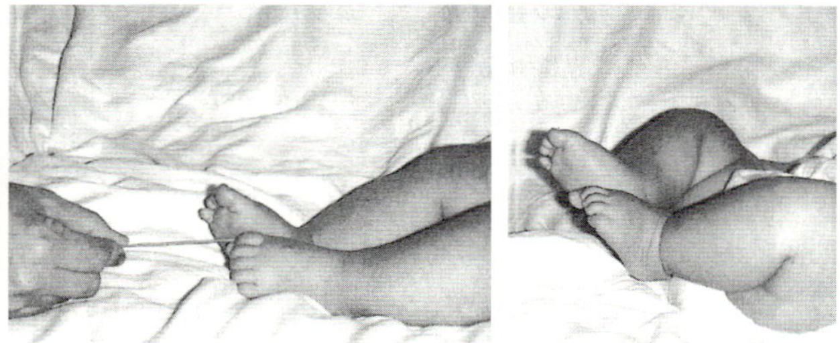

[그림 3-8] **위축반사**
출처: 김광웅, 방은령(2003). 아동발달, p. 186.

이외에도 생존과 관련된 반사로는 입에 들어오는 음식물을 식도로 넘기는 삼키기반사, 갑작스러운 강한 빛에 눈을 깜박이는 순목반사 혹은 눈깜박거리기 반사(eye blink reflex), 주변 밝기에 따라 눈동자의 크기를 조절하는 동공반사 등이 있다.

(2) 비생존반사

비생존반사는 출생 시 이미 잘 발달되어 있는 뇌간이나 중뇌에 의해 통제되는 무의식적인 반사행동으로 신생아의 생존과는 직접 관계되지 않는 원시적인 반사행동이다. 이러한 반사행동은 신생아의 두뇌 피질 부분이 발달하면서 보다 복잡한 두뇌 활동을 통해 6~12개월경 점차 의식적이고 자발적인 행동을 할 수 있게 되면서 사라진다.

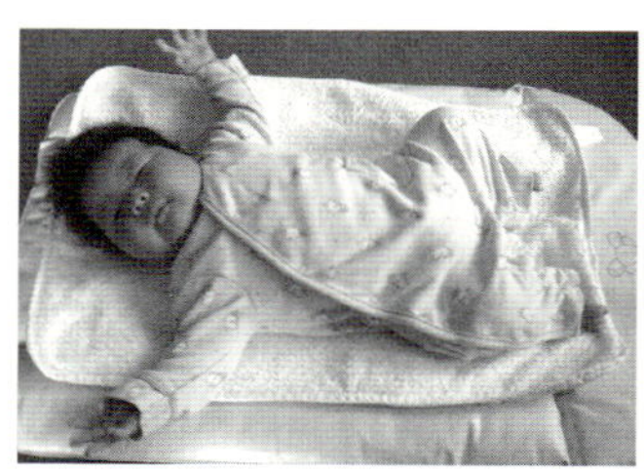

[그림 3-9] **모로반사**

모로반사(Moro reflex)는 신생아의 머리를 약간 들어 올렸다 떨어뜨려 신생아의 머리 위치를 갑자기 변경하거나 신생아가 누워 있는 근처를 세게 두드려 큰 소리가 나게 하는 등 신생아에게 놀랄 만한 자극을 주면 신생아는 머리를 뒤로 젖히고 등은 활처럼 휘며 두 팔과 다리를 벌림과 동시에 손가락을 쫙 펴서 허공에서 무언가를 잡으려 하는 행동을 보이다가 다시 금방 가슴으로 손을 모으는 행동을 나타내는 반사행동이다([그림 3-9] 참조). 모로반사는 생후 며칠 안에 신생아를 놀라게 하면 나타나는데 생후 6개월 정도 지나면 사라진다.

파악반사(palmar grasp reflex)는 Darwin이 발견했다 하여 다윈반사(Darwin reflex)라고도 하는데 이는 신생아의 손바닥에 손가락이나 물체로 자극을 주면 신생아는 무의식적으로 손에 닿는 것을 세게 움켜쥐고 놓지 않는 반응을 보이는 반사행동이다([그림 3-10] 참조). 파악반사는 생후 일주일간 가장 강하게 나타나며 1개월이 지나면서 쥐는 힘은 점차 약해져 생후 3~4개월이 되면 의도적인 잡기행동으로 대치된다.

바빈스키반사(Babinski reflex)는 신생아 발바닥의 오목하게 들어간 부위를 손가락이나 펜으로 살짝 긁어주면 발가락을 발등을 향하여 부챗살처럼 쫙 폈다가 다시 오므리는 반사행동이다([그림 3-11] 참조). 이 반사는 일반적으로 생후 6개월 정도부터 서서히 없어져 1년 안에 사라진다.

걷기반사(walking or stepping reflex)는 걸음마반사라고도 하는데 신생아의 겨드랑이에 두 손을 넣어 부축하고 편편한 바닥에 발바닥이 닿도록 바로 세운 후 상체를 약간 앞으로 기울여주면 신생아는 마치 걷는 것처럼 두 다리를 번갈아 무릎을 구부리면서 움직이는 동작을 취하는 반사행동이다([그림 3-12] 참조). 이 반사는 생후 2개월 정도에 사라진다.

긴장성목반사(tonic neck reflex)는 펜싱반사(fencing reflex)라고도 하는데 신생아를 눕히고 아기의 머리를 한쪽으로 돌리면 머리가 향한 방향의 팔과 다리를 앞으로 쭉 펴고 반대편 팔과 다리는 구부리는 모습을 나타내는 것이다. 긴장성목반사는 생후 5, 6개월경에 사라진다.

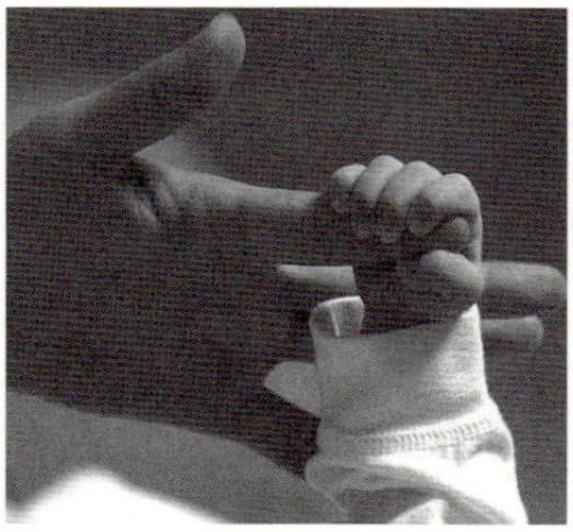

[그림 3-10] 파악반사

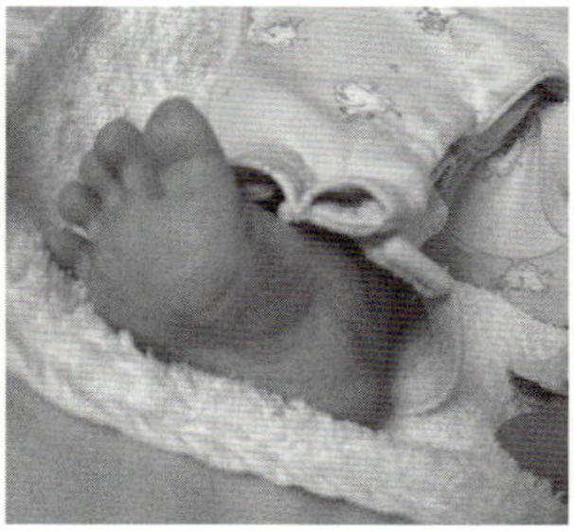

[그림 3-11] 바빈스키반사

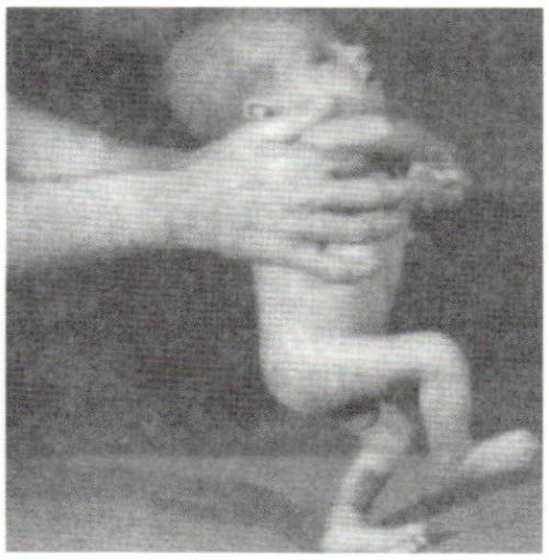

[그림 3-12] 걷기반사
출처: 한국인간발달학회 편 (1997). 유아의 심리, p. 87.

위치잡기반사(placing reflex)는 신생아의 발등을 평면의 가장자리에 닿게 해주면 발을 움츠리며 마치 계단을 오르는 것과 같은 동작을 나타내는 것이다. 이 반사는 생후 3~4개월경에 사라진다.

이 밖에도 신생아가 어떤 자극에 대해 어떤 형태로든 반사적인 반응을 보이는 정향반사(orienting reflex), 신생아의 무릎뼈 아래를 가볍게 두드리면 갑자기 무릎을 뻗는 반사행동으로 평생 지속되는 슬개건반사(knee-jerk reflex), 신생아의 얼굴을 아래로 향하게 하고 물에 넣으면 마치 수영을 하듯 팔과 다리를 교대로 움직이는 수영반사(swimming reflex) 등이 있다.

4) 신생아의 일상생활

(1) 수면

신생아는 하루 중 약 16~18시간 동안 자며, 한 번 자면 배가 고프거나 춥거나 배변을 하거나 신체적으로 불편할 때를 제외하고는 거의 깨지 않는다(조성연, 2021, p. 141). 대부분의 신생아는 약 2시간 정도 자다가 깨고, 다시 잠들기를 반복한다. 신생아가 안정적으로 환경에 적응하고 위가 커져서 섭취하는 수유량이 늘어나면 이 주기는 약 3~4시간 간격으로 늘어난다.

일반적으로 신생아 상태는 수면과 각성 정도에 따라 깊은 수면(non-rapid eye movement: 비REM 수면)과 활동적 수면(rapid eye movement: REM 수면)의 두 가지 수면상태, 활동적인 각성상태와 깨어 있으나 졸린 상태의 두 가지 각성상태, 그리고 울거나 칭얼거리는 상태의 다섯 가지로 구분한다. 신생아는 이 다섯 가지 상태를 개별적으로 일정한 주기를 갖고 반복한다.

신생아의 수면양상은 성인과 매우 다르다. 즉, 신생아는 수면 중 반 이상을 활동적 수면이라는 불규칙 수면, 즉 REM 수면을 취한다. 성인은 REM 수면 동안 주로 꿈을 꾸지만, 신생아는 중추신경계의 성장을 위해 필요한 자극을 받는다(Berk, 1999, p. 204). 신생아가 거의 하루 종일 자는 것같이 보일지 모르지만 자는 동안 적어도 반 이상은 깨어 있을 때와 비슷한 뇌 활동을 하고 근육운동과 사지운동을 수반하는 REM 수면을 하면서 스스로 필요한 발달을 계속해 나간다.

(2) 수유

부모나 양육자는 신생아의 생존을 위해 충분한 영양소를 공급해 주어야 하는데 이를 위해 어머니나 양육자는 신생아에게 모유나 조제분유를 준다. 신생아는 아직 젖 빠는 힘이나 기술이 미숙하여 어머니나 양육자의 수유방식에 익숙해지기까지는 어느 정도의 시간이 걸린다.

신생아의 위는 작고 수직형으로 되어 있어 신생아가 한꺼번에 많이 먹지 못하므로 부모나 양육자는 신생아에게 두세 시간 간격으로 하루에 7~12회 정도 수유한다. 특히 모유는 조제분유보다 소화가 더 잘 되기 때문에 더 자주 수유한다. 신생아가 생리적으로 안정되고 수유 간격도 어느 정도 일정해지는 생후 3~4주 정도, 즉 신생아기 말이 되면 서너 시간 간격으로 수유한다.

출산 후 1~2일이 지나면 산모에게서 누르스름하고 약간 끈적끈적한 것이 나오는데 이를 '초유'라고 한다. 초유에는 단백질, 지방, 비타민 A 등의 영양분과 질병이나 감염을 예방해 주는 항균성 물질이 포함되어 있어 신생아의 태변 배설에 도움을 주고 병에 대한 저항력도 높여준다(강문희 외, 2004, p. 107; 조성연, 2006, pp. 280-281).

(3) 배변

신생아는 생후 1~2일경에 아주 짙은 녹색이나 갈색의 끈적끈적한 변을 보는데 이것을 '태변'이라고 한다. 이는 어머니의 뱃속에서 생긴 장의 분비물, 담즙, 점액, 양수에서 삼켰던 물질이 태내에 축적되어 있다가 배출되는 것이다(조성연, 2021, p. 140). 태변을 본 후 며칠이 지나면 하루에 4~7회 정도 정상적으로 대변을 보기 시작한다. 신생아의 70% 가량은 출생 후 24시간 이내에 소변을 본다. 소변은 하루에 10~20회 정도 보고, 양은 30~40ml 정도로 매우 적은데 월령이 증가할수록 소변의 양은 증가하고 횟수는 줄어든다. 신생아의 소변은 어른에 비해 빛깔도 엷고 냄새도 진하지 않다.

(4) 울음

신생아는 기본적으로 깨어 있는 시간이 적고 깨어 있는 시간 동안 자신의 의사를 표현하는 방법도 다양하지 않다. 건강한 아기는 하루에 1~4시간 가량 우는데 배고픔, 불편함, 통증 등을 나타내는 울음소리는 정상적인 울음소리와 주파수가 다르다([그림 3-13] 참조)(뉴스위크 한국판 특별호, 1999, p. 62; 조성연, 2021, p. 143 재인용). 특히, 신생아는 아직 눈물샘이 발달하지 않아 울 때 눈물이 나지 않는데 출생 후 1~1.5개월이 되어서야 눈물이 나온다.

울음에는 개인차가 있어 아기의 15~20%는 매일 오후 늦게 혹은 이른 저녁시간에 특별한 이유 없이 아주 심하게 우는데 이를 '영아산통', '복통(colic)' 혹은 '배앓이'라고 한다. 영아산통으로 인한 울음은 생후 2주경에 나타나서 3~4개월에는 자연적으로 사라진다(Bee, 1997, p. 187). 영아산통은 정확한 원인은 밝혀지지 않았으나 기질적 이유, 원활하지 못한 호흡조절이나 생체 리듬과 수면주기가 잘 맞지 않는 등의 생리적인 이유, 혹은 환경적 원인 등이 복합적으로 작용하여 발생한다.

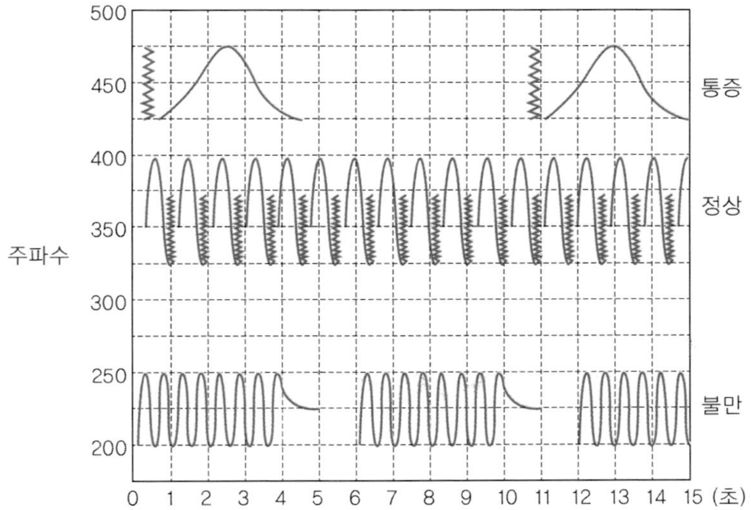

[그림 3-13] **신생아의 울음소리 초당 주파수**

출처: 뉴스위크 특별호 한국판(1999. 5. 21.). 귀여운 우리 아기: 태어나서 3세까지 부모가 알아야 할 모든 것, p. 62; 조성연(2021). 행복한 부모-자녀관계를 위한 예비부모교육, p. 143 재인용.

Chapter 04

영아기

Chapter 04

영아기

영아기는 출생 후 5주부터 36개월 미만까지의 기간이다. 이 시기의 영아는 다양한 발달영역에서 매우 빠른 성장을 보인다. 영아는 생후 2~3개월까지는 하루 중 대부분의 시간을 누워서 보내며 성인이 제공하는 자극에 반응하거나 주로 자신의 신체를 탐색한다. 이후 영아는 이동능력이 생기면서 행동반경을 넓히며 자신을 둘러싼 환경에 적응해 나간다. 또한, 영아는 울음으로 의사를 표현하던 것에서 단어와 문장으로 자신의 생각과 감정을 표현하고 타인의 말도 이해할 수 있게 된다. 뿐만 아니라, 영아는 감각을 활용하고 운동발달을 통해 감각운동적 사고가 가능해지고, 자아를 인식하면서 자아개념의 기초를 형성한다. 따라서 이 장에서는 영아의 신체발달, 언어발달, 인지발달, 사회정서발달에 대해 발달영역별 발달 상황과 특징 및 영아기에 나타날 수 있는 발달이상에 대해 살펴보고자 한다.

1. 신체발달

영아기는 제1성장급등기로서 출생 후 가장 빠른 성장을 보이는 시기다. 영아는 성장하면서 세포의 수와 크기가 증가하는데, 특히 성장은 영역에 따라 차이가 있어 영아기에는 면역계와 신경계가 빠르게 성장한다.

1) 신체적 성장

영아기는 체중과 신장뿐만 아니라 근육, 골격, 뇌 등도 빠른 속도로 성장한다.

(1) 신체 및 체중의 변화

영아의 신장은 출생 시 약 50cm 정도이며, 생후 1년이 되면 1.5배인 약 75~76cm 정도, 2세경에는 성인 키의 반 정도인 85~86cm 정도가 된다. 영아의 체중은 출생 시 평균적으로 3.2~3.5kg 정도지만, 약 3~4개월이 되면 출생 시의 약 두 배가 되고, 1세가 되면 출생 시의 약 세 배가 된다. 2세가 되면 체중이 약 12kg 정도로 출생 시 체중의 약 네 배에 이르는데 이는 성인 평균 체중의 약 20%에 해당한다. 남아가 여아보다 체중과 신장이 약간 크다. 또한, 영아의 머리둘레도 출생 후 1개월까지는 가슴둘레보다 약간 크지만, 생후 6개월쯤 되면 머리둘레와 가슴둘레가 비슷해지며, 생후 1년이 되면 가슴둘레가 머리둘레보다 더 커진다.

(2) 신체비율의 변화

인간은 태내기 동안 신체 중 머리 부분이 가장 빠르게 성장하지만, 출생 후 1년 동안에는 몸통이 빠르게 성장하며, 생후 1년부터 청년기까지는 다리가 빠르게 성장한다. 영아의 머리는 신체의 1/4이며, 생후 2세경에는 신체의 1/5이 되고, 성인이 되면 신체의 약 1/8이 된다. 그러나 신체적 조건에 따라 개인차가 있다([그림 4-1] 참조).

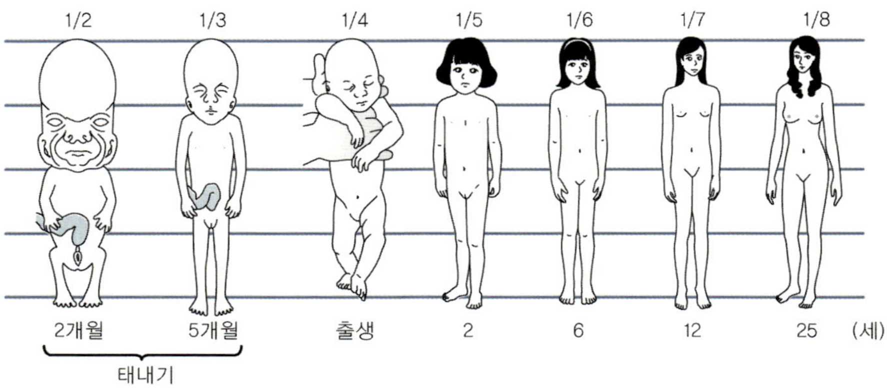

[그림 4-1] 신체 성장 비율의 변화
출처: Santrock, J. W. (2013). *Life-span development,* p. 111.

(3) 근육발달

출생 시 신생아의 근육조직은 약 35% 정도가 수분으로 구성되어 있어 출생 후 1년까지는 근육이 제 기능을 할 만큼 충분히 발달하지 못한다. 그러나 이후 근육조직은 계속 발달하는데, 특히 근육섬유는 성인이 될 때까지 계속 성장하여 점차 두꺼워지고 단단해진다.

근육의 발달순서는 머리에서 꼬리로 발달하는 두미발달의 원리에 따라 머리와 목 부분 근육부터 시작해서 점차 몸통, 팔, 다리 순으로 발달한다. 예를 들어, 3개월 된 영아를 바닥에 엎드리게 하면 목 근육을 먼저 활용하여 고개를 들고([그림 4-2] 참조) 이후 팔, 다리 근육을 사용하여 뒤집기를 시도한다. 이 무렵에는 팔, 다리의 근육을 사용하기 시작하나 근육에 힘이 없어 첫돌이 가깝도록 걷지 못하다가([그림 4-3] 참조) 돌 무렵에 걷기를 위한 근육을 발달시킨다([그림 4-4] 참조).

[그림 4-2] 목 들기

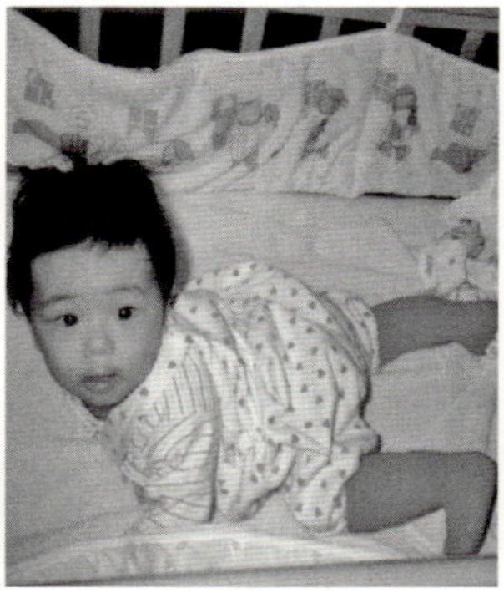

[그림 4-3] 팔다리 움직이기

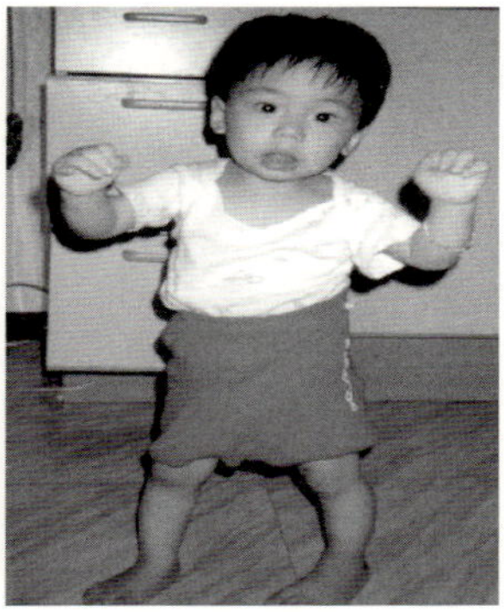

[그림 4-4] 걷기

(4) 골격발달

영아의 뼈는 연골로 되어 있어 매우 약하고 부드러우며 그 수도 성인보다 적다. 예를 들어, 손목뼈의 경우 성인이 9개인 데 반해 생후 1년 된 영아는 3개밖에 없다. 뼈의 수는 아동기와 사춘기를 거치면서 경골화(硬骨化) 현상을 통하여 청년기에 완성된다([그림 4-5] 참조).

영아의 머리뼈는 출생과정과 출생 후 뇌를 보호하기 위하여 완전히 닫혀 있지 않은 채, 여섯 개의 숫구멍(천문)으로 존재하다가 생후 2년 동안 단단해진다. 특히, 영아의 머리를 만져보면 말랑말랑한 부분이 만져지는데, 대천문과 소천문이 그것이다. 소천문은 두개골의 뒷부분 가운데 존재하다가 생후 6~8주경에 닫히고, 대천문은 이마 위쪽 두개골의 전반부 중앙에 존재하다가, 생후 14~18개월경에 닫힌다([그림 3-5] 참조).

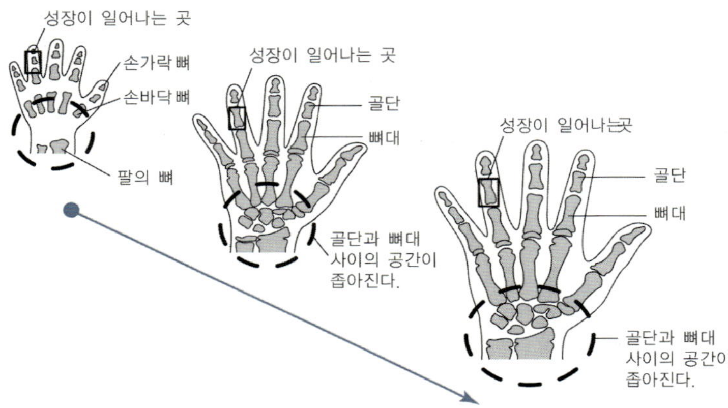

[그림 4-5] **손 뼈의 경골화가 나타나는 과정(성장판이 닫히는 과정)**

출처: http://jhsd.com.ne.kr/news2.html

(5) 치아발달

영아의 치아를 유치 혹은 젖니라 하는데 이는 출생 후 6개월부터 나기 시작하여 2세 반경 20개의 유치가 난다. 유치는 생후 6개월경에 아래쪽 앞니부터 나기 시작하여 이후 위쪽 앞니가 나오고, 어금니, 송곳니의 순서로 나온다([그림 4-6, 4-7] 참조). 치아가 나는 시기는 개인차가 커서 출생 시부터 이가 나 있는 경우도 있고, 첫 돌 무렵에 첫 이가 나는 경우도 있다.

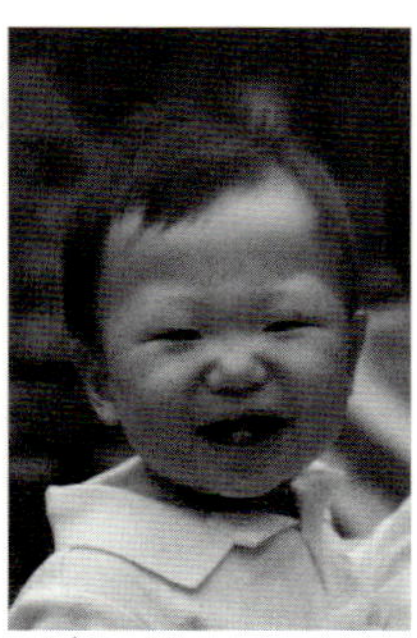

[그림 4-6] **첫 이가 난 영아**

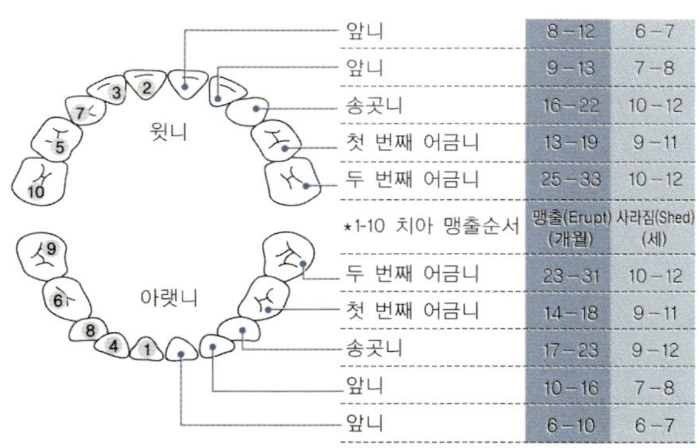

[그림 4-7] **이 나는 시기와 이 빠지는 시기**

출처: 코리아위클리(2014. 1. 20). 아이 치아, 빨리 난다고 좋은 것 아니다(http://www.koreaweeklyfl.com/news/cms_view_article.php?aid=8464&start=0&sd=7e66bc48780e-24becff501103007d88c)

2) 생리적 기능

(1) 수면

영아는 밤낮 구별 없이 일정한 간격으로 자다 깨다를 반복하며 잠을 잔다. 생후 6개월경의 영아는 낮 동안 3~4회 낮잠을 자고, 생후 6~12개월까지는 약 2시간씩 하루 2~3회의 낮잠을 자며, 2세경의 영아는 오전, 오후 1~2시간 정도 1회 낮잠을 잔다. 영아기 후반에 대부분의 영아는 점차 밤에 자는 시간이 길어지고 낮잠 자는 시간은 짧아지며, 규칙적인 수면양상을 나타낸다.

영아는 막 잠들려고 할 때 눈을 떴다, 감았다를 반복하며, 찡그리고 우는 등의 가수면 상태와 깊은 잠을 반복한다. 영아가 막 잠을 자려고 할 때 나타나는 REM 수면기는 50% 정도이며 2세경부터는 20~30% 정도로 감소한다([그림 4-8] 참조). 영아는 하룻밤 동안 REM 수면과 비REM 수면을 약 4~5회 주기적으로 반복한다.

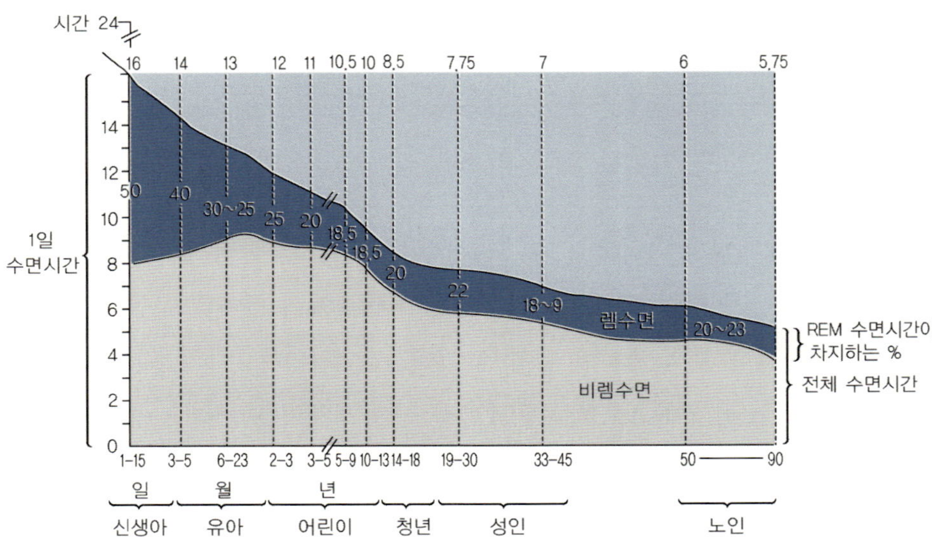

[그림 4-8] 생애주기별 수면시간에서 REM 수면이 차지하는 비율

출처: 함기선, 신문균, 최홍식(1997). 신경생리학, pp. 237-268.

(2) 영양

영아는 생후 1년 동안 주로 모유나 인공유를 통해 영양분을 섭취하지만, 생후 4개월부터 소량의 주스를 섭취하다가 5~6개월 무렵부터 본격적으로 이유식을 시작한다. 영아의 수유량은 개월 수가 늘어남에 따라 점차 증가하지만 1회 표준 수유량과 수유 간격은 개인차가 있으므로 영아의 특성과 요구에 따라 달라질 수 있다.

(3) 배변

영아기는 배변에 대한 자신만의 규칙적인 생리 리듬을 안착시키는 시기다. 모유 수유아와 인공 수유아 간에 차이는 있으나 대체로 인공 수유를 하는 영아는 1~2일에 한 번 규칙적으로 배변을 하고, 모유 수유아는 1일 3~4회로 배변 횟수가 더 잦다. 배변주기는 대체로 하루 3~4회이지만 2~3일에 한 번 배변을 하더라도 규칙적인 배변은 정상으로 간주한다. 한편, 소변은 영아가 섭취하는 수분량에 따라 차이가 있으며, 배변훈련 시기로 대변은 약 13~15개월 정도, 소변은 20개월 정도가 지나야 가릴 수 있다.

3) 운동발달

영아는 생후 2개월경 뒤집고, 이후 5~6개월경 기기 시작하면서 스스로 원하는 물건을 잡기 위해 이동할 수 있다. 성숙이론적 관점에서 영아의 운동발달은 앉기 단계를 완전히 습득한 후 걷기 단계로 넘어간다는 식의 단절적 관점(Nolen-Hoeksema et al., 2009, p. 73)을 취했으나, 역동체계이론(dynamic system theory)에서는 영아의 운동기능이 성숙, 신경체계, 환경, 운동능력 등의 여러 요소들이 서로 조화를 이루어 통합되면서 발달한다(Thelen & Smith, 2006, p. 265)고 본다. 즉, 걷기를 배우기 위해서는 몸의 여러 부위를 효과적으로 조절하기 위한 신경계 발달, 몸을 가눌 수 있는 근육의 발달 및 균형발달이 조화롭게 이루어져야 한다고 본다. 그러므로 영아의 운동발달은 성숙에 의한 수동적 과정이 아니라 영아 스스로 자신의 욕구를 충족하기 위해 적극적으로 조합해 가는 과정이다.

(1) 대근육 운동

대근육 운동은 기기, 서기, 걷기와 같이 팔, 다리, 몸통을 사용하는 운동으로 머리, 목, 어깨, 팔, 손에서 허리, 다리, 발의 방향으로 이루어진다. 3, 4개월에 팔로 몸통을 지지할 수 있으며([그림 4-2] 참조), 6, 7개월이 되면 혼자서 앉을 수 있으며, 물건을 잡고 설 수도 있다. 11개월경에는 잡아주면 걷고, 13개월에는 계단을 기어 올라가고, 쉽게 설 수 있으며, 15개월에는 자연스럽게 걸을 수 있다([그림 4-9] 참조). 이런 발달과정에서 영아의 이동 동작은 자세 조절하기와 매우 밀접한 관련이 있다. 즉, 영아가 걷기 위해 앞으로 한 걸음 뗄 동안 나머지 다리는 균형을 잡아야 하고, 한쪽 다리에 실린 몸무게를 다른 쪽 다리로 옮길 수 있어야 한다.

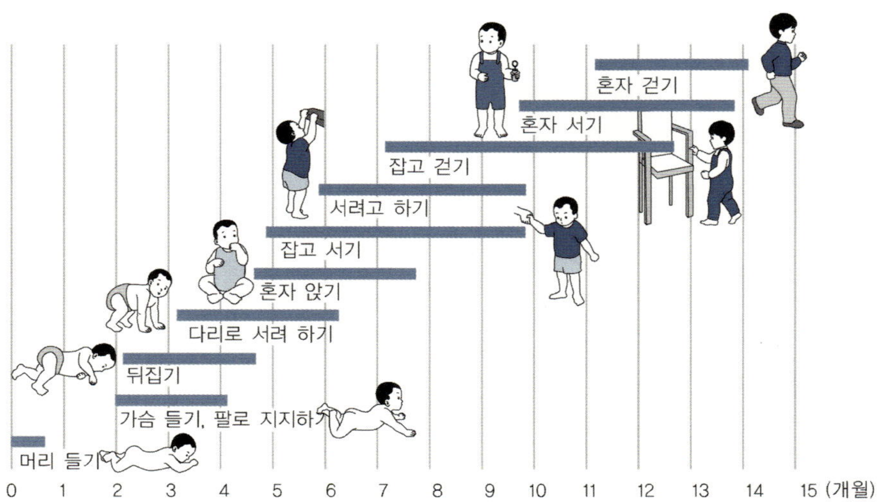

[그림 4-9] 영아의 운동발달

출처: Santrock, J. W. (2008). *Life-span development*(12th ed.), p. 86.

영아는 생후 첫 1년 동안 걷기를 통해 자신을 둘러싼 환경을 탐색하면서 타인과 상호작용한다. 생후 2년 동안에는 이동성을 확보하면서 줄이 달린 놀잇감을 잡아당길 수 있고, 여러 개의 계단을 손과 다리를 이용하여 오를 수 있다. 18~24개월에는 달리기, 공차기, 공 던지기 등도 할 수 있다.

(2) 소근육 운동

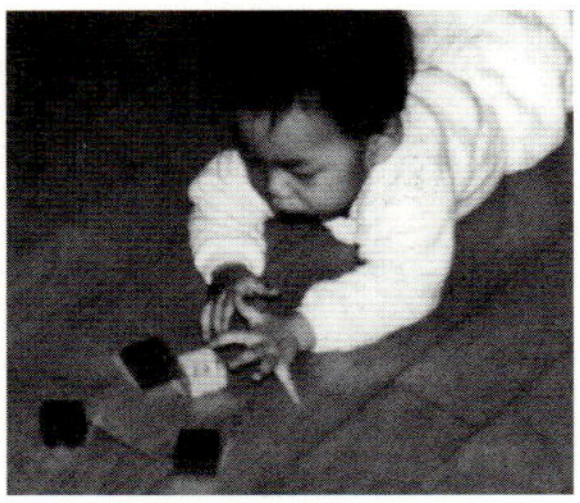

[그림 4-10] 기어가서 손을 뻗어 물건을 잡으려는 영아

소근육 운동은 손가락 등을 이용하여 미세하게 조정할 수 있는 움직임으로 숟가락을 쥐거나 단추를 채우는 등의 동작을 말한다. 영아는 6~7개월경에 손을 뻗어 물건을 이 손에서 저 손으로 옮길 수 있으며, 8~9개월경에는 손바닥으로 물건을 잡을 수 있다. 10개월이 되면 엄지와 검지를 사용해서 물건을 집을 수 있고, 11~12개월이 되면 두 손을 이용하여 조금 큰 물체를 잡을 수 있다(Berger, 2003, p. 151).

또한, 영아는 잡고 싶은 물건을 집으려 할 때, 대근육과 소근육을 따로 사용하는 것이 아닌, 두 근육의 운동 기술을 모두 활용해서 자신이 목적하는 물체를 향하여 기어가고 해당 물체를 집는다([그림 4-10] 참조).

2. 인지발달

1) 감각과 지각발달

지각(perception)은 감각기관을 통해 들어온 자극을 해석하고 조직하는 과정으로 영아는 이 과정을 통해 세상을 인식하고 이해한다.

(1) 시각

시각은 영아의 감각능력 중 가장 늦게 발달하지만, 정보를 얻는 과정에서 영아가 획득하는 정보의 80%가 시각을 통해 획득되므로 시각의 역할은 매우 중요하다. 출생 시 영아의 시력은 매우 약한 편이며, 심한 근시이기도 해서 가시거리가 20~38cm 정도에 불과하다(조성연, 2006, p. 229). 영아는 첫돌이 되어야 정상시력인 1.0 정도가 된다(Kellaman & Banks, 1998; 이영 외, 2009, p. 181 재인용).

① 시각적 정확성과 색지각

신생아는 망막구조가 불완전하고 시신경의 발달이 완전하지 않아 약 10~75cm 안에 있는 물체만 볼 수 있다(Berger, 2003, p. 148). 생후 1개월쯤 되면 20~25cm 떨어져 있는 물건에 초점을 맞출 수 있는데, 이는 모유 수유를 할 때 엄마 얼굴과의 거리와 비슷하다(송현주 외, 2020, p. 115). 생후 14주경이 되면 양 눈을 조정하여 초점을 맞추게 되면서(Berger, 2003, p. 148 재인용) 낯선 사람의 얼굴 차이도 지각할 수 있게 된다(송현주 외, 2020, p. 115). 생후 1년경이 되면 비로소 시각피질이 발달하여 성인과 유사한 시력을 갖게 된다(Kail, 2002, p. 138 재인용).

색지각에 있어 신생아는 녹색과 적색 두 가지 색을 구별할 수 있으며, 5~7개월에는 동일 범주의 유사한 색을 구별할 수 있어 성인과 비슷한 색지각 능력을 보인다(Yang et al., 2016). 최근에는 색상, 밝기, 채도가 혼재된 실험에서 영아의 색상 선호도가 달라지는 결과를 통해 생후 6개월이 되는 영아도 성인과 유사하게 색을 구별할 수 있다고 설명한다(Skelton & Franklin, 2020).

② 깊이지각

영아가 장애물이나 절벽 등과 같은 위험 요소를 피할 수 있는 것은 깊이지각을 할 수 있기 때문이다. Gibson과 Walk(1960)는 시각절벽(visual cliff) 장치를 고안하여 영아가 깊이지각을 할 수 있는지 살펴보았다([그림 4-11] 참조). 시각절벽

장치는 유리 상판을 깐 테이블을 반으로 나누고 한쪽은 유리 상판 바로 밑에 격자무늬의 천을 깔고, 다른 쪽은 테이블 밑바닥에 격자무늬 천을 깔아 깊어 보이도록 만들었다. 유리 상판 위에 영아를 올려놓고 반대편에서 엄마가 영아를 부르도록 한 결과, 7개월 전후의 영아 중 대부분이 절벽처럼 느껴지는 부분(시각절벽)에서 기는 것을 멈추고 머뭇거리는 반응을 보임으로써 이 시기의 영아가 깊이지각을 할 수 있다는 사실을 보여 주었다.

Campos 외(1978)는 생후 2개월 된 영아를 대상으로 깊이지각 실험을 하였다. 그들은 깊이를 느낄 수 있는 시각절벽 위치로 영아를 데려가 심장박동의 변화를 살펴보았다. 그 결과, 시각절벽을 느끼는 쪽과 그렇지 않은 쪽에서 영아의 심장박동은 차이가 있었다. 이것이 2개월 된 영아가 깊이에 대한 두려움이 있기 때문이라고 결론짓기는 어렵지만, 심장박동에는 차이가 있었으므로 기어다닐 수 있는 영아가 깊은 쪽으로 갈 때 분명히 두려움을 느낀다고 볼 수 있다(DeHart et al. 2004, p. 150 재인용).

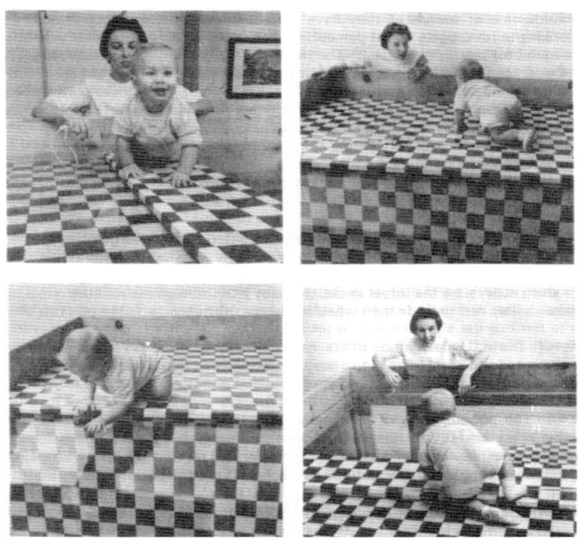

[그림 4-11] 깊이지각 실험

출처: Gibson, E. J., & Walk, R. R. (1961). The "visual cliff ". *Scientific American, 202,* p. 65.

(2) 청각

출생 시 신생아는 외청도에 양수가 들어 있기 때문에 청각능력이 완전히 발달하지 않은 것처럼 보인다. 그러나 DeCasper와 Spence(1986, pp. 133-150)의 연구에서, 출생 전 6주 동안 하루에 두 번씩 태아에게 동화책을 읽어주었더니, 출생 후 신생아가 이를 인식하였다. 이는 영아의 청각이 출생 전에 이미 완전하게 발달되었다는 것을 증명한다. 뿐만 아니라 영아는 낯선 사람의 목소리보다 엄마의 목소리를 더 좋아하며(Mills & Melhuish, 1974, pp.123-124), 4개월 반쯤 되면 자신의 이름을 듣고 반응도 할 수 있다(Mandel et al., 1995, pp. 314-317).

한편, 영아는 물체의 위치를 파악하기 위해 청각적 정보를 사용한다. Clifton 외(1991)의 연구에서, 7개월 된 영아에게 딸랑이를 보여주고 어두운 방에서 영아로부터 각각 15cm와 60cm 떨어진 곳에서 딸랑이를 흔들어 보았다. 그 결과, 영아는 15cm 떨어진 곳에서 나는 소리 방향으로 몸을 움직였으나, 60cm 떨어진 곳에서 나는 소리에는 몸을 움직이지 않았다. 이러한 결과는 7개월 된 영아도 위치를 판단하는 데 소리를 이용할 수 있을 정도로 영아의 청각이 잘 발달되어 있다는 것을 알 수 있다.

(3) 후각

인간은 태어나면서부터 여러 가지 냄새를 구별할 수 있으며, 얼굴 표정과 신체 움직임으로 냄새를 식별할 수 있다. 예를 들면, 영아는 달콤한 냄새가 날 때 만족스럽고 편안한 얼굴 표정을 짓지만, 썩은 달걀 냄새나 암모니아 냄새가 날 때는 얼굴을 찡그리고 돌리는 반응을 나타낸다. 또한, 신생아에게 엄마의 젖이나 향수를 묻힌 패드와 그렇지 않은 패드를 코에 대면 엄마의 젖이나 향수가 묻은 패드 쪽으로 고개를 돌린다는 연구결과(Porter et al., 1991)와 영아가 엄마의 젖 냄새로 자신과 엄마가 가까이 있음을 안다는 연구결과(MacFarlane, 1977) 등은 신생아 때부터 후각능력이 발달되어 있음을 보여준다.

(4) 미각

임신 7개월경 태아는 미각이 발달하기 때문에 태어나면서부터 단맛, 신맛, 쓴맛, 짠맛을 구별한다. 신생아에게 단 것을 주면 입맛을 다시며 빨아먹지만, 신 것이나 쓴 것을 주면 얼굴을 찡그린다(Kaijura et al., 1992). 영아는 생후 2~3개월이 되면 선호하는 맛이 생기며, 4개월이 되면 짠맛을 좋아한다(Harris et al., 1990). 2세 말경 영아의 미각은 더욱 예민해져 맛에 대한 기호를 결정하게 된다(Berger, 2003).

(5) 촉각

촉각도 출생 전에 이미 충분히 발달된 상태로 태어난다. 영아는 촉각을 통해 사물을 이해하기도 하고 대인관계를 형성하기도 한다. 영아는 입과 손 등 자신의 신체를 이용하여 물체를 탐색하면서 지식을 얻고, 양육자와의 신체적 접촉을 통해 안정감과 신뢰감을 형성하기도 한다. 한편, 영아기 초기에는 피부와 지방층이 얇기 때문에 스스로 체온조절을 잘하지 못하지만, 통각은 이미 태내기에 촉(觸)자극을 감지하면서 통증을 느낄 수 있을 정도로 발달되어 있다(Willamson, 1997).

(6) 감각정보 통합

사람은 여러 감각기관을 통해 들어온 정보를 통합하여 사물을 지각한다. 또한, 인간은 한 감각기관, 즉 시각을 통해 얻은 정보를 다른 감각기관으로 예측하거나 알아맞힐 수 있는데 이는 통합감각(intermodal perception) 혹은 감각 간 지각(intersensory perception)이 가능하기 때문이다. 감각 간 지각이란 어떤 감각을 통해 익힌 물체를 다른 감각에 의해 알아내는 능력으로 생후 6개월 된 영아도 이를 통해 정보를 통합할 수 있다(Bahrick, 1992).

통합감각에는 Piaget(1954, 1960)의 통합이론(enrichment theory)과 Gibson(1969,

1992)의 분화이론(differentiation theory)의 두 가지 상반되는 이론이 있다(정옥분, 2024, p. 219 재인용). Piaget의 통합이론은 처음에는 모든 감각기관이 독립적으로 발달하다가 점차 각 감각기관으로부터 얻은 정보를 비교하면서 모든 감각기관을 통합한다는 입장이다. 이와 달리 Gibson의 분화이론은 모든 감각기관은 태어날 때부터 통합되어 있기 때문에 영아에게 어떤 자극이 주어지면 모든 감각기관을 통해 그 자극을 탐색하면서 자극의 특성을 변별해 나간다고 설명한다. 즉, 출생 시부터 감각 간 지각이 가능하다는 입장으로 현재는 Gibson의 분화이론이 여러 연구결과를 통해 더 지지되고 있다. 예를 들면, Meltzoff와 Borton(1979)의 연구에서, 생후 6개월 된 영아에게 부드러운 젖꼭지와 울퉁불퉁한 젖꼭지 중 하나만을 빨게 한 뒤 두 개의 젖꼭지를 보여주었더니, 영아는 자신이 빨았던 젖꼭지를 더 오래 쳐다보았다. Spelke와 Owsley(1979)의 연구에서도 생후 3개월 반 된 영아가 어머니의 목소리가 들릴 때는 어머니를, 아버지의 목소리가 들릴 때는 아버지를 더 오랫동안 쳐다보았다. 이러한 연구결과는 영아가 시각과 촉각, 청각과 시각을 통합할 수 있다는 것을 보여준다(Bahrick et al., 1998; Spelke & Owsley, 1979). 최근에도 영아의 통합감각이 출생 때부터 존재하는 것으로 보고되지만(Bremner, & Spence, 2017), 여전히 경험에 의한 성숙과 학습이 서로 상호작용하여 나타나는 것이라는 주장에 힘이 실리고 있다(Maurer & Lewis, 2013).

2) 사고발달

영아는 지향행동과 습관화, 주의집중, 감각운동지능, 대상영속성 등을 통해 세상을 이해하게 된다.

(1) 지향행동과 습관화

영아는 강하고 새로운 자극을 주면 놀라는 반응을 보이고 주어진 자극을 응시하여 자극에 주의를 기울이는 지향행동을 보인다. 그러나 영아에게 같은 자극을 여러 번 반복하여 제시하면 영아는 더 이상 그 자극에 반응을 보이지 않는다. 이는 영아가 이미 그 자극에 습관화되었기 때문이다. 영아는 새로운 자극에 대한 지향행동을 통해 새로운 정보를 얻게 되고, 익숙한 자극에 관심을 덜 보이는 습관화 과정을 통해 세상을 알아간다.

(2) 주의집중

인간이 세상에 있는 많은 정보를 모두 지각할 수는 없다. 영아는 많은 정보 중 관심이 가는 정보를 선택하여 집중하고 관심이 덜 가는 자극은 무시하는데 이러한 선택적 주의집중력은 연령이 많아질수록 증가한다. Richards와 Anderson(2004)은 1세 영아와 3세 영아에게 새로운 트럭을 주고 트럭에 집중하게 한 후 TV를 틀면 1세 영아는 곧 산만해지지만 3세 영아는 몇 분간은 트럭에 집중하는 경향을 보였다(이영 외, 2009, p. 191 재인용).

(3) 고전적 조건형성

음식이나 다른 즐거운 사건과 자극을 연결하면 영아도 자극이 다음에 일어날 어떤 일의 신호라는 사실을 안다. 예를 들어, 욕조에 물을 틀어 놓으면 영아는 자신이 목욕하게 될 거라는 사실을 알고 좋아한다. 이러한 결과는 영아도 자극과 반응 간의 관계에 대한 Pavlov의 고전적 조건형성이 가능하다는 것을 시사해 준다.

(4) 조작적 조건형성

조작적 조건형성은 행동의 결과와 행동이 일어날 가능성 간의 관계에 초점을 둔다. 즉, 어떤 행동이 영아에게 즐거움을 주면 영아는 다음에 그와 같은 행동을 반복하지만, 불쾌감을 준 행동은 반복하지 않는다(Kail, 2002, p. 165).

(5) 감각운동지능

Piaget는 인간의 인지발달은 동화와 조절에 의해 이루어지는 적응과정이며, 그 발달과정은 모두 동일하다고 주장하였다. 그는 생후 2년 동안 영아가 감각운동의 협응과정을 통해 인지발달을 이루어나간다고 보고 이 시기를 감각운동기라고 명명하였다. 이 기간 동안 영아는 주로 감각기관과 운동기능을 통해 세상을 이해한다. 감각운동기는 6개 하위단계로 나뉘는데 이와 관련한 구체적인 내용은 '2장 발달이론 중 3. 인지발달이론의 1) Piaget의 인지발달이론 중 (3) 인지발달단계'를 참고하기 바란다.

(6) 대상영속성

영아는 물체에 대한 이해를 기초로 물리적 세상을 알게 된다. 물체에 대한 개념 형성의 핵심이 바로 대상영속성 혹은 물체영속성(object permanence)이다. 대상영속성은 현재 눈앞에 물체가 보이지 않아도 그 물체는 계속 존재하고 있다는 사실을 아는 것이다. 그러므로 대상영속성은 영아가 사라진 물건의 이동에 대해 마음속으로 상상할 수 있는 표상적 사고가 가능할 때, 즉 감각운동기의 마지막 단계인 정신적 표상기가 되어야 완전히 획득할 수 있다. Piaget는 대상영속성 개념을 감각운동기의 중요한 발달과정으로 보고, 감각운동기에서 대상영속성이 어떻게 발달해 가는지를 설명하였다. 대상영속성의 발달과 관련한 내용은 '2장 발달이론 중 3. 인지발달이론의 1) Piaget의 인지발달이론 중 (3) 인지발달단계'를 참고하기 바란다([그림 4-12] 참조).

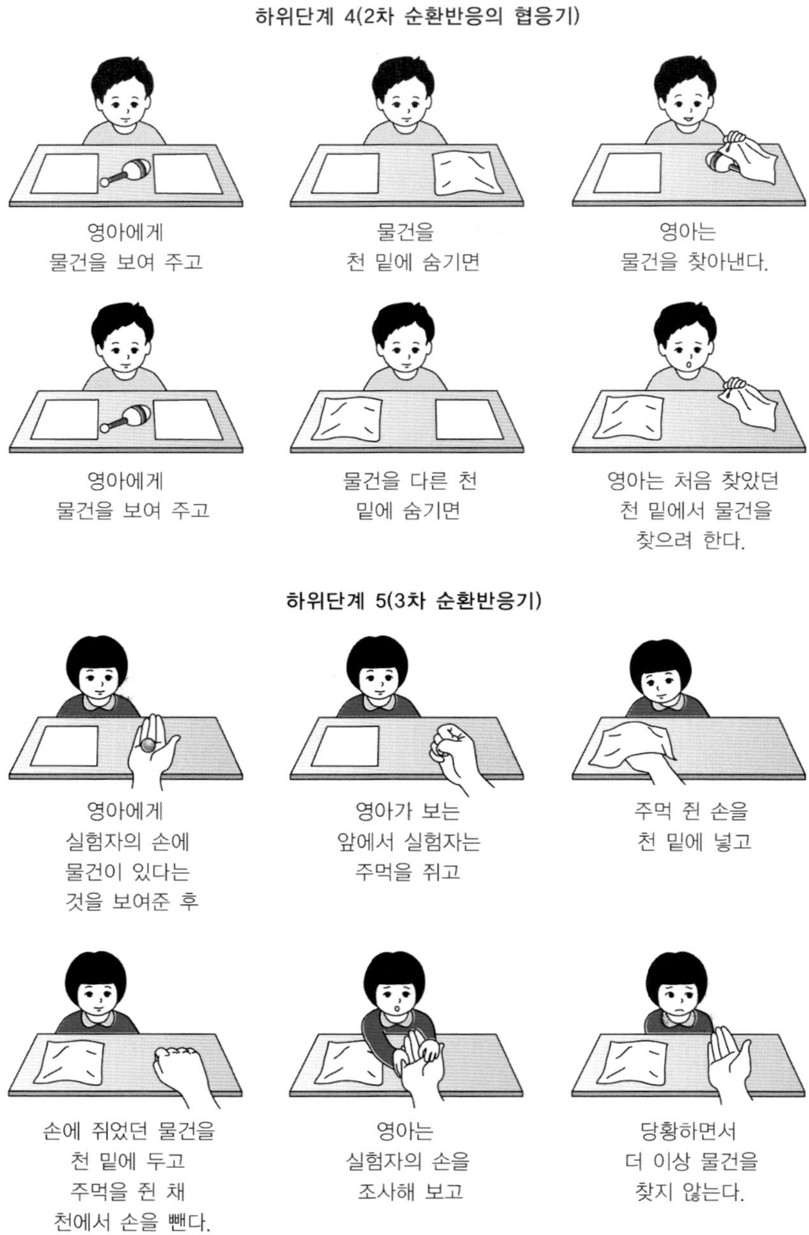

[그림 4-12] **대상영속성 실험**

출처: DeHart, G. B. et al. (2004). *Child development: Its nature and course*, p. 170.

3. 언어발달

인간은 다른 동물과 다르게 언어를 사용한다. 언어는 인간 발달에 중요한 기제임과 동시에 자신의 생각과 느낌을 표현하는 수단이며, 인지발달, 사회성발달과도 밀접한 관련이 있다.

1) 언어발달단계

영아는 생후 초기에 울음이나 얼굴 표정, 몸짓 등의 비언어적 형태로 의사소통을 한다. 이후 영아는 12개월경 다른 사람이 알아들을 수 있는 단어로 의사표현을 하기 시작하여 2세 말 무렵에 200개 정도의 어휘를 구사하면서 타인과 소통할 수 있다. 따라서 영아기는 언어발달에 있어 매우 중요한 시기이며 그 발달과정은 대부분 동일하나 언어를 획득하는 시기는 개인차가 있다.

(1) 울음

울음은 영아가 태어나서 처음으로 내는 소리로써, 자신의 욕구를 표현하는 의사소통 수단으로 중요한 의미를 갖는다. 신생아기 동안의 울음은 미분화 상태여서 우는 이유를 알기 어렵지만 월령이 증가하면서 점차 이해할 수 있는 상태로 변화한다. 영아가 배고플 때, 졸릴 때, 화날 때, 아플 때 우는 울음의 고저, 강도, 음조 등이 다르므로 부모나 양육자는 울음을 통해 영아의 욕구상태를 알 수 있다.

(2) 쿠잉과 옹알이

영아가 출생 후 2개월이 되면 '우우우', '아하하'와 같은 모음으로 된 소리를 내기 시작하는데 이를 '쿠잉(cooing)' 혹은 '목젖울림'이라 한다. 쿠잉은 아기가 매우 흥분해 있거나 즐거울 때 호흡에 맞추어 내는 소리일 뿐 별다른 의미는 없다. 쿠잉은 5개월경에 옹알이(babbling)로 발달하는데 '다하', '바하'와 같이 모음과 자음이 합쳐진 소리로 나타난다. 영아에게 옹알이는 일종의 놀이이며 발성연습의 효과도 있는데 일반적으로 기분이 좋을 때 더 많이 한다. 영아가 처음 옹알이를 시작할 때는 옹알이를 하는 그 자체가 재미있어서 하지만 점차 자기가 하는 옹알이에 어머니나 주변 사람이 반응하면 옹알이를 더 자주 하게 되면서 모국어를 습득하는 중요한 기제가 된다. 생후 6개월 전후로 옹알이는 상대방의 반응에 따라 자신의 소리를 수정하기도 하고, 곁에 사람이 없어도 혼자 옹알이를 하기도 한다. 생후 7개월경이 되면 옹알이에 음의 고저가 나타난다. 옹알이 속에는 세계 각국의 음소가 모두 들어 있으며 생후 1년 동안에 영아가 내는 옹알이 소리는 세계 어느 나라나 유사하다.

(3) 한 단어 문장(일어문)

영아가 다른 사람의 말을 이해하는 것에 비해 자신의 생각을 언어로 표현하는 것은 아직 미숙하다. 그러나 생후 1년경이 되면 영아는 하나의 단어를 사용하여 자신의 생각을 표현할 수 있다. '엄마', '아빠', '까까' 등 사물이나 사건을 지칭하는 말 또는 자신의 기분을 표현하는 말이 대부분이고, 주로 자음 하나와 모음 하나가 합쳐진 말을 반복한다. 단어 하나가 전체 문장을 의미하고, 여러 상황을 설명하기 때문에 일어문이라고 한다. 예를 들면, '엄마'라는 말은 엄마를 부르는 호칭이지만 배가 고파 먹을 것을 달라는 의미이기도 하고, 같이 놀아달라는 의미이기도 하다. 이 시기 영아가 사용하는 단어 수는 10개 정도로 제한적이어서 한 단어를 과잉 확장하거나 과잉 축소하는 오류를 보인다(Hollich & Houston, 2007). 예컨대, 네 발로 걷고 털이 있는 고양이에게도 '멍멍이'이라고 확장해서 부르거나 '멍멍이' 의미를 축소하여 종이 다른 강아지나 다르게 생긴 강아지에게는 사용하지 않는 경우이다.

(4) 두 단어 문장(이어문)

생후 1년이 지나면서 영아가 사용하는 단어 수는 급격하게 증가하여 50개 정도의 단어를 사용할 수 있고, 이를 기초로 영아는 두 개의 단어를 조합하는 능력과 언어모방능력이 빠르게 발달한다. 특히, 두 개의 단어를 연결한 이어문은 접속사나 조사를 빼고 중요한 단어만 나열하기 때문에 마치 전보와 같다 하여 '전보식 언어' 또는 '전문식 언어'라고 한다.

이 시기 영아는 주변에서 들리는 소리를 열심히 듣고 따라 하며 전에 들어본 적이 없는 소리도 따라 하려고 노력한다. 15개월이 되면 영아는 일주일에 두세 개의 단어를 배우고, 18개월이 지나면서 일주일에 열 개 이상의 단어를 배우게 되어 2세 전후로 200개 이상의 어휘를 사용할 수 있다. 이처럼 2세 전후의 놀라운 언어발달 속도로 인해 이 시기를 언어의 폭발적 팽창기라고 한다.

〈표 4-1〉 영아의 언어발달과정

지표	평균 연령(개월)
쿠잉	2-3
옹알이	5-6
자기소리모방	6
타인소리모방	8
첫단어	10-14
일어문(한단어 사용)	12
이어문(전보식 언어)	15-36
삼어문	24-48

출처: 조복희(1999). 아동발달, p. 161.

2) 언어발달이론

언어능력이 생득적인지 또는 학습에 의해 획득되는지에 대해서는 오늘날까지도 논쟁의 대상이다. 이에 따라 언어발달의 심리학적 기제를 설명하는 이론도 다양하다.

(1) 학습이론

학습이론에 따르면 언어는 자극과 반응의 연합이며, 이에 수반되는 강화와 모방이 언어획득의 주요 기제가 된다고 설명한다. Skinner(1953)는 언어도 다른 행동과 마찬가지로 강화를 통해 학습된다고 주장하였다(정옥분, 2024, p. 229 재인용). 즉, 영아가 무심코 낸 소리에 부모나 주위 사람이 미소나 칭찬 등으로 강화하면 영아는 그 소리를 계속 내고, 강화 받지 못한 소리는 소멸되면서 자신이 속한 문화권의 언어를 획득하게 된다. 사회학습이론가인 Bandura(1977)는 강화뿐만 아니라 모방에 의해 언어가 발달한다고 설명하였다(정옥분, 2024, p. 229 재인용). 즉, 영아는 주위 사람이 내는 소리를 듣고 관찰하여 모방함으로써 언어를 배우며, 모방한 소리가 정확할 때 주변 사람으로부터 강화를 받게 되어 언어발달이 더 촉진될 수 있다. 그러나 언어 중에는 언어 획득의 속도나 시기, 언어의 창조성 등 강화 받지 않고도 발달하는 부분이 있어 언어발달을 학습이론만으로 설명하는 데는 무리가 있다.

(2) 생득이론

세계 어느 나라의 영아든지 일정 시기에 일정한 언어발달 유형을 나타낸다는 사실에 근거하여 Chomsky(1957), Lenneberg(1967) 등은 언어발달의 선천적 측면을 강조하였다(정옥분, 2024, p. 229 재인용). 이들은 언어가 환경적 요인보다 생물학적 요인에 의해 더 많은 영향을 받는다고 주장하였다. Chomsky는 인간에게는 언어를 이해하고 창조하는 능력이 있다고 보고 이를 언어획득장치(language acquisition device: LAD)라는 개념으로 설명하였다([그림 4-13] 참조). 그에 따르면 인간은 뇌 속에 언어획득장치를 가지고 태어나며, 이를 통해 소리를 수용하고 소리에 담긴 언어자료를 처리하며 규칙을 형성하면서 문법에 맞는 문장을 산출한다고 설명한다. 또한, 그는 언어가 문법구조인 표면구조와 말의 의미인 심층구조로 되어 있다고 설명하면서 표면구조의 문법보다 심층구조의 의미를 더 중요하게 생각하였다. 이는 사람이 다른 사람의 말을 들을 때 표면구조(문법)보다 말한 사람의 의미(심층구조)를 더 받아들이기 때문이며, 심층구조를 이해하는 능력도 타고난 것이라고 보았기 때문이다.

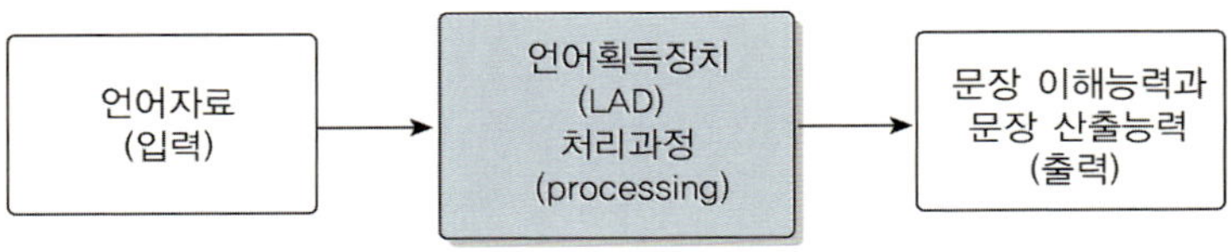

[그림 4-13] Chomsky의 언어획득과정

출처: 김경희(1999). 발달심리학, p. 103.

언어발달이 생물학적 성숙에 의한 것이라고 믿는 Lenneberg는 언어란 종 특유의 고유능력이며, 어느 문화권에서나 동일한 시기인 2~3개월에 옹알이를 시작하고, 첫돌 무렵에 첫 단어를 말하며, 이어문을 형성한다는 점에서 언어발달이 생리적 발달을 전제로 한다고 주장하였다. 그는 언어란 뇌의 청각 조직 발달과 밀접한 관련이 있어 뇌가 성숙해 감에 따라 언어도 발달한다고 설명하였다. 그러나 언어발달은 인간이 타고난 종 특유의 특징만으로 설명할 수 없는 부분이 있다. 예를 들면, 언어습득기제를 작동하게 하는 것은 무엇이고, 뇌가 모두 성숙한 이후에도 언어발달은 끊임없이 이루어지는데 그 이유가 무엇인지에 대해 생득이론적 입장만으로 설명하기는 어렵다.

(3) 인지이론

인지이론에서는 언어가 사고와 밀접한 관계를 맺으며 발달한다고 주장한다. 대표적인 학자로 Piaget, Vygotsky, Luria 등을 들 수 있다.

① Piaget

Piaget는 언어를 인지발달에 따라 나타나는 상징적 표상의 일부로 보고 인지가 발달함에 따라 언어도 함께 발달한다고 설명하였다. 그에 의하면 영아는 자기중심적인 언어를 사용하는데 이는 영아의 사고력이 아직 다른 사람의 입장에서 생각하고 느끼고 추론할 수 있을 정도로 발달하지 못하였기 때문이다. 영아가 사용하는 자기중심적 언어 형태로는 반복, 독백, 집단적 독백이 있다. 반복이란 영아가 누구에게 의사를 전달하려는 목적과 관계없이 아는 단어를 계속 사용하는 것으로 영아는 그 자체를 즐긴다. 독백은 다른 사람이 알아듣지 못할 정도로 혼자 말하는 것이다. 집단적 독백은 영아가 누군가와 함께 있으면서 이야기를 하는데 영아가 한 말의 의미를 타인에게 전달하고자 기대하지 않고 단지 상대방에게 자극을 주는 정도로 말하는 것이다. Piaget는 집단적 독백을 초보적 대화로 보았고, 실제 사물을 통한 논리적 사고가 가능해지는 구체적 조작기가 되어야 비로소 타인과 나누는 사회적 언어를 사용한다고 보았다.

② Vygotsky

Vygotsky는 언어와 사고가 처음에는 분리되어 기능하다가 어느 시점이 되면 언어와 사고가 서로 영향을 주면서 상호작용한다고 설명하였다. 그는 사물을 언어로 표현하게 되면 그 사물에 대한 개념이 형성되고, 이것이 사고발달로 이어지므로 언어에 의해 사고발달이 결정된다고 주장하였다.

Vygotsky는 언어발달을 네 단계로 나누어 설명하였다(강봉규 외, 2006, pp. 236-239; 정옥분, 2007, p. 238). 첫째, 초기 언어단계(primitive speech stage)로 대략 2세까지이다. 이 단계는 언어와 사고가 결합하기 전 시기로서 사고는 비언어적이고 언어는 비사고적이며, 2세 말경이 되어야 비로소 언어가 사물을 지칭하거나 자신의 요구를 표현하는 기능을 한다. 둘째, 순수 심리 언어단계 혹은 상징적 언어단계(naive psychological speech stage)이다. 이 단계에서 유아는 단어가 상징적인 기능을 가지고 있다는 사실을 알고 다양한 질문을 하며 언어를 통해 자신의 주변에 있는 물체와 현상 등을 이해하며, 사고의 도구로서 언어를 사용한다. 셋째, 자기중심적 언어단계(egocentric speech stage)로서 유아는 독백형식으로 언어를 구사하기 때문에 자신의 말에 대한 누구의 반응도 기대하지 않는다. 자기중심적 언어는 외적 언어에서 내적 언어로 발달해 가는 과도기적인 언어이므로 유아의 언어는 자기조절기능과 의사소통기능을 분명하게 구분하지 않은 상태이다. 넷째, 내적 성장 언어단계(ingrowth speech stage)로서 7세 이후가 되어야 비로소 도달한다. 이 시기의 아동은 논리적 기억을 사용하여 머릿속으로 언어를 조작할 수 있다. 즉, 아동은 자신에게 소리 없이 말하는 내적 언어를 사용하게 되며, 언어가 사고과정에서 중요한 역할을 한다. 이러한 일련의 발달단계를 거치는 Vygotsky의 언어발달은 외적 언어에서 자기중심적 언어로, 이는 다시 내적 언어로 이루어진다.

〈표 4-2〉 Vygotsky의 언어발달단계

단계	특징
초기 언어 (0-2세)	• 언어와 사고가 결합하기 전 시기로 비언어적이고 비사고적임 • 언어로 사물을 지칭하고 자신의 요구를 표현함
순수 심리 언어 (2-3세)	• 단어가 상징적인 기능을 가지고 있다는 사실을 알고 다양한 질문을 하며, 언어를 통해 주변 물체와 현상 등을 이해함 • 언어의 여러 기능 중 단지 문법적 측면에서만 언어를 사용함 • 언어와 사고가 상호 영향을 주어 언어를 사고의 도구로 사용함
자기중심적 언어 (3-6세)	• 독백형식의 언어를 구사하고, 타인의 반응을 기대하지 않음 • 외적 언어에서 내적 언어로 발달해 가는 과도기적인 단계로 언어의 자기조절 기능과 의사소통 기능이 분명하게 구별되지 않음
내적 성장 언어 (7세 이후)	• 논리적 기억을 사용하여 머릿속으로 언어를 조작할 수 있음 • 자신에게 소리 없이 말하는 내적 언어를 사용하고, 사고과정에서 언어의 역할이 중요함

③ Luria

Luria는 사고의 수준이 낮으면 언어도 제한되고, 언어의 수준이 낮으면 사고도 제한된다는 언어와 사고의 상호작용을 주장하였다. 그는 언어기능 중 의사소통에 관심을 가졌는데 특히 정보전달보다는 언어의 통제적 기능에 초점을 두었다. 그러므로 Luria는 유아가 타인의 지시나 요구 등 타인의 통제적 언어에 의해 통제를 받다가 점차 자신의 언어나 행동이 타인이나 자신을 통제할 수 있다는 것을 알게 됨으로써 언어의 통제기능을 발달시켜 나간다고 보았다. 또한, Luria는 언어의 통제방향과 통제유형의 발달에 대해서도 설명하였다. 언어의 통제방향은 타인이 자신을 향해 소리 내어 말하는 타인 외적 언어에서 점차 자신이 자신에게 소리 내어 말하는 자기 외적 언어로, 이후 자신이 자신에게 소리 내지 않고 말하는 자기 내적 언어로 이루어진다. 언어의 통제유형은 단순한 물리적 자극에 의한 충동적 단계(impulsive stage)에서 언어 의미에 따라 행동하는 의미론적 단계(semantic stage)로 발달한다.

언어발달에 대한 Piaget, Vygotsky, Luria 등의 인지이론은 언어발달과 인지발달이 밀접하게 관련되어 있다는 점은 동일하지만, 사고와 언어 간의 관계를 설명하는 입장에서는 서로 차이가 있다. 인지이론은 주위 사람으로부터 받는 강화나 모방에 의한 언어발달과 전 세계적으로 언어획득의 시기나 처음 발성하는 음소가 동일한 이유를 설명하는 데는 한계가 있다.

4. 사회정서발달

정서를 인식하고 이해하며 표현하는 능력을 갖추는 것은 인간의 성공적인 사회적 상호작용을 위해 매우 중요하다. 인간은 출생 시에 울기, 웃기와 같은 기본적인 정서를 가지고 태어나는데 이는 생존을 위해 필수적이며, 성장하는 동안 타인과 원활하게 상호작용하기 위해서도 필요하다. 특히 영아의 정서표현과 반응은 자신을 돌보는 사람의 행동을 통제하는 기능을 할 뿐만 아니라 발달상태 및 발달 이상을 평가할 수 있어 매우 중요하다.

생후 초기에 영아의 정서는 다양하게 분화되지 못하고 흥분상태에서 기쁨, 슬픔, 분노 등의 기본 정서만을 표현하지만, 점차 분화되어 2세쯤 되면 인간이 가지고 있는 대부분의 정서를 표현한다. 이러한 정서는 개인 특유의 기질적 특성에 따라 환경과 상호작용하면서 인격의 기초를 형성하게 되는데, 자아에 대한 인식과 애착 형성 등 사회정서발달과정을 거쳐 미래 사회 구성원으로서 갖추어야 할 유능성과 자질을 형성한다.

1) 정서발달

영아의 정서는 사회성, 언어, 인지 등의 다른 발달영역과 밀접한 관계가 있다. 현대사회가 복잡해지고 다원화되면서 자신의 정서조절 및 통제능력, 타인 정서에 대한 올바른 인식능력, 상황에 맞는 정서표현에 대한 관심은 더욱 높아지고 있다.

(1) 정서표현의 발달

정서는 일차 정서와 이차 정서로 나뉜다. 일차 정서는 태어날 때부터 가지고 있는 기본 정서로 기쁨, 분노, 공포, 놀람, 혐오, 슬픔 등이며, 표현방법은 거의 모든 사람이 동일하다. 이차 정서는 한 가지 이상의 정서를 통합할 줄 아는 보다 복잡한 과정을 통해 표현된다. 이것은 18개월 이후에 나타나는 복잡한 정서로서 타인과의 사회적 경험에서 비롯되며 인지능력을 필요로 한다(Lewis et al., 1989). 영아가 표현할 수 있는 정서에는 애정, 만족, 감정이입, 질투, 고통, 수치, 죄책감, 부러움, 자부심, 당황, 자긍심 등이 있다.

① 기쁨

기쁨은 미소나 웃음 등으로 표현되며 건강한 영아일수록 기쁨의 표현이 분명하고 빈번하다. 출생 직후 나타나는 배냇 미소는 단순한 선천적, 반사적 반응이며, 생후 2개월이 되어야 영아는 내적 경험의 결과로 자신이 좋아하는 사람에게 사회적 미소를 짓는다([그림 4-14] 참조). 9~12개월경의 영아는 '까꿍놀이'에서 친밀한 사람이 사라졌다가 갑자기 나타날 때도 사회적 미소를 보내며, 1년 후에는 자신이 원인을 제공한 상황에서도 웃음을 짓는다([그림 4-15] 참조).

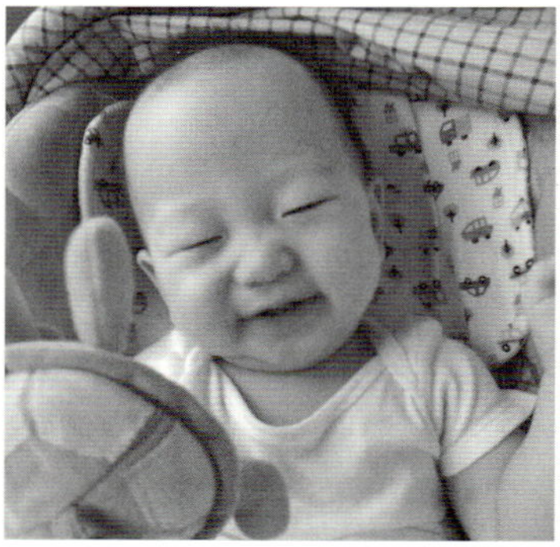

[그림 4-14] 미소짓기(3개월)

[그림 4-15] 웃기(12개월)

② 공포

공포는 신체적, 심리적으로 위험하다고 느낄 때 표출하는 정서로서 불안과 연결되어 있다. 공포는 낯선 사람을 경계하기 시작하는 6개월경에 나타나는데 영아기에 가장 빈번하게 나타나는 공포는 분리불안과 관련된다. 영아는 6개월부터 낯선 사람에 대한 두려움이나 불안을 나타내기 시작하여 9~14개월에 최고조에 달한다. 양육자와 떨어질 때 나타나는 분리불안(separation anxiety)도 이 시기에 절정에 이른다. 한편, 영아에게 공포감은 영아가 주변에 도움을 요청하는 신호역할을 하기 때문에 생존과 안전을 위해 필수적이다. 영아가 공포감을 느끼는 대상은 양육환경이나 양육자에 의해 달라질 수 있다.

③ 분노

분노는 영아기에 가장 많이 나타나는 정서 중 하나이다. 처음에 영아는 배고픔, 신체적인 불편함, 고통스러울 때 울음으로 분노를 표현하지만, 점차 자신이 원하는 것을 못하게 되어 욕구좌절을 느낄 때 분노를 표현한다. 분노 표현방식은 울음이나 소리 지르기, 떼쓰기, 발버둥치기 등의 신체적 표현을 수반한다.

④ 자부심, 수치심, 죄책감

출생 후 2세 이후에 영아는 자부심, 수치심, 죄책감과 같은 새로운 범주의 정서들을 표현한다. 이러한 정서는 자기인식 및 타인의 반응과 관련이 있어 자의식적 또는 사회적 정서라고 한다. 영아가 성공적으로 대소변을 보면 양육자에게 자랑스러운 표정을 지어 보이지만 실수를 하면 멋쩍은 표정을 나타내는 것은 영아가 사회적 맥락 안에서 자신의 행동에 대해 판단하고 평가하고 있다는 것을 보여준다. 즉, 해서는 안 되는 행동을 했을 때는 죄책감을 느끼고, 어려운 일을 해냈을 때는 자부심을, 부모나 양육자의 핀잔을 들으면 수치심을 느낀다는 것이다. 따라서 이러한 영아의 자의식적 정서발달에는 부모나 다른 성인의 피드백이 매우 중요한 역할을 한다고 할 수 있다.

⑤ 질투

질투는 형제가 생기면서 시작된다. 형제관계에서 나타나는 경쟁과 성취, 그리고 행동조절 등은 질투라는 정서에 기초한다. 질투는 동생이나 또래와 같은 경쟁자에게 자신의 애정 대상을 빼앗길 것에 대한 두려움에서 시작되며 미움과 선망이 섞여 종종 공격적 행동과 연결되어 나타나기도 한다. 질투를 느끼는 영아는 슬픈 감정, 의기소침한 표정, 우울감 등을 나타낸다.

영아가 표현하는 질투는 스트레스의 원인이 되기도 하지만 때로는 바람직한 대처방안을 계발하는 계기도 된다. 영아가 동생을 보는 시기를 고려한다면 질투는 최소 12개월 이상이 되어야 나타날 수 있고, 상대에 대해 인식할 수 있는 시기를 고려한다면 약 18개월을 전후하여 생긴다고 할 수 있다.

⑥ 감정이입과 동정심

영아가 감정이입과 동정심을 나타내는 것은 생후 18개월 이후이다. 감정이입은 다른 사람이 경험하는 정서를 같이 느끼는 것이고, 동정심은 슬픔이나 고통에 대해 느끼고 반응하는 것이다. Zahn-Waxler와 Radke-Yarrow(1990)는 생후 21개월 된 영아가 다쳐서 아파하는 어머니의 얼굴을 보고 근심 어린 표정으로 무슨 일인지 묻고 어머니를 달래는 행동을 할 수 있다는 결과를 제시함으로써 2세도 감정이입과 동정심을 나타낼 수 있다고 설명하였다(박성연, 도현심, 1997, p. 182 재인용).

(2) 초기 정서발달의 특징

영아는 자신의 정서를 통제하지 않고 자신이 느끼는 대로 표현한다. 그리하여 영아는 기쁨이나 슬픔을 과장될 만큼 격하게 표현하기도 하고 정서표현의 지속시간이 길지 않아 금방 웃고, 금방 우는 등 상황에 따라 쉽게 변하기도 한다.

① 정서이해

영아가 자신이나 다른 사람의 정서나 감정을 언제부터 이해하고, 어떻게 영향을 받는지를 아는 것은 영아를 돌보고 양육하는 데 중요하다. 생후 12개월이 되면 영아는 자신의 정서를 타인과의 관계에서도 표현할 수 있다.

영아는 타인의 정서를 토대로 자신의 행동을 변화시킬 수 있는데 이를 '사회적 참조(social reference)'라고 한다. 즉, 영아가 어떤 행동을 하기 전에 부모의 얼굴을 쳐다보고 표정을 살피는 것은 자신의 행동을 결정하기 위함이다. Sorce 외(1985)는 시각절벽 장치를 이용하여 12개월 영아의 사회적 참조 행동을 실험하였다. 그 결과, 영아는 시각절벽 끝에 멈춰 어머니의 표정을 살핀 후 어머니의 표정 여하에 따라 자신의 행동을 달리하였다. 어머니의 표정이 긍정적이면 어머니가 있는 방향으로 시각절벽을 건너갔지만, 어머니의 표정이 부정적이면 시각절벽 앞에 멈춰 더 이상 건너가지 않았다. 18개월 무렵 영아는 양육자의 영향력 못지않게 또래의 정서에 대해서도 알고 타인의 슬픔이나 기쁨에 대해서도 공감하는 행동을 보인다.

② 정서발달과 자아

영아기 후반이 되면 영아는 다른 사람과 자신이 다른 개체임을 이해하게 되는데 이를 자아인식(self-awareness) 또는 자아인지(self-cognition)라고 한다. 자아인식의 획득은 영아가 정서적으로 성장했다는 것을 보여주는 것이며, 이를 통해 자부심에서부터 죄의식, 수치심, 당혹감에 이르기까지 다양한 측면의 정서발달을 촉진시킬 수 있다.

[그림 4-16] 거울 앞에서 자아를 인식하고 있는 영아

영아의 자아인식을 살펴보기 위해 Lewis와 Brooks-Gunn(1979)은 코에 립스틱을 칠한 영아가 거울을 보면서 어떻게 반응하는지 알아보는 실험을 하였다. 실험 결과, 생후 9~24개월의 영아 중 18개월 미만의 영아는 거울 속의 영아 코를 만졌으나, 18개월 전후의 영아는 호기심과 당황스러움을 표현하면서 자신의 코를 만졌다. 이는 거울 속의 영아가 자기임을 아는 것이며, 자아인식이 형성될 수 있음을 보여준다. 이 시기의 영아는 자아에 대한 인식과 더불어 긍정적 자아와 부정적 자아도 형성한다.

영아가 24개월 무렵이 되면 '나'와 '내 것'에 대한 강한 욕구가 생기면서 자기주장을 하게 된다. 이는 자기에 대해 인식하기 시작하면서 외부에 자신의 존재감을 표현하는 것이다. 이때 양육자가 영아와 상호작용하면서 적절한 격려를 해주면 영아는 긍정적인 자아인식을 형성할 수 있지만, 반대로 양육자가 영아의 자아인식 행동에 대해 지적이나 금지, 제한 등의 부정적인 반응을 하면 영아는 부정적인 자아인식을 형성하게 된다.

③ 정서규제

어떤 정서는 표현해도 되고, 어떤 정서는 표현하면 안 되는지, 또는 어떻게 정서를 표현하는 것이 적합한지에 대해 나름의 규칙이 있다. 이를 정서규제(emotional regulation)라고 하는데 이는 영아기에 발달된다(Eisenberg & Morris, 2002, p. 191).

정서규제를 습득하고 활용하는 것은 사회적 적응에 도움이 된다(Speidel et al., 2020, p. 608). 예를 들어 마음에 들지 않는 선물을 받을 때 진짜 감정을 숨기고 선의의 거짓말을 하거나 넘어졌을 때 보호자가 없는 경우 울지 않는 경우가 해당된다. 이처럼 영아는 자신의 정서를 다루기 위해 스트레스를 주는 상황에 대처하기, 타인의 지원을 유도하기, 공포를 다루고 용감하게 행동하기, 사회적 규칙에 순응하기 등과 같은 다양한 기술을 발달시킴과 동시에, 정서를 표현하는 방법과 정서를 규제할 수 있는 기술도 배운다.

2) 기질

기질은 개인이 주변 환경이나 타인과 상호작용하는 특정한 행동양식이다. 이는 정서반응 유형으로 타고나는 것이며 개인마다 차이가 있다(Rothbart & Bates, 2006, p. 103). 그러므로 기질은 유전적 요인과 생물학적 요인에 의해 영향을 많이 받지만, 임신부의 영양상태, 건강 등과 같은 임신 중 또는 출생 후의 환경과 성장하면서 접하는 사회적 맥락, 개인적 경험 등에 의해서도 영향을 받는다. 기질은 상당히 안정적이며 종종 성격과 혼용되기도 하지만 성격과는 구별된다.

(1) 기질 구성요소와 기질유형

① 뉴욕종단연구 모형

기질에 대한 연구는 Thomas와 Chess가 실시한 뉴욕종단연구(New York Longitudinal Study)가 대표적이다. Thomas와 Chess는 1956년에 시작한 뉴욕종단연구를 통해 아홉 가지 기질의 구성요소를 밝혀냈다. 아홉 가지 기질의 구성요소는 〈표 4-3〉과 같다.

〈표 4-3〉 기질의 구성요소

구성요소	평가내용
활동수준	항상 움직이거나 무엇인가를 하고 있는지 또는 여유를 가지고 쉬고 있는지 등의 일상생활에서의 신체활동의 양
규칙성	수유, 배설, 수면습관 등의 규칙성 또는 규칙성 정도
접근/회피	새로운 놀잇감, 낯선 사람에 대한 접근 또는 회피 정도
산만성	외부사건으로 인해 현재 하고 있는 일이 방해받는 정도
적응성	일상의 변화에 대한 적응이나 저항 정도
주의력과 지속력	과제에 문제가 생겼을 때 포기하는 정도 또는 끝까지 해내는 정도
반응강도	어떤 상황에 대해 부정적 또는 긍정적 반응 정도
반응역	영아가 반응할 때까지 필요한 외부 자극의 양이나 자극 강도
기분	부정적이거나 긍정적인 감정의 표현 빈도나 감정 변화의 정도

출처: Thomas, A., & Chess, S. (1986). *The New York Logitudinal Study: From infancy to early adult life*, p. 40; 송명자(2011). 발달심리학, p. 201 재인용.

Thomas와 Chess는 기질 구성요소를 기초로 기질을 세 가지 유형으로 구분하였으나 세 가지 기질유형에 속하는 영유아는 65%이고, 나머지 분류할 수 없는 영아가 35%에 이른다. 첫째, 쉬운 기질(easy)은 약 40%의 영아가 해당된다. 이 유형의 영아는 전반적으로 조용하고, 행복한 정서를 표현하며, 수면이나 배설, 식사습관 등의 일상생활이 규칙적이며, 새로운 환경에 잘 적응하고 자주 흥분하지 않는다. 둘째, 까다로운 기질(difficult)은 약 10%의 영아가 해당된다. 이 유형의 영아는 수면과 식사습관이 불규칙하고 성마르며, 새로운 상황이나 사람에 대해 두려움이 많고, 시끄럽거나 소란스러우면 쉽게 흥분한다. 까다로운 영아는 에너지가 넘치고 활동적이지만 쉽게 좌절한다. 셋째, 느린 기질(slow to warm up)은 약 15%의 영아가 해당된다. 이 유형의 영아는 비교적 수동적이고 회피적인 행동을 취하며 반응속도가 느리고, 새로운 상황이나 사람에 대해 부정적이며 적응이 어렵다.

② EAS 모형

Thomas와 Chess의 뉴욕종단연구에서 밝혀진 기질유형 중 35%의 영아가 어떤 유형에도 속하지 못했다는 한계점에 따라 Buss와 Plomin(1986, pp. 67-80)은 영아의 기질을 세 가지 요소에 근거하여 연구하였다. 첫째, 정서성(emotionality)으로 영아가 자극에 대해 부정적 정서반응을 얼마나 빠르게 나타내는가를 의미한다. 이는 신경계의 차이에 기인하는 것으로 본다. 둘째, 활동성(activity)으로 영아가 하는 행동의 속도와 강도를 의미하는데, 이는 영아가 새로운 것을 탐색할 때 얼마나 활발하게 탐색하고 움직이는지에 대한 것이다. 셋째, 사회성(sociability)으로 영아가 얼마나 다른 사람과 함께 있는 것을 얼마나 좋아하는지를 평가한다.

③ Rothbart 모형

Rothbart(1986)는 생리적 측면에 기초하여 반응성(reactivity)과 자기규제(selfregulation)로 기질을 설명하였다. 반응성(reactivity)은 자극에 대해 얼마나 쉽게, 강렬하게, 긍정적 혹은 부정적으로 정서반응을 하는지 평가하는 것이며, 자기규제는 영아가 자신의 반응을 스스로 늘리거나 줄이는 통제력을 평가한다. 이어 Rothbart(2007)는 보다 분화된 세 가지 기질구조를 제시하였다. 첫째, 외향성(extroversion/surgency)은 긍정적 정서를 표현하며 새로운 환경을 적극적으로 탐색하고 활동적으로 움직이는 행동양상을 포함하며, 둘째, 부정적 정서

(negative affectivity)는 두려움, 불안, 좌절, 수줍음의 정서와 가벼운 자극에도 쉽게 불쾌감을 느끼고 진정하는데 어려움을 보이는 행동양상을 포함한다. 셋째, 조절능력(effort control or self-regulation)은 주의집중, 주의전환, 신체접촉, 낮은 자극 선호성, 억제조절을 포함한다.

〈표 4-4〉 모형에 따른 기질유형, 구성요소 및 구조

Thomas & Chess 기질유형	Buss & Plomin 기질 구성요소	Rothbart & Bates 기질의 구조
• 쉬운 기질(easy) • 까다로운 기질(difficult) • 느린 기질(slow to warm-up)	• 정서성(emotionality) • 활동성(activity) • 사회성(sociability)	• 외향성(extroversion/surgency) • 부정적 정서(negative affectivity) • 조절능력(effort control or self-regulation)

(2) 기질과 양육

기질은 더 긍정적이거나 부정적인 것이 아니므로 양육자와의 조화의 적합성(goodness-of-fit)으로 접근하는 것이 중요하다. 즉 부모나 양육자가 영아의 기질유형을 파악하여 그에 따른 양육방법과 태도를 지니는 것이다. 어떤 기질의 영아에게는 효과적인 관리전략이지만 다른 기질의 영아에게는 통용되지 않는 경우도 많기(Santrock, 2013, p. 184) 때문에 부모가 영아의 기질을 고려하여 양육하게 되면, 영아는 기질과 주변 환경의 기대나 요구에 맞추려고 하기 때문에 타인이나 부모와의 관계를 증진시킬 수 있다.

예를 들면, 쉬운 기질의 영아는 나서서 요구하지 않기 때문에 부모가 의도적으로 의사소통하는 등 특별한 관심을 가지고 돌보아야 한다. 까다로운 기질의 영아를 위해서는 새로운 상황이나 장소를 갈 때 영아가 미리 대비할 수 있도록 준비하고, 한계 설정을 분명하게 하여 일관성 있는 양육태도를 유지하는 것이 좋다. 느린 기질의 영아는 자신만의 속도로 생활하기 때문에 부모는 시간을 충분히 가지고 영아를 재촉하지 않으면서 일관성 있는 양육태도를 유지하는 것이 중요하고, 도움이 필요한 경우에만 개입하여 영아가 스스로 선택한 과제를 완수할 수 있도록 인내심을 가질 필요가 있다.

3) 애착

애착(attachment)은 영아기에 나타나는 중요한 사회적 발달로서 개인이 자신과 가장 가까운 사람과 시간을 두고 형성하는 강한 정서적 유대관계이다.

Bowlby(1969)는 애착을 종족 보존과 주변 환경 적응에 필요한 요소이며 애정이나 사랑과 같은 긍정적 정서의 의미를 지니는 것으로 보았다. 또한, Ainsworth(1973)는 애착을 사람 또는 동물이 자신과 다른 특정한 개체 사이에 형성하는 정서적 유대로서 시간과 공간을 초월하여 그들을 결속시키는 유대감으로 보았다(조성연 외, 2010, p. 289 재인용).

(1) 애착의 이론적 접근

애착관계가 어떻게 형성되는지에 대한 설명은 애착을 보는 관점에 따라 차이가 있으며, 정신분석이론, 학습이론, 인지발달이론, 동물행동학적 이론 등으로 설명할 수 있다.

① 정신분석이론

정신분석이론에서는 애착이란 개념을 직접 사용하지는 않았으나 영아의 생리적 욕구를 조절하는 양육자 혹은 어머니의 역할을 통해 양육자와의 관계형성이 중요하다는 것을 강조하였다. 특히 애착이 생후 1년 안에 형성된다고 봄으로써 이 기간의 중요성을 강조하였다. 그리하여 Freud는 영아가 구강 욕구를 만족함으로써 양육자와 긍정적, 정서적 관계를 형성하는 것을 애착으로 보았고, Erikson은 기본적인 신뢰감을 형성해 가는 것이라고 보았다.

② 학습이론

학습이론은 애착을 영아가 태어나면서부터 축적된 경험이 학습된 것이라고 설명한다. 즉, 영아에게 있어 수유는 매우 중요한데 애착은 영아가 수유로 배고픔을 해결하고 이 경험이 즐거운 감정과 연결됨으로써 반복되고 누적되어 생긴 결과로 본다. 다시 말하면, 중립 자극이던 양육자나 어머니가 수유를 하면서 이차 강화인으로 작용하여 영아는 양육자나 어머니의 관심을 끌기 위해 이들이 좋아하는 행동(예: 미소 짓기, 소리내기, 옹알이 등)을 하면서 애착을 형성한다.

③ 인지발달이론

인지발달이론에서는 영아의 사회적 행동도 기본적인 인지과정과 관련된 지적 발달이 우선되어야 발달한다고 본다. 예를 들면, 영아는 6개월경 낯선 이와 친숙한 이를 구별하는 낯가림(stranger anxiety)을 시작하는데 이는 영아가 익숙한 사람과 낯선 사람을 시각적, 심리적으로 구별할 수 있는 인지적 능력이 발달했다는 것을 의미한다. 또한, 9개월경 영아는 대상영속성 개념이 생기기 시작하면서 눈에서 사라진 물건이나 사람이 완전히 사라진 것은 아니라는 것을 조금씩 알게 된다. 즉, 대상영속성을 통해 친숙한 사람과의 애착관계를 형성해 나간다고 본다(Shaffer & Emerson, 1964; Bretherton, 1992, p. 766 재인용).

④ 동물행동학적 이론

애착은 동물행동학적 이론에서 가장 많이 연구되었다. Lorenz는 결정적 시기 동안 형성된 어미와 새끼 간의 강력한 결속을 각인이론으로 설명하였다. 한편, Bowlby는 인간의 애착형성과정은 동물의 각인과정과 질적으로 다르다고 설명하면서 애착은 영아와 양육자 혹은 어머니 간에 시간을 두고 형성되는 정서적 유대관계이므로 각인과 구별된다고 설명하였다. Bowlby는 인간관계에서의 애착은 생물학적으로 발달된 기제로서 생존을 위해 필수적이라고 보았다.

(2) 애착형성

영아는 주양육자 혹은 어머니와 애착을 형성하는데, 영아기에 형성된 애착의 질은 이후 발달에 중요한 영향을 미친다. 안정된 애착을 형성한 영아는 사람에 대한 신뢰감이나 자신감, 호기심, 타인과의 관계에서 긍정적인 태도를 보이고 어려운 과제도 잘 해결하며 좌절도 잘 참아내고 문제행동도 덜 보인다. 반면, 불안정한 애착을 형성한 영아는 아동기 후기에 적대적이고 공격적인 성향을 보이면서 다른 사람과 원만한 관계를 형성하는 것이 어렵다. 영아가 적절하게 애착을 형성하지 못하면 뇌 발달이 제대로 이루어지지 못할 뿐만 아니라([그림 4-17] 참조) 머리둘레와 키도 잘 자라지 않는다([그림 4-18] 참조). 그러나 영아가 다시 애정을 받으면 정상적으로 성장할 수 있다. 이러한 결과는 영아기에 애정을 기반으로 하는 애착관계의 형성이 인간발달에 매우 중요하다는 점을 입증해 주는 것이다.

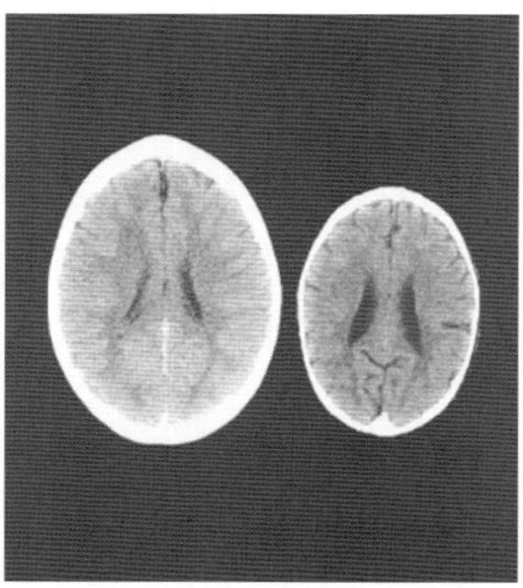

[그림 4-17] 정상적인 3세아의 뇌와 방임된 3세아의 뇌

출처: 미국 국립과학회원보 인터넷판(2012. 10. 28., 영국 데일리 메일지). http://news.chosun.com/site/data/html_dir/2012/10/29/2012102901033.html

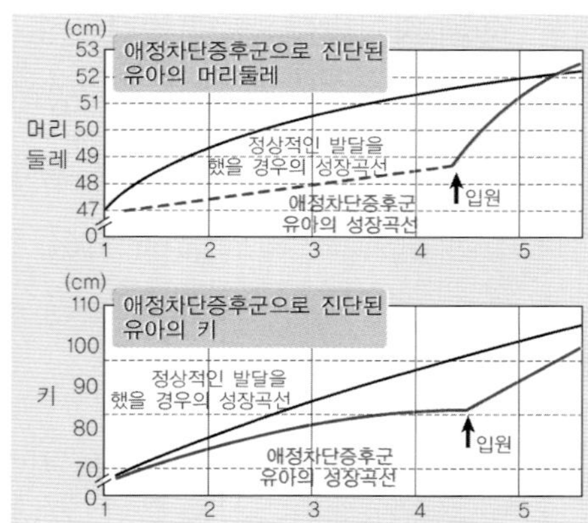

[그림 4-18] 애정차단증후군으로 진단된 유아의 머리둘레와 키

출처: Newton Highlight(2007). 뇌와 마음의 구조, p. 60.

애착형성과 관련하여 Harlow(1959)는 수유와 같은 기본적인 욕구충족만이 애착을 형성하는 데 중요한 것이 아니라 양육자나 부모와의 신체적 접촉도 애착형성에 매우 중요한 영향을 미친다는 연구결과를 제시하였다. Harlow는 새끼 원숭이를 어미 원숭이와 격리시킨 후 우유가 나오는 철망 어미 원숭이와 우유는 나오지 않으나 표면을 부드러운 천으로 감싼 어미 원숭이와 함께 있게 하였다. 그 결과, 새끼 원숭이는 배가 고플 때만 철망 어미 원숭이에게 가서 우유를 먹고, 대부분의 시간은 부드러운 천으로 감싼 어미 원숭이에게 매달려 있었다([그림 4-19, 4-20] 참조).

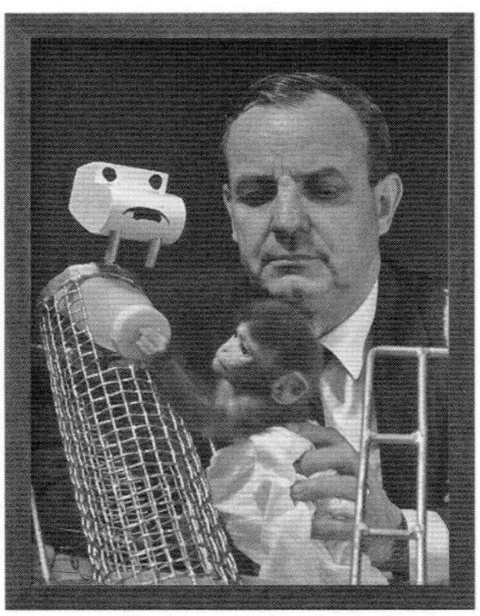

[그림 4-19] Harlow 박사와 원숭이 실험

출처: Univ. of Wisconsin's Primate Lab, http://www.allposters.com/-sp/H-F-Harlow-Director-of-the-Univ-of-Wisconsin-s-Primate-Lab-Posters_i5293684_.htm

[그림 4-20] 천으로 감싼 어미에 매달려 철망 어미의 우유를 먹는 원숭이

출처: wikispace 홈페이지, http://chsappsych.wikispaces.com/Harlow,+Harry

(3) 애착유형

생애 첫 1년 동안의 경험은 심리적 발달의 토대가 되므로 영아기의 애착형성은 매우 중요하다. Ainsworth는 어머니와 영아 간에 형성된 애착유형이 어떠한지 알아보고자 낯선 상황 실험을 고안하였다(〈표 2-5〉 참조). 애착유형별 특징적인 행동은 〈표 4-5〉에 제시한 바와 같다.

〈표 4-5〉 낯선 상황 실험에서 나타난 애착유형별 행동 특징

		안정애착	회피애착	저항애착	혼란애착
실험과정	탐색	안심하고 주변을 탐색함	주변을 탐색함	분리 전부터 불안하여 주변을 탐색하지 않음	무기력함
	낯선 이	낯선 이보다 어머니에게 더 관심을 보임	어머니에게 별 반응을 보이지 않음	불안해하며 매달림	반응이 없고 표정이 모호함
	분리 시	불안함	별 반응이 없음	분리 시 심한 불안을 보임	어쩔 줄 몰라함
	재결합 시	위로를 받고 주변을 탐색하기 시작함	어머니가 위로상대가 되지 않고 별 반응이 없음	심한 분노와 함께 위로받지 못하여 계속 울고 저항함	재결합 시 얼어붙은 표정을 지음
미국표집에서의 비율(%)		60	15	10	15
일반적인 영아상태		안정적, 탐색적, 행복함	탐색적이지 않고, 정서적으로 거리감이 있음	불안, 불안정, 분노	우울, 분노, 완전한 수동성, 무반응
영아의 신호와 요구에 대한 양육자의 반응		빠른, 민감함, 일관됨	거리감이 있고 개입하지 않음	비일관적임, 민감했다가 무시했다가 함	산만함, 두려움, 위협, 강요
영아가 행동하는 이유		신뢰감, 요구를 들어줄 것이라는 믿음	자신의 요구를 들어주지 않을 것이라는 잠재적 믿음	요구를 들어줄 것이라고 기대하지 않음	요구를 얻어낼 전략이 없는 매우 혼란스러운 상태임

출처: Berk, L. E. (2013). *Child development*(9th ed.), pp. 430-431.

(4) 낯가림과 분리불안

영아가 특정 대상과 애착을 형성하면서 나타나는 대표적인 현상이 낯가림과 분리불안이다.

① 낯가림

영아가 누군가와 애착을 형성하게 되면 낯선 사람이 다가오거나 안으려고

할 때 낯선 사람과 얼굴 마주치기를 회피하며 큰 소리로 운다. 이런 반응을 낯가림이라 하는데 이는 6~8개월경에 나타나기 시작하여 첫돌 전후에 최고조에 달했다가 서서히 감소한다. 낯가림은 영아가 낯선 사람을 싫어해서라기보다는 낯선 사람과 익숙한 사람을 구별할 수 있는 능력이 생겼다는 것을 의미하며 이는 인지적으로 발달했다는 증거가 된다.

낯가림은 대부분의 영아에게 나타나지만, 그 정도나 시기는 영아의 기질이나 환경 요인, 어머니의 양육태도에 따라 차이가 있다. 즉, 부모나 친숙한 성인이 함께 있으면 기질적으로 순한 영아는 낯가림을 덜 하고, 어머니가 수용적인 양육태도를 보일 때 영아는 낯가림을 더 일찍 나타낸다.

② 분리불안

분리불안은 영아가 부모나 애착 대상과 떨어질 때 나타나는 불안반응으로서 8~9개월경부터 나타나기 시작하여 15개월에 절정에 달하고 2세경이 되면 사라진다. 일반적으로 안정애착을 형성한 영아가 불안정애착을 형성한 영아보다 분리불안을 덜 보이며, 어머니를 안전기지로 삼아 주변환경을 더 많이 탐색한다. 또한, 어머니가 수용적인 양육태도를 보일 때 분리불안 현상이 더 일찍 나타난다(이주혜, 1981, pp. 39-40). 이는 어머니가 수용적인 태도를 보이면 영아는 어머니와 애착을 더 잘 형성하고, 애착형성이 잘 될수록 영아는 대상에 대한 개념을 더 빨리 형성하기 때문이다.

5. 발달이상

발달 초기인 영아기 발달이상은 염색체 이상이나 뇌 손상 등 생물학적 요인이 주된 병인이 되는 기질적 발달장애가 비교적 뚜렷하게 나타난다. 반면 부모의 양육방식이나 관계 등과 같은 환경 요인의 영향을 받는 심리기능적 장애는 영아기에는 크게 드러나거나 발생하지 않는다. 이 시기에 드러날 수 있는 발달 이상으로는 신경발달장애 범주에 해당하는 지적장애, 자폐스펙트럼장애, 발달성 협응장애와 극도의 부적절한 양육 등 환경 요인이 주된 원인인 반응성 애착장애 및 섭식장애를 들 수 있으며, 그 외 영·유아기에 빈번히 나타나는 수면관련 문제가 있다.

1) 지적장애

지적장애(intellectual disabilities)는 영아기의 대표적인 신경발달장애로서 지적장애(intellectual disability) 또는 지적 발달장애(intellectual developmental disorder)와 전반적 발달지연(global developmental delay)의 두 가지 유형이 있다.

인지 및 적응 기능의 결함 정도에 따라 경도, 중등도, 고도, 최고도로 구분되는 지적장애 또는 지적 발달장애의 병인은 유전인 경우가 많다. 특징적인 신체적 외모가 나타나거나 지적 결함 정도가 고도인 경우에는 2세 이전에 운동, 언어, 사회성발달에서의 지연을 확인할 수 있다. 그러나 병인이 분명하지 않고, 지적 결함 정도가 경도일 때는 학령기 이전에 알아차리기 어려울 수 있다. 특수교육분야에서는 8세 이전의 영유아가 발달상의 지체를 보일 때 지적장애가 아닌 발달지체로 명명한다.

지적장애아는 행동과 감정에 대한 자기조절과 의사소통기술이 부족하여 파괴적이고 공격적으로 행동할 수 있고, 사회적 판단 및 대인관계 기술이 부족하여 위험상황을 인식하지 못하고 잘 속는 경향이 있다. 또한, 지적장애아는 키, 몸무게, 골격 등 신체 성장이 평균 이하이며 운동발달이 늦고 저항력이 약하여 병에 잘 걸리는 경향이 있다. 뿐만 아니라 음의 대치나 생략 등 조음 장애가 자주 나타나고, 어휘 사용이 제한적이고 문법 사용이 정확하지 않으며, 주의집중시간이 짧고 인지적 반응이 느리며 상상력과 계획성이 부족한 편이다. 지적

장애의 유병률은 대략 1% 정도이며 고도의 지적장애는 1000명당 6명 정도이다.

한편, 전반적 발달지연은 DSM-5에서 새로 추가된 유형으로서 임상적으로 심각도 수준을 확실하게 평가할 수 없을 때 적용되는 진단이다. 이 범주는 연령이 너무 어려서 표준화된 검사를 통해 지적 기능을 체계적으로 평가할 수 없는 5세 이하의 영유아에게 진단되는 장애이다.

[그림 4-21] 지적장애로 진단된 9세아의 인물화

2) 자폐스펙트럼장애

자폐스펙트럼장애(autism spectrum disoders)는 비교적 발달초기에 나타난다. 자폐(自閉)란 사회와 단절되어 자기 세계에 빠져 있는 것으로, 여아보다 남아에게서 더 많이 나타나며, 지적장애를 동반하는 경우가 많다. 자폐스펙트럼장애의 병인은 아직까지 구체적으로 밝혀지지는 않았으나 대뇌 전두엽의 결함에 의한 것으로 추정한다.

DSM-5의 진단기준(APA, 2013, pp. 50-51)에 제시된 핵심증상은 첫째, 다양한 장면에서의 사회적 의사소통과 상호작용에 지속적인 결함이며 둘째, 행동패턴이나 관심대상 혹은 활동이 제한적이고 반복적이다. 사회적 상호작용의 결함은 사회적, 감정적 상호성의 결함, 눈 맞춤, 몸짓 언어, 표정 등 사회적 상호작용을 위한 비언어적인 의사소통 행동의 결함, 타인에 대한 관심 결여로 관계 발전, 유지 및 관계에 대한 이해의 결함 등이다. 제한적이고 상동증적 행동의 예는 장난감 정렬하기, 물체 튕기기, 반향어, 특이한 문구 사용, 작은 변화에 대한 극심한 고통, 변화의 어려움, 완고한 사고방식, 의례적인 인사, 같은 길로만 다니기, 매일 같은 음식 먹기, 특이한 물체에 대한 강한 애착 또는 집착, 과도하게 국한되거나 극도로 제한되고 고정된 흥미, 통증/온도에 대한 명백한 무관심, 특정 소리나 감촉에 대한 부정적 반응, 과도한 냄새 맡기 또는 물체 만지기, 빛이나 움직임에 대한 시각적 매료 등이다. 상상놀이가 나타나지 않는 것 또한 특징적이다.

[그림 4-22] **자폐아가 그린 버스(좌)와 기차(우)**

3) 발달성 협응장애

발달성 협응장애(developmental coordination disorder)는 운동장애(motor disorders)의 한 범주로서 근육운동 조정의 습득과 수행이 개인의 생활연령과 기술 습득 및 사용의 기회에 기대되는 수준보다 현저히 낮을 때 내려지는 진단이다. DSM-5의 진단기준(APA, 2013, p. 78)에 따르면 나이에 비해 동작이 서툴고, 기기, 앉기, 신발 끈 묶기, 단추나 지퍼 잠그기 등 운동발달 과제의 수행에 지체를 보인다. 좀 더 나이가 들면 퍼즐 맞추기, 모형 만들기, 공놀이, 그림 그리기, 글씨 쓰기 등을 수행하는 데 자신의 연령에 비해 그 수행 정도가 많이 뒤떨어진다. 물건 잡기, 가위나 식기 사용, 글씨 쓰기, 자전거 타기 또는 스포츠 참여 등 운동 기술 수행의 지연 또는 부정확성을 보이거나 물건 떨어뜨리기 또는 물건에 부딪히기 등 서투른 동작으로도 나타난다. 운동장애 중 상동증적 운동장애(stereotypic movement disorder)와 틱장애(tic disorders)는 아동기에 주로 나타나지만, 발달성 협응장애는 영유아기에 나타난다.

4) 반응성 애착장애

반응성 애착장애(reactive attachment disorder)는 자폐와 매우 유사한 행동특성을 보이는데 병인에 따라 자폐와 감별하여 진단한다. 자폐는 그 원인을 선천적인 뇌 기능 손상으로 추정하는 반면, DSM-5의 진단기준(APA, 2013, pp. 283-284)에 따르면 반응성 애착장애는 그 원인을 부적절한 양육환경으로 본다. 부적절한 양육환경이란 양육자의 애정 부족이나 무관심, 또는 양육자가 자주 바뀐 경우로서 안정적인 애착을 형성하지 못하여 발생하는 장애이다. 따라서 반응성 애

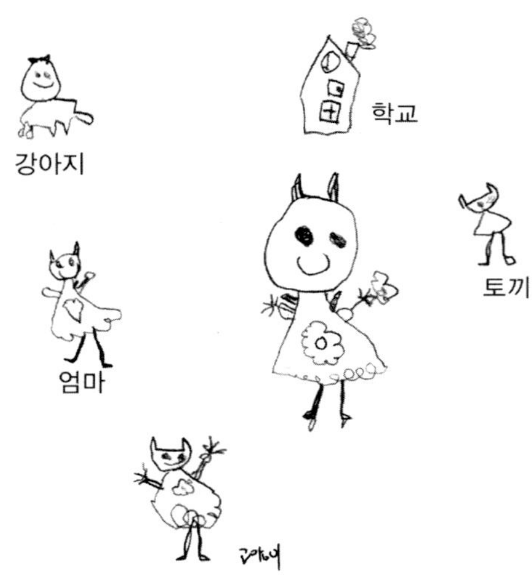

[그림 4-23] **반응성 애착장애아가 그린 가족화**

착장애는 애착발달에서의 심각한 일탈로 간주되며, 자폐아에 비해 신체발육이 나 건강상태가 좋지 못할 수도 있다.

5) 영·유아기 섭식장애

영 · 유아기 섭식장애에 해당하는 것은 이식증(pica), 되새김장애(rumination disorder), 회피/제한적 음식섭취장애(avoidant/restrictive food intake disorder)가 있다.

이식증은 먹으면 안 되는 물질임을 알면서도 먹는 것이다. 두 살 이전의 영아는 뭐든지 입으로 가져가는 특성이 있고 아직 먹어서는 안 되는 물질을 구별할 수 없기 때문에 먹으면 안 되는 물질을 먹을 수 있다. 그러한 경우는 이식증으로 진단하지 않으나, 먹으면 안 되는 물질인 줄 알면서도 먹는 경우는 이식증으로 진단한다. 이 증상을 보이는 영아가 섭취하는 전형적인 비영양 물질은 머리카락, 끈, 헝겊, 배설물, 모래, 진흙, 곤충, 나뭇잎 등이다. 이식증은 지능이 낮은 영유아에게서 흔히 발견되며, 빈곤, 무지 또는 부모의 지도 결여에서 기인하기도 한다.

되새김장애는 위 기능이 정상적임에도 불구하고 먹은 음식을 입으로 다시 올려서 되씹는 것이다. 일반적으로 반추행동을 하지 않을 때는 안절부절못하고 배고파하다가 갑자기 많은 양의 음식을 섭취하고는 바로 토해내기 때문에 영양실조에 걸릴 수도 있어 체중감소와 성장 둔화로 이어진다. 미국정신의학회(APA)(1994, pp. 136-137)는 반추장애의 약 25% 정도가 사망하는 것으로 보고한 바 있다. 이는 부모-자녀관계에 문제가 있거나 자극 결핍, 무관심 또는 심한 스트레스 등 부적절한 심리사회적 환경으로 인해 나타나는 경우가 많다.

회피/제한적 음식섭취장애는 적절히 먹지 못하는 것으로 성장시기임에도 불구하고 체중이 늘지 않거나 오히려 감소하는 경우에 진단된다. 왜소발육증(deprivation dwarfism), 성장기능부전증(failure to thrive), 의존적 우울증(anaclitic depression)이 이에 해당한다.

이러한 다양한 섭식장애는 발달시기별로 섭식이 갖는 의미가 변화함에 따라 다르게 나타난다. 섭식은 출생 후 1년 동안의 안정감과 불안정감을 결정하는 가장 중요한 양육활동으로서 사랑이나 거부의 감정과 관련되어 영유아에게 커다란 영향을 미친다. 걸음마기가 되면 영아와 양육자 간에 갈등이 생기는데 그러한 갈등 중의 하나가 먹는 것에 관한 것이다. 걸음마기 영아는 양육자의 통제를 거부하는 수단으로 먹는 것과 관련된 병리증상을 보일 수 있다(Wenar, 1994, pp. 166-167).

6) 기타 수면관련 문제

신생아는 하루 중 16~20시간을 자는 등 생후 2년까지는 깨어 있는 시간보다 잠들어 있는 시간이 더 길다. 수면은 뇌 발달이나 조절 및 발달 전반에서 매우 중요한 역할을 한다. 수면관련 문제는 신체적, 정신적 건강의 전반에 영향을 주지만 영·유아기에는 수면과 관련한 문제가 빈번히 나타나기 때문에 특별히 장애로 간주하지 않아 최근까지도 영유아의 수면장애에 대한 연구는 드문 편이다. 그러나 수면은 영유아의 성장에 매우 중요하기 때문에 영유아가 수면과 관련된 어려움을 보일 때 이에 대한 주의 깊은 관찰과 적절한 개입이 필요하다.

부모가 호소하는 수면 관련 문제는 잠을 재우기 어렵다는 것과 자다가 깨서 우는 문제가 가장 빈번하다(Zeanah, 2000, pp. 511-514). 잠을 재우기 어렵다는 것은 잠드는 것과 양육자와 분리되어 잠을 자러 가는 것이 모두 어렵다는 것이다. 발달적으로 잠드는 문제가 잠자러 가는 문제보다 먼저 일어난다. 잠드는 문제로 빈번히 호소하는 것은 안고 흔들어서 재운 뒤 침대에 뉘이면 깨어나서 강하게 저항하고 누워 있지 않으려는 것이다. 잠자러 가는 문제는 취침시간에 구실을 만들어 자러가는 것을 거부하는 경우이다. 자러간다는 것은 부모로부터 분리된다는 불안을 유발할 수 있으며, 분리의 문제는 양자관계이기 때문에 부모도 불안을 느낄 수 있다. 다른 한편으로는 부모가 모두 일을 하는 경우, 저녁시간이 서로 상호작용하는 중요한 시간이 되면서 취침 시간이 늦어져 수면 문제를 겪을 수도 있다.

자다가 깨서 우는 문제도 종종 발생한다. 자다가 깨어난 아이는 잠들 때 부모가 해 준 패턴을 그대로 다시 요구하며, 점차 어둠이나 홀로 남겨지는 것에 대한 두려움이나 불특정한 불안을 나타낼 수 있다. 걸음마기에서 아동전기 동안에 시작될 수 있는 수면 관련 장애로는 수면 중에 일어나는 야경증(night terror)과 악몽(nightmare)이 있다. 대개 잠든 후 몇 시간 안에 일어나는 야경증은 잠에서 깨어나 소리치고 매우 놀라고 흥분된 것처럼 보이지만 실제로는 잠에서 깨어난 것이 아니라 깊은 수면상태에서 일어난다. 그 상태에서 아이는 진정되기 어렵고, 주위환경을 인식하지 못하며, 자신을 달래는 사람에게 저항할 수도 있다. 다음 날 아침에 일어나면 밤에 있었던 일을 기억하지 못하는 경우가 대부분이다. 반면, 악몽은 대개 수면 마지막 몇 시간 동안, 즉 REM 수면상태에서 일어나며, 깨어났을 때 불안이나 두려움과 관련된 꿈을 꾼 것을 기억한다.

Chapter 05

유아기

Chapter 05

유아기

유아기는 초등학교 입학 전 시기로 3세부터 6세까지 해당된다. 이 시기 동안 유아는 지속적인 신체 성장과 더불어 신체기능이 보다 세분화되어 자조능력을 증진시키고, 자신의 주변 환경을 탐색하면서 경험을 쌓아간다. 또한, 언어의 증폭기로서 구사할 수 있는 어휘의 수가 늘어나면서 표현이 풍부해지고, 문장구조를 갖춘 언어를 사용할 수 있다. 언어능력이 증진되면서 자신의 요구를 표현하고 상대방의 언어를 이해하는 의사소통기술이 발달하는 동시에 표상적 사고가 가능해지고, 기억능력도 현저하게 향상된다. 또한, 유아는 자아를 인식하며, 자신과 타인의 정서를 이해할 뿐만 아니라 자신의 정서를 통제할 수도 있다. 이 기간 동안 유아는 타인과의 상호작용을 통해 사회적 관계를 넓혀 나가면서 도덕성과 성역할도 발달시킨다. 따라서 이 장에서는 유아의 신체, 언어, 인지, 사회정서발달에 대해 발달영역별 발달 상황과 특징 및 유아기에 나타날 수 있는 발달이상에 대해 살펴보고자 한다.

1. 신체발달

1) 신체적 성장

(1) 신장과 체중의 변화

유아기 동안 유아의 신장과 체중은 꾸준히 증가한다. 유아의 성장속도는 다소 완만하여 신장은 1년에 약 7~8cm씩 자라는데 남아는 평균 96.70~119.54cm, 여아는 95.56~118.31cm가 된다. 체중은 매년 약 2.3kg씩 늘어나 남아는 평균 14.92~22.85kg이 되고, 여아는 14.32~21.95kg이 된다. 이처럼 남아가 여아에 비해 신장도 약간 크고, 체중도 약간 더 무겁다. 한편, 이 시기 동안 유아의 머리 둘레의 성장은 남녀 모두 점차 둔화된다.

(2) 신체비율의 변화

유아기는 신체비율이 성인기에 근접한다. 유아는 여전히 성인에 비해 머리 비율이 더 크지만 유아기 말이 되면 성인과 유사한 신체적 모습을 나타낸다. 그리하여 출생 시에 신체의 1/4이었던 머리 크기는 2세경 신체의 1/5이 되고, 6세가 되면 신체의 1/6이 된다([그림 4-1] 참조).

(3) 뇌 발달

유아의 뇌와 신경계도 지속적으로 발달한다. 유아의 뇌 크기는 3세경 성인의 3/4 정도까지, 6세가 되면 성인의 95% 정도까지 성장한다(Lenroot & Giedd, 2006).

유아의 뇌 성장은 뇌신경세포의 발달과 함께 이루어지며, 수초화현상이 뇌발달을 촉진시킨다. 뇌의 수초화현상에는 미엘린과 신경교가 중요한 역할을 하는데, 미엘린은 지방세포층이 신경세포의 축색돌기를 둘러싸면서 정보나 신경전달물질이 축색돌기를 통해 빠르고 효율적으로 통과하도록 도와준다. 신경교는 신경과 신경 사이에서 신경세포에 필요한 물질을 공급하고 노폐물을 제거함으로써 신경세포의 활동에 적합한 환경을 조성한다.

3세경 유아의 뇌 발달은 영아기 때보다 뇌 신경세포의 연결망 수는 감소하지만 보다 효율적인 부분에 집중하게 된다. 이 중 전두엽은 일을 계획하고 조직하며 과제에 주의 집중할 수 있는 능력을 관장하는데 3세부터 6세 사이에 가장 빠르게 발달한다(Gogtay & Thompson, 2010).

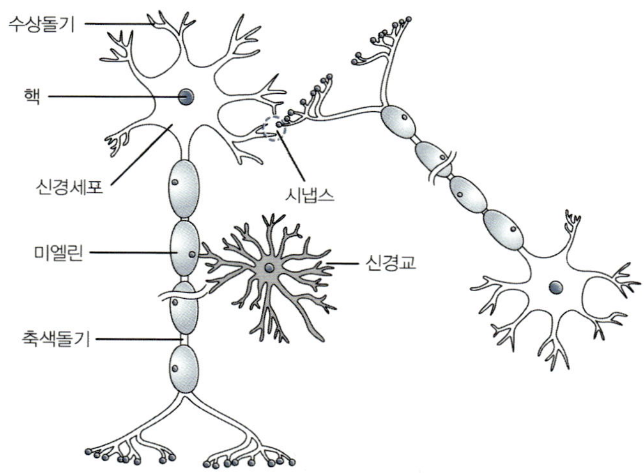

[그림 5-1] **신경세포의 구조와 기능**

2) 운동기능의 발달

(1) 대근육 운동기능의 발달

유아기에는 대근육이 빠르게 발달한다. 유아마다 개인차는 있지만 바른 자세로 서 있거나 돌아다니기 등의 이동능력이 원활해진다(〈표 5-1〉 참조). 3세 유아는 뛰기, 높이뛰기, 달리기 등의 단순한 동작을 할 수 있으며 이런 활동을 즐긴다. 또한, 유아는 세발자전거의 페달을 밟을 수 있으며, 큰 공을 차거나 튀어 오르는 공을 양팔로 잡을 수도 있다(조성연 외, 2010, p. 297). 4세 유아는 정글짐 오르기 등을 할 수 있으며 신체를 활용하여 자신의 능력을 나타낼 수 있는 보다 어려운 과제에 도전하려고 한다. 그리하여 4세 유아는 바닥에 선을 긋고 선에 맞춰 균형 있게 걸을 수 있으며, 놀이기구의 사다리를 오를 수 있고, 달리다 멈출 수 있으며, 장애물을 뛰어넘을 수도 있다. 5세 유아는 더 도전적인 활동을 시도하여 한 발로 서기, 평균대에서 팔을 들어 균형 잡기 등을 할 수 있다.

〈표 5-1〉 **유아의 대근육 운동기능의 발달**

연령(세)	걷기	달리기	뛰기	페달 밟기	오르기	던지기
2~3	율동적으로 걸을 수 있다.	몸을 뻣뻣하게 세우고 달릴 수 있다. 방향을 바꾸거나 갑자기 멈추는 것은 어렵다.	두 발로 깡충 뛸 수 있다.	장난감 자동차에 올라타고 두 발로 밀 수 있다.	계단을 오를 때 한쪽 발을 먼저 올려 놓은 후 다른 쪽 발을 그 옆에 놓을 수 있다. 높은 곳에 올라갈 수 있지만 내려오지는 못한다.	목표물을 향해 공을 던질 때 두 팔을 사용할 수 있다. 발이나 몸은 움직이지 못한다.
3~4	팔을 앞뒤로 흔들며 걸을 수 있다. 직선을 따라 걸을 수 있다.	유연하게 달리고 출발과 정지가 가능하다.	두 발로 높이 뛰어 오를 수 있다. 한 발로 장애물을 뛰어넘을 수 있다.	세발자전거를 탈 수 있다.	계단을 오를 때는 한 발로 차례차례 오르지만 내려올 때는 두 발을 모아서 내려온다.	몸을 앞뒤로 흔들며 한쪽 팔로 공을 던질 수 있다.
4~5	곡선을 따라 걸을 수 있다. 평균대 위를 걸을 수 있다.	빨리 달리고, 달리면서 방향을 바꿀 수 있다.	깡충 뛰기를 하면서 앞으로 갈 수 있다.	세발자전거를 빠르고 유연하게 탈 수 있다.	발을 번갈아 가며 계단을 오르내릴 수 있다. 정글짐, 미끄럼틀, 나무 등을 오르내릴 수 있다.	팔꿈치를 사용해서 공을 던질 수 있다.
5~6	성인처럼 걸을 수 있다.	속력을 내서 달릴 수 있다.	높이뛰기와 멀리뛰기, 줄넘기를 할 수 있다.	두 발 자전거를 탈 수 있다.		

출처: 정옥분(2007). **아동발달의 이해**, p. 353.

(2) 소근육 운동기능의 발달

[그림 5-2] 필기도구를 원활하게 이용하는 5세 유아

소근육을 활용한 운동기능의 발달은 유아의 중추신경과 눈과 손의 협응력이 발달하면서 원활해진다. 3세경의 유아는 엄지와 검지를 사용하여 물건을 집을 수 있고, 물이 담긴 컵을 엎지르지 않고 나를 수 있으며, 숟가락과 젓가락을 적절하게 사용할 수 있다(조성연 외, 2010, p. 299). 4세 유아는 실로 구슬을 꿸 수 있으며, 크레파스를 바르게 쥐고 그리기를 할 수 있으며, 블록으로 원하는 모형의 탑을 쌓을 수도 있다(Santrock, 2013, p. 212). 5세 유아는 가위로 직선이나 곡선을 따라 자르거나 오릴 수 있으며, 지퍼를 채울 수 있고, 연필을 바르게 쥘 수도 있다.

2. 인지발달

유아기는 Piaget의 인지발달단계 중 전조작기에 해당하는데 이 시기의 유아는 조작능력이 충분히 발달하지 못하였으나 표상을 통해 상징적 사고가 가능하고 표현능력이 증가한다. 반면에 논리적 사고가 어려워 직관적이고 자아중심적이며 비가역적인 사고 특성을 보인다.

1) 사고의 특징

(1) 상징적 사고

전조작기의 유아는 감각기관의 신호나 운동적 단서가 필요 없이 의미를 부여한 단어, 숫자, 이미지 등의 정신적 표상을 사용하여 상징적 사고를 할 수 있다(이영 외, 2009, p. 258). 유아가 상징적 사고를 할 수 있게 되면 실제로 존재하지 않은 사물을 기억하고 생각할 수 있어 지연모방이나 상징놀이(symbolic play)를 할 수 있게 된다. 상징놀이 또는 가상놀이(pretend play)는 가상적인 사물이나 상황을 실제 사물이나 상황으로 상징화하는 놀이다. 유아가 막대기를 총이나 칼이라고 한다든지, 베개를 아기라고 업고 논다든지 모래를 물과 짓이겨 떡이라고 하면서 노는 것 등을 예로 들 수 있다. 또한, 유아는 어떤 행동을 본 후 그 행동을 바로 모방하지 않고 일정 시간이 지난 후에 이를 재연하는 지연모방도 가능하다. 예로서, 엄마나 아빠가 자신에게 한 행동을 소꿉놀이를 하면서 재연하는 것을 들 수 있다.

(2) 자아중심적 사고

유아는 사물이나 현상을 자신의 입장에서만 보고 다른 사람도 자신과 똑같이 생각하고 행동한다고 믿으며 다른 사람의 관점을 이해하지 못하는 자아중심적 사고를 한다. 유아의 자아중심적 사고는 다른 사람의 위치나 감정 또는 관점을 이해하는 조망수용(perspective-taking)능력이 발달하지 못해 나타난다([그림 5-3] 참조). 조망수용능력 중 공간조망은 위치에 따라 사물의 모양이 다르게 보인다는 것을 아는 것으로 유아는 공간조망능력이 발달되지 않아 어떤 위치에서 보든 보이는 장면은 자신의 위치에서 보는 것과 동일하다고 생각한다([그림 5-4] 참조). 또한, 유아는 감정조망능력도 발달되지 않아 다른 사람의 감정을 이해하지 못하고 다른 사람도 자신과 감정이 똑같다고 생각한다. 유아가 엄마의 생일에 자신이 좋아하는 장난감을 선물하면서 엄마가 장난감을 매우 좋아할

[그림 5-3] 얼굴만 숨기면 다른 사람이 못 볼 것이라고 생각하는 유아

거라고 생각하는 것을 예로 들 수 있다.

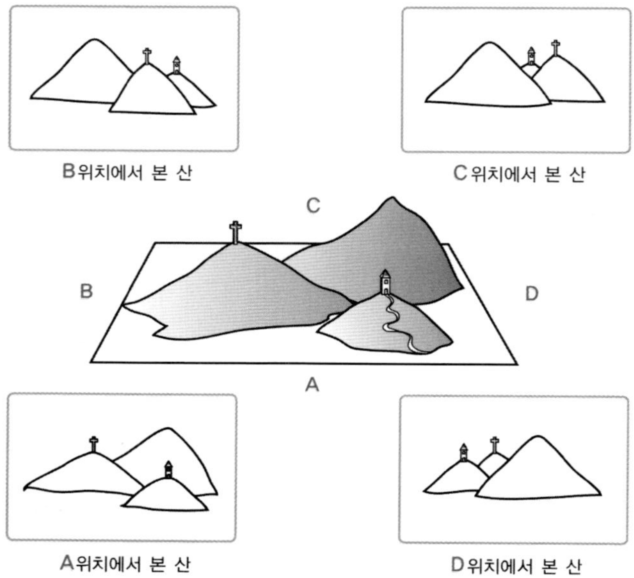

[그림 5-4] Piaget와 Inhelder의 세 개의 산 실험

출처: 송명자(2008). 발달심리학, p. 108.

유아의 자아중심적 사고는 언어에서도 나타나는데, 자신이 하는 말을 상대방이 이해하는지에 관계없이 자신의 생각만을 말한다. 이러한 자아중심적 언어는 연령이 증가함에 따라 감소한다(Piaget, 1973; Shaffer & Kipp, 2014, p. 237 재인용). 즉, 3세에 51%, 4세에 48%, 5세에 46%, 6세에 45%이던 자아중심적 언어의 비율이 7세에는 28%로 급격하게 감소한다.

(3) 물활론적 사고

유아는 모든 사물이 살아 있고 각자의 의지에 따라 움직인다고 생각하는 물활론적 사고를 한다. 4~5세가 되면 유아의 물활론적 사고는 감소하기 시작하고, 8세경에는 생물학적 생명관에 근거하여 생물과 무생물의 개념을 이해함으로써 더 이상 물활론적 사고를 하지 않는다(Bullock, 1985). 그러나 3, 4세 정도의 유아도 친숙한 사물에 대해서는 물활론적 사고를 하지 않고 생물과 무생물을 어느 정도 구분할 수 있다는 연구도 있다(Wellman & Gelman, 1998; Gelman, 2003, p. 297 재인용).

[그림 5-5] 인형에게 음식을 먹여 주는 유아

(4) 전환적 사고 또는 현상론적 인과관계

유아는 인과관계를 이해하기 시작하지만, 그것을 논리적으로 파악하지 못하고, 하나의 특정 사건으로부터 다른 특정 사건을 추론하는 전환적 사고(transductive reasoning)를 한다. 즉, 하나의 사건을 다른 사건의 원인으로 생각한다. 특히 두 사건 간에 시간 간격이 별로 없으면 두 사건이 아무런 관계가 없음에도 불구하고 유아는 두 사건 간에 인과관계가 있다고 생각한다. 이를 현상론적 인과관계라고 하는데 유아가 자신이 친구와 싸운 것과 엄마가 아픈 것을 연결시켜 자신이 친구와 싸웠기 때문에 엄마가 아프다고 생각하는 것을 예로 들 수 있다. 그러나 이 시기의 유아도 이해하기 쉬운 사건이나 물리적으로 익숙한 사건에 대해서는 원인과 결과를 명확하게 연결시켜 이해할 수 있다(Wellman & Gelman, 1998).

(5) 인공론적 사고 또는 목적론적 사고

유아는 이 세상의 모든 사물이 인간을 위해 만들어졌다고 생각하는 인공론적 사고(artificialism)를 한다. 특히 유아는 자아중심적 사고의 특성으로 사물이나 자연현상이 자신을 위해 존재한다고 생각한다. 또한, 유아는 모든 사물에는 그것이 추구하는 목적이 있다고 믿는 목적론적 사고를 하기 때문에 별 목적이 없는 사건에도 어떤 대단한 목적이 있다고 생각한다. 예를 들면, 비는 나무를 자라게 하려고 내린다고 생각한다. 뿐만 아니라 이 시기의 유아는 호기심이 많아 주변 사물이나 사람에게 관심을 보이고, 질문도 많이 하는데 이러한 행동도 목적론적 사고의 측면에서 이해할 수 있다.

(6) 직관적 사고

유아는 겉으로 드러난 사물의 속성을 보이는 대로 사고하는 직관적 사고를 한다. 동시에 상황의 한 측면에만 집중하고 다른 측면은 무시하는 중심화 현상을 보이는데 이러한 중심화(centration) 현상은 직관적 사고와 관련이 있다(Piaget, 1973). Piaget(1973)에 의하면, 유아는 두 개 이상의 차원을 동시에 고려하지 못하고 하나의 차원에만 주의를 집중하는 중심화 현상을 보이는데, 이것이 보존개념 형성을 어렵게 만든다고 보았다. 보존개념은 어떤 대상의 모양이 바뀌어도 그 속성이 바뀌지 않는다는 것을 이해하는 능력을 의미하는데, 이 시기 유아의 수 보존개념은 5~6세, 길이 보존개념은 6~7세, 양, 면적, 무게 보존개념은 7~8세, 부피 보존개념은 11~12세에 획득된다. 또한, 이 시기의 유아는 물체의 외형적 변화가 생겼을 때 이것을 원래 상태로 되돌리는 특성인 가역성(reversibility)이 발달되어 있지 않다. 그리하여 유아는 내용물의 양이나 길이 등에서는 차이가 없으나 외형을 변화시키면 이것을 원래의 상태로 되돌려 보려고 생각하지 못한다(〈표 5-2〉 참조).

〈표 5-2〉 **보존개념 실험**

개념	처음 제시	변형 제시
수	• 두 줄의 동전 수는 같은가? 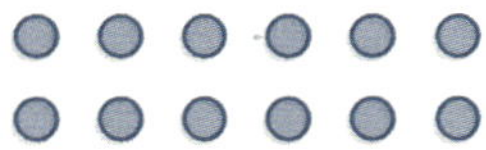	• 동전의 간격을 달리 해도 동전 수는 같은가? 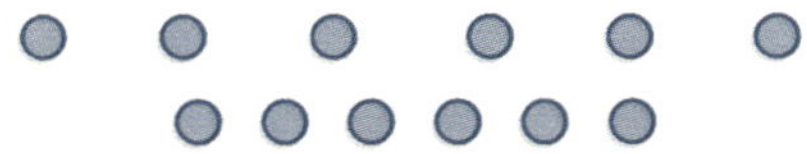
길이	• 두 막대의 길이는 같은가? 	• 막대를 옮겨 놓아도 길이는 같은가? 
액체	• 두 컵의 물의 양은 같은가? • 	• 넓적한 컵에 옮겨 부어도 양은 같은가? 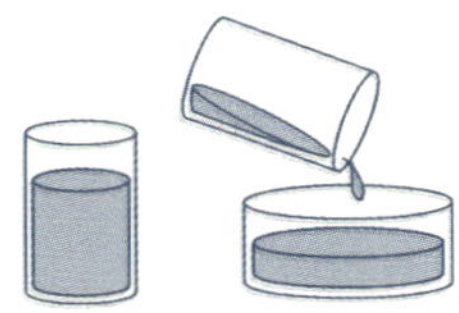
질량	• 두 공모양의 찰흙은 양이 같은가? 	• 하나를 변형시켜도 양은 같은가? 
면적	• 두 마리의 소는 동일한 양의 풀을 먹을 수 있는가? 	• 풀의 위치를 바꾸어도 동일한 양의 풀을 먹을 수 있는가? 
무게	• 두 공모양의 찰흙 무게는 같은가? 	• 하나를 변형시켜도 무게는 같은가? 
부피	• 두 공모양의 찰흙을 물에 넣으면 올라오는 물 높이는 같은가? 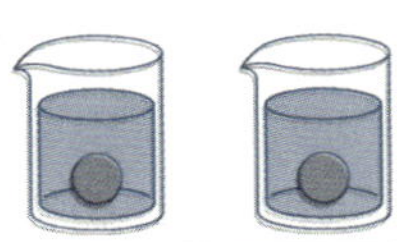	• 하나를 변형시켜 물에 넣어도 물 높이는 같은가? 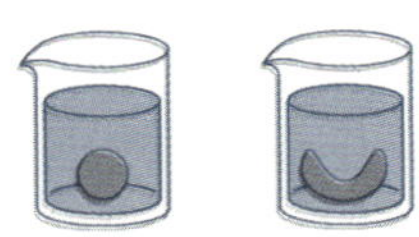

유아기 초기는 일정한 특성에 따라 사물을 순서대로 늘어놓는 서열화도 발달되어 있지 않다. 3~4세 유아는 여러 길이의 막대를 순서대로 나열하지 못하며, 5~6세가 되어야 어느 정도 순서대로 막대를 나열할 수 있는데, 이 또한 순서대로 막대를 나열하지 못하고 한쪽에만 맞춰 나열한다. 유아가 완전하게 서열화를 할 수 있는 시기는 구체적 조작기부터 가능하다.

전조작기의 유아는 여러 가지 형태, 색, 크기, 모양 등에 따라 같은 속성을 가진 것끼리 묶는 분류화(classification) 개념도 형성되어 있지 않아서 상위유목과 하위유목 또는 전체와 부분의 관계를 이해하는 유목 포함(class inclusion)을 잘 이해하지 못한다. 예를 들어, 유아에게 노란색 장미 5송이와 빨간색 장미 10송이를 보여준 후, '장미'와 '빨간 장미' 중 어느 것이 더 많은지를 물어보면, 대부분 '빨간 장미'가 더 많다고 대답한다([그림 5-6] 참조).

[그림 5-6] 유목 포함 실험

2) 기억발달

유아기 기억능력은 아직 체계화되지 않았지만 영아기에 비해 크게 향상된다(Shaffer, 1999). 유아기 기억능력은 기억용량의 증가와 기억책략의 발달, 상위기억의 발달, 연령증가에 따른 지식기반의 확대에 따라 발달한다.

(1) 기억 용량의 증가

유아는 기억하기 위해 주의를 기울일 줄 안다. 유아에게 장난감이 숨겨진 곳을 기억하라는 지시를 주었을 때와 지시를 주지 않았을 때 2세경의 유아는 숨겨진 곳에 주의를 기울이는 빈도와 정도에 별 차이가 없었지만, 3세경의 유아는 기억하라는 지시를 주었을 때 더 자주 장난감이 숨겨진 곳을 쳐다보았다(유안진, 1999, p. 268). 그러나 유아는 기억 용량이 제한되어 있고 기억을 체계화하는 능력도 부족하기 때문에 유아의 기억은 체계적이지 못하고 부정확하다(Case, 1985). 유아에게 낮에 유치원에서 있었던 일을 물어보면 사실과 다르게 대답하는 경우가 있는데, 이는 거짓말을 하는 것이 아니라 기억을 제대로 하지 못하기 때문이다.

기억 용량은 정보를 저장할 수 있는 공간으로 감각기억, 단기기억, 장기기억의 용량을 말한다. 감각기억과 장기기억은 연령에 따라 용량의 변화가 거의 없으나, 단기기억은 연령이 증가함에 따라 용량이 증가한다(Bjorklund, 1995). 즉 이 시기의 기억용량은 단기기억에 달려 있다고 할 수 있다.

단기기억의 용량을 측정하기 위해서는 기억 폭(memory span)을 검사한다. 기억 폭 검사는 유아에게 몇 개의 숫자를 불러주고 불러준 숫자를 순서대로 말하게 한 후, 정확하게 회상한 개수를 세어 기억 폭을 측정하는데, 이 기억 폭은 유아기에 급속히 증가한다. Dempster(1981)의 연구 결과, 2세 유아는 2개 정도의 숫자를 회상하고, 5세 유아는 4.5개 정도, 성인은 7~8개 정도의 숫자를 회상하였다.

기억 용량의 증가는 Case(1985)의 조작 효율성 가설로 설명할 수 있다. 이 가설은 어렸을 때 많은 시간과 노력이 필요했던 문제가 연령이 증가함에 따라 정보를 빠르고 효율적으로 처리하게 되어 시간과 노력을 적게 들이고도 쉽게 답을 얻을 수 있다고 설명한다. 한편, Kail(1994)은 조작 효율성의 증가는 학습이나 경험의 영향도 있지만 주로 생물학적 성숙에 기인한다고 보았다. 즉, 뇌와 신경계의 수초화가 증가하고 불필요한 뉴런이 제거되어 정보처리가 좀 더 효율적으로 이루어지기 때문이라고 설명한다.

(2) 기억 책략의 발달

기억 책략은 정보를 장기기억 속에 저장하고 쉽게 인출 할 수 있도록 돕는 의도적인 활동으로 기억술이라고도 한다. 기억능력을 향상시킬 수 있는 효과적인 기억 책략에는 주의집중(attention), 반복연습하는 시연(rehearsal), 관련이 있는 것끼리 범주화하는 조직화(organization), 정보의 의미와 폭을 확장하는 정교화(elaboration), 단서를 사용하는 인출(retrieval) 전략이 있다. 연구(Ornstein, Nans, & Liberty, 1975)에 의하면, 2세 유아는 자유회상을 통해 사물들을 친숙한 범주로 묶는 경향을 보였고(Rossi & Rossi, 1965), 3~4세 유아는 기억하려는 것을 반복해서 연습하는 시연(rehearsal)을 사용하는 것으로 나타나는 바, 유아는 이러한 기억 책략을 효율적으로 사용하지 못하고 있음을 보여준다. 즉 기억책략은 아동기가 되어야 크게 발달한다고 할 수 있다.

(3) 상위기억의 발달

상위기억은 자신의 기억과 기억 체계의 기능 및 발달 능력에 대하여 스스로 지각하는 것이다. 즉 정보를 기억하는 데 있어 자신의 한계를 알고, 어떤 기억 책략을 이용하는 것이 더 효과적인지를 아는 것으로(정옥분, 2024, p. 286 재인용) 자신의 사고상태와 능력에 대하여 알고 있는 지식을 의미한다. 3, 4세 유아도 상위기억에 대한 초보적 지식을 가지고 있으며, 짧은 내용이 긴 내용보다 기억하기에 더 쉽고, 긴 내용을 기억하려면 더 많은 노력이 필요하다는 것을 안다. 그러나 4세 유아들은 자신의 기억능력을 과대평가하는 경향도 있다.

(4) 지식 기반의 확대

학습할 내용에 대한 선행지식을 이미 가지고 있다면, 그 내용을 훨씬 더 쉽게 기억할 수 있다. 예컨대, 친숙한 주제와 친숙하지 않은 주제의 글을 읽는 경우, 친숙한 주제는 이미 가지고 있는 지식에 새로운 정보를 연결시켜 빠르게 정보를 처리할 수 있으나 친숙하지 못한 주제를 학습하거나 기억해야 할 경우에는 처리시간이 많이 걸린다. 이는 친숙한 주제는 새로운 정보를 조직하거나 정교화하는 도식을 이미 가지고 있기 때문이며 친숙하지 못한 주제는 관련된 지식이 저장되어 있지 않기 때문에 기억하는 데 더 많은 노력이 요구된다. 즉, 많이 알면 알수록 학습과 기억이 그만큼 쉬워지므로 연령이 증가할수록 기억책략도 발달한다.

(5) 기억발달의 영향요인

유아의 기억발달에는 여러 요인이 영향을 미친다(이영 외, 2009, pp. 276-277). 첫째, 유아의 지능이나 언어능력, 개념 형성의 차이, 뇌 발달의 차이 등 개인적인 능력의 차이가 상황에 대한 이해와 인지, 언어적 기술에 영향을 미쳐 기억능력에 차이를 유발한다. 둘째, 유아는 익숙한 경험보다는 새롭고 특별한 사건을 더 잘 기억하므로 사건의 특이성이 기억능력에서의 차이를 유발한다. 셋째, 유아는 단순히 보기만 한 것보다는 직접 경험한 것을 더 잘 기억한다. 넷째, 부모나 성인이 유아에게 과거의 사건에 대해 이야기하는 방식에 따라 기억능력에서 차이를 유발한다. 즉, 부모나 성인이 유아의 말에 대답만 하기보다는 자연스럽게 이야기를 주고받는 경우, 경험이나 사건에 대해 대화하는(narrative) 경우, 반복적인(repetitive) 대화보다는 정교한(elaborative) 대화방식을 사용하는 경우에 유아가 기억을 더 잘한다(Haden & Fivush, 1996).

3) 최근 연구 동향

Piaget는 전조작기의 유아가 자아중심적이고, 비가역적이며, 직관적이어서 모순과 오류로 가득한 사고를 하는 것처럼 지나치게 부정적인 모습으로 이론을 제시하였다. 그러나 최근 많은 학자들은 유아기의 인지능력을 '전조작기'로 규정하는 것을 비판하고, 유아기의 인지발달 수준도 Piaget가 생각한 것보다 훨씬 앞선다는 사실을 다양한 실험을 통해 입증하였다(정옥분, 2013, p. 386). Piaget가 제시한 과제가 유아에게 지나치게 어렵거나 복잡하고 생소하여 유아가 접근하기에 어려울 뿐만 아니라 자료수집방법도 언어능력이 미숙한 유아에게 언어로 설명하는 등의 문제점이 있다고 지적하였다. 따라서 유아에게 친숙하거나 보다 단순한 과제를 제시하면 유아도 타인의 관점을 고려할 수 있을 뿐만 아니라, 보존개념이나 유목 포함 등의 과제도 상당 부분 수행할 수 있고, 훈련을 통해서도 인지능력을 향상시킬 수 있다고 본다.

(1) 자아중심성

공간조망능력을 알아보기 위한 Piaget와 Inhelder(1966)의 '세 개의 산 실험' 과제는 전조작기 유아에게는 복잡하고 어려운 과제라는 비판을 받아 왔다. 이를 개선하여 유아에게 복잡하지 않은 과제를 제시했을 때, 유아는 자아중심성을 훨씬 덜 보이는 것으로 나타났다. Flavell 외(1993)의 연구에서 3세 유아에게 한 면에는 강아지 그림이 있고, 다른 면에는 고양이 그림이 있는 카드를 보여주고, 유아는 강아지를 볼 수 있는 위치에 앉히고, 실험자는 고양이를 볼 수 있는 위치에 앉게 했다. 유아에게 실험자가 어떤 그림을 보고 있느냐고 질문했을 때 대부분의 유아는 '고양이'라고 정답을 맞혔다. 이춘재(1982)의 연구에서도 유아에게 친숙한 인형이나 동물 등을 사용한 과제에서 연구대상의 10%가 자아중심적 반응을 보였지만, 친숙하지 않은 것을 사용한 과제에서는 50% 이상이 자아중심적 반응을 보였다. 이러한 결과는 Piaget의 주장과 달리 유아는 익숙하지 않은 상황에서 자아중심적 사고를 더 한다고 할 수 있다. 뿐만 아니라, 유아가 대화할 때도 대상이 누구냐에 따라 사용하는 언어의 수준이 달라진다. 예를 들면, 4세 유아가 자신보다 어린 영아에게 얘기할 때는 또래나 성인에게 하는 것보다 훨씬 더 간단한 문장을 사용한다(정옥분, 2013, p. 387).

(2) 물활론

유아는 Piaget가 생각하는 것처럼 물활론적인 사고를 하지 않는 것으로 보인다. Piaget의 연구 결과, 유아가 물활론적 사고를 하는 것은 바람, 구름, 달, 해와 같이 유아에게 친숙하지 않은 대상을 사용하였기 때문으로 보인다. 그리하여 유아에게 친숙한 로봇, 크레용, 블록, 공 등을 대상으로 질문하면 유아는 이것이 살아 있다고 생각하지 않았다(Richards & Siegler, 1986). Keil(1979)의 연구에서도 3세 유아는 생명이 있는 대상에게만 감정과 정서를 부여함으로써 생명이 없는 대상을 구분할 수 있는 능력이 있음을 보여주었다.

(3) 유목 포함

유목 포함에 관한 실험에서 연구자가 질문양식을 바꾸거나, 각 유목의 수를 5개 미만으로 줄이고, 유아에게 좀 더 친숙한 꽃이나 동물을 과제 도구로 사용하면 유아도 유목포함을 할 수 있었다(정옥분, 2013, p. 388). Piaget의 유목 포함 실험과 비슷한 실험에서 연구자가 질문 양식과 유목의 대상을 약간 변형하여 흰 소와 검은 소의 그림을 사용하였다. 그는 이 소들을 한 쪽으로 비스듬하게 눕혀 놓고 모두 자고 있다고 설명한 후, 유아에게 "검은 소가 더 많니? 소가 더 많니?", "검은 소가 더 많니? 자고 있는 소가 더 많니?"라는 두 가지 질문을 했다. 유아는 "자고 있는 소가 더 많니?"라는 질문에 더 많은 정답을 했다. 또한, Markman(1978)은 유목 포함이 유아의 수 세기 능력에 의존하므로 장미꽃 두 송이와 백합꽃 한 송이처럼 각 유목의 수를 적게 제시하였더니 5~6세 전의 유아도 유목 포함을 할 수 있었다.

4) 조기교육과 인지발달

유아기의 지능은 영아기의 지능을 기초로 발달한다. 지능의 안정성을 4년간 종단연구한 성현란(2008)은 17개월 영아의 지능이 30개월 유아의 지능과 상관이 있으며, 30개월 유아의 지능은 48개월 유아의 지능과 상관관계가 있다는 결과를 보고하였다. 이는 인지발달에 대한 기초가 잘 형성된 유아는 이후의 인지발달도 잘 이루어질 가능성을 암시한다.

유아의 인지발달을 도모하기 위해서는 교사와 부모가 유아에게 발달에 적합한 프로그램과 교육기회를 제공해 주는 것이 중요하다. 그러므로 교사와 부모가 유아의 발달에 적합한 교육 신념을 지닐 때 유아의 인지발달이 잘 이루어지며(백지희, 2008), 조기 사교육은 오히려 유아의 인지발달에 부정적인 영향을 미칠 수 있으므로(우남희 외, 2005) 지나친 조기교육을 지양하려는 인식 전환이 필요하다.

3. 언어발달

언어는 의사소통, 사고와 학습의 중요한 수단이므로 유아기 언어발달은 인지발달과 밀접한 관계가 있다. 유아가 감각운동기 말에 획득한 표상능력은 언어습득을 위해 가장 중요한 인지적 요소인 상징적 사고를 가능하게 하여 언어발달을 가속화시킨다. 상징을 사용하게 되면서 유아는 빠른 속도로 단어를 획득한다. 유아가 말하기 시작하면 사회적 상호작용이 활발해지면서 언어발달이 가속화된다.

1) 단어와 문장의 발달

(1) 단어 수의 증가

유아는 약 2세경부터 하루 평균 10개의 새로운 단어를 습득한 이후 3세경 900개, 4세경 1,600개, 5세경 2,500개, 6세경 14,000개 정도의 단어를 습득한다(Clark, 1993). 유아기에 단어 수가 급격하게 증가하는 것은 사물을 범주화하는 능력이 발달하고, 동시에 다양한 경험을 할 수 있기 때문이다(Goldfield & Rezmick, 1990).

유아가 단어를 습득하는 데는 개인차가 있고(배소영, 2003; Bates et al., 1988), 습득 속도에는 성차가 있어 일반적으로 여아가 남아보다 더 빠르다(윤혜련, 김영태, 2004; Barrett, 1995). 또한, 유아는 추상적 의미의 단어보다는 구체적 의미의 단어를 더 빨리 습득하며 유아기 말에는 '더 많다', '더 크다', '더 작다' 등의 비교급 단어나 '~하기 전에', '~후에' 등 시간 개념을 나타내는 단어를 습득한다(조성연 외, 2010, p. 309).

연령이 어린 유아는 명사나 명사구로 소통하지만 연령이 증가하면서 점차 동사를 정교화해서 소통한다. 전자를 참조적 양식(referential style)이라 하고, 후자를 표현적 양식(expressive style)이라 한다. 참조적 양식은 '엄마', '아빠', '멍멍이' 등과 같이 사물이나 사람을 가리키는 단어이고, 표현적 양식은 '좋아', '싫어', '미워' 등과 같이 개인적, 사회적 감정이나 관계를 나타내는 단어이다. 유아가 획득하는 단어는 시간차와 문화차도 있다. 예를 들면, 대인관계를 중시하는 아시아권의 유아가 서구의 유아보다 표현적 양식의 단어를 더 빨리 습득하며(Choi & Gopnik, 1995), 한국 유아가 미국 유아에 비해 동사를 더 풍부하게 사용한다는 연구결과를 들 수 있다(주영희, 2001, p. 122).

(2) 단어 의미의 발달

유아는 비유나 은유, 유머나 농담 등과 같은 추상적인 언어를 잘 이해하지 못한다. 이는 유아기의 단어 습득방법과 관련이 있는데, 그 중 유아는 짧은 순간에 단어를 한 번만 듣고 그 단어의 의미를 습득하는 신속 표상 대응(fast mapping)방법을 사용한다(Carey, 1977; Heibeck & Markman, 1987). 신속 표상 대응 방법에 따라 추상적 정보보다 구체적 사물에 대한 단어를 더 빠르고 정확하게 습득하며, 연령이 증가할수록 습득 속도도 빨라진다.

유아도 영아처럼 주어진 상황에서 유사성을 추출하여 단어의 의미를 과잉확대하거나 과잉축소한다. 예를 들면, 유아가 강아지를 '멍멍이'로 알고 있을 때 고양이나 소 등 네 발이 달리고 털이 있는 짐승을 보면 모두 '멍멍이'라고 부른다. 이 시기의 유아가 단어의 과잉확대 현상을 보이는 이유는 몇 가지 측면에서 설명할 수 있다(조성연 외, 2010, p. 304). 첫째, 자신이 명칭을 붙여 말하는 사물이 모두 같은 범주에 속하며 이를 성인도 같은 의미로 사용할 것이라고 생각한다. 둘째, 제시된 적절한 명칭을 모르거나 기억하지 못한다. 셋째, 과잉확대를 새로운 단어의 습득 책략으로 활용한다. 반면, 단어의 의미를 실제 범주보다 축소해서 사용하는 것을 과잉축소(underextension)라고 하는데, 유아가 원추형 콘에 들어 있는 아이스크림만 아이스크림이라고 하고 컵에 들어 있는 아이스크림은 아이스크림이 아니라고 하는 경우이다. 유아가 단어를 과잉확대하거나 과잉축소하는 현상은 어떤 단어를 처음 배울 때 특정 장면에서 어떤 부분을 참조해야 하는지 정확히 알지 못하는 데서 비롯된다. 뿐만 아니라 유아가 단어의 의미를 습득하기 위해 자기만의 방식으로 단어를 범주화하기 때문에 나타나는 것일 수도 있다. 일반적으로 단어의 의미를 발달시키는 유아기 초기에는 과잉확대 현상보다는 과잉축소 현상이 더 자주 나타난다(Barrett, 1995; 조성연 외, 2010, p. 305 재인용).

(3) 문장의 발달

영아가 한 단어의 문장을 거쳐, 두 단어(twowords)의 전문식 문장을 사용하게 된 후, 2~3세가 되면 여러 단어(multi-words)로 된 초보적 문장을 사용할 수 있다. 이 시기가 되면 유아는 문법적 형태소를 획득하면서 전문식 표현이 줄어들고 말의 길이가 점차 길어진다. 3세경의 유아는 2~4개 정도의 단어로 문장을 만들 수 있고, 4세경에는 3~7개 정도의 단어로 문장을 만들 수 있기 때문에 이 시기의 유아는 거의 완전한 문장을 만들어 사용할 수 있다. 또한, 유아가 5세경이 되면 6~12개의 단어를 사용하여 문장을 만들어 사용하기도 한다(유안진, 1999, p. 263; 조성연 외, 2010, p. 306).

한편, Brown(1973)은 유아가 사용하는 어휘 수에 따라 언어발달 단계를 분류하였는데, 유아가 사용하는 50~100개 정도의 문장을 확인하여 한 문장 내에 들어가는 형태소의 평균 수를 산출하여(MLU, Mean Length of Utterance) 분류하였다(〈표 5-3〉 참조). MLU는 유아의 연령보다 언어발달의 정도를 잘 나타내는 지표로써 3개월에서 6개월 정도 차이가 나는 유아들의 언어패턴이 비슷하며, MLU가 비슷한 유아들이 사용하는 언어규칙 체계도 비슷하다는 경향을 지표로써 보여준다(Santrock, 2001).

〈표 5-3〉 Brown의 언어발달단계

단계	평균 발화길이(MLU)	특징
1	1.5-2.0	명사와 동사로 구성된 전문식 문장
2	2.5	전치사, 관사, 불규칙 동사, 명사의 복수형 사용
3	3.0	어휘 수 증가, 보다 정확한 문법
4	3.5	3단계에 비해 MLU 0.5 증가, 이외의 특징은 유사
5	4.0	둘 이상의 문장을 연결한 복잡한 구문 사용

출처: Brown, R. (1973). *A first language*, p. 437; 정옥분(2013). **아동발달의 이해**, p. 386을 참고하여 정리함.

2) 문자언어의 발달

(1) 읽기발달

유아의 읽기 행동에 대한 견해는 학자마다 다양하다. Schickedanz(1986)는 2, 3세 영유아의 읽기 행동을 책 옹알이 사용하기(babbling), 그림 지적하기(commenting picture), 글자 지적하기(commenting words), 책의 이야기 내용 암송하기(reciting text) 등과 같이 일련의 발달과정으로 구분하였다. Clay(1979)는 유아의 읽기 행동을 글자는 이야기로 전환될 수 있는 것임을 이해하기, 구어에서 잘 사용하지 않는 특별한 형태의 문어체 이야기 만들기, 그림을 보고 적절한 문장을 생각해 내기, 책에 쓰인 문장을 기억하기, 단어의 시각적 단서를 사용하여 문장을 재구성하기 등의 여섯 가지 범주로 구분하였다. 또한, 이영자와 이종숙(1990)은 유아의 읽기 행동을 전 읽기 이해, 그림을 보고 마음대로 이야기 만들기, 의미를 비슷하게 꾸며 말하기, 단어나 구절을 암기하여 이야기하기, 실제 글자 읽기 등의 범주로 제시하였다. 유아기의 읽기발달과정과 관련하여 이기숙 외(2010)는 연령별 유아의 읽기발달 특징을 제시하였다(〈표 5-4〉 참조).

〈표 5-4〉 **유아의 연령별 읽기발달**

연령(세)	특징
2~3	• 주위 글자에 관심을 갖는다. • 책의 글자는 읽는 것임을 안다.
3~4	• 책을 볼 때 그림이 아니라 글자를 읽는 것임을 안다. • 읽기의 목적을 물을 때 '책을 읽기 위해서', '학교에 가려고', '공부 잘하려고' 등으로 말한다.
4~5	• 책을 읽는 방법, 읽는 방향, 페이지, 제목 등을 안다. • 소리와 글자 간의 일대일 대응을 할 수 있다. • 주변의 아는 글자를 읽어 보려 한다. • 친구의 이름에 있는 글자를 안다. • 다른 상황에서 아는 글자를 제시할 때 읽을 수도 있다.
5~6	• 주변에서 자주 볼 수 있는 글자를 읽는다. • 가족과 친구의 이름을 읽는다.

출처: 이기숙, 김순환, 정종원(2010). 한국과 일본 만 3, 4, 5세 유아의 연령, 성, 소득수준에 따른 읽기, 쓰기 능력. **육아지원연구**, 5(2), pp. 211-240; 곽노의(2010). **영・유아발달**, p. 264를 참고하여 재정리함.

한편, 이기숙 외(2013)의 연구에 의하면, 5세아의 읽기능력과 어휘력은 초등학교 3학년의 문해력과 어휘력 차이를 유발하는 주요 변인으로 나타났는데, 이는 유아의 문해력과 어휘력이 아동기에 지속적인 영향을 주는 것을 의미하며, 이 시기의 언어발달을 위한 적극적인 노력이 필요함을 암시한다.

(2) 쓰기발달

유아는 아주 어린 시기부터 자신의 요구와 흥미에 맞는 다양한 형태의 쓰기를 시도한다. 2세 말에서 3세경의 유아는 그림을 통해 표현하거나 끄적거리기를 할 수 있다. 4세가 되면 유아는 끄적거리기를 거의 하지 않고 단어 쓰기를 가장 많이 하며, 5~6세 경에는 단어 쓰기 이상의 발달수준을 보이고, 6세가 되면 문장 형태의 쓰기를 한다. 이러한 경향과 관련하여 이영자와 이종숙(1996)은 유아의 쓰기 행동으로 끄적거리기, 의도적 자형 쓰기, 자모음의 방향이 틀린 글자 쓰기, 단어 쓰기, 문장 쓰기 등의 형태가 나타난다고 설명하였다. 유아의 쓰기발달 과정과 관련하여 이기숙 외(2010)는 연령별 유아의 쓰기발달과 특징을 제시하였다(〈표 5-5〉 참조).

〈표 5-5〉 유아의 연령별 쓰기발달

연령(세)	특징
2~3	• '쓴 것'과 '그린 것'을 구별한다. • 연필, 볼펜, 사인펜 등의 필기도구를 사용해 본다.
3~4	• 쓰라고 요청하면 쓰지만 아직 끄적거리기를 할 때가 많다. • 자기가 쓴 것을 성인에게 보여주려고 한다. • 자기 이름에 있는 글자를 알려고 한다. • 간혹 어떤 글자를 써 달라고 요구한다.
4~5	• 여러 가지 글자 놀이를 즐긴다. • 자기 이름을 쓸 줄 안다. • 성인이 유아의 말을 받아 쓸 때 구어가 아닌 문어로 이야기한다. • 다양한 목적에 맞게 쓰려고 하거나 다른 사람이 쓰도록 불러준다. • 쓰기가 다양한 목적으로 이루어진다는 것을 알고, 모르는 글자를 물으며 자발적으로 쓰려고 한다.
5~6	• 생일카드, 편지, 초청장, 규칙, 지시문 등과 같이 여러 가지 상황에 맞는 글이 있다는 것과 여러 종류의 글은 각기 다른 조직이 있다는 것을 안다. • 간단한 단어를 쓸 수 있다. • 여러 가지 쓰기 도구를 사용하여 쓴다. • 간단한 글을 써보려고 한다.

출처: 이기숙, 김순환, 정종원(2010). 한국과 일본 만 3, 4, 5세 유아의 연령, 성, 소득수준에 따른 읽기, 쓰기 능력. **육아지원연구**, 5(2), pp. 211-240; 곽노의(2010). **영·유아발달**, p. 266을 참고하여 재정리함.

3) 문법의 발달

2~3세경 영유아는 세 단어 문장을 사용하기 시작하면서 품사의 위치를 정하고, 문법적 형태소를 사용하기 시작한다. 즉, 주어, 동사, 목적어 외에 문장의 요소를 첨가하기 시작하며 어간에 어미를 붙이고, 접미사나 조사를 사용하며, 복수형을 만들거나 부정어를 사용하는 등의 문법을 알게 된다. 유아가 가장 먼저 사용하는 형태소는 누군가를 부르는 호칭 어미와 문장 뒤에 붙여 사용하는 문장 어미다. 배도영(2006)의 연구 결과에 따르면, 3~6세 유아는 주격(이/가, 은/는), 목적격(을/를), 속격(의), 보격(이/가), 여격(에/에게), 부사격(에/으로/와) 등의 격조사를 거의 완벽하게 사용하며, 공존, 장소, 시제 등에 대한 형태소도 사용한다(〈표 5-6〉 참조).

〈표 5-6〉 문법 형태소의 출현 순위와 사용 예

순위	문법 형태소	사용 예
1	문장 어미(요, 다, 야, 에요, 지, 네)	주세요, 사자다, 엄마야, 아기에요, 기쁘지, 아프네
2	과거(았, 었)	산에 갔어, 울었어
3	주어(은, 는)	나는 곰이다, 선생님은 예뻐.
4	주격(가)	엄마가, 오빠가, 병아리가
5	진행(는)	내가 먹는다
6	공존(고, 도, 하고, 랑)	엄마하고, 아기도, 아빠랑
7	장소(에)	산에
8	미래(ㄹ)	쉬 할래
9	도구(로)	몽둥이로 맴매해
10	목적(을, 를)	귤을 먹어

출처: 배도영(2006). 한국어 발달특성과 학령전기 문법형태소. 한국어학, 31, p. 42를 참고하여 재정리함.

부정문 사용에 있어서, 2세경의 영아는 “안 먹어.”, “안 예뻐.” 등과 같이 ‘안~’의 형태를 사용하다가(신경혜, 1994), 3세경이 되면, “안 밥 먹어.”, “밥 안 먹어.” 등과 같이 부정형태소를 올바르게 혹은 잘못되게 배치하는 등 혼재된 현상을 보이거나 “싫어”, “아니” 등과 같은 부정문의 사용이 증가한다. 5세 이후가 되면 “못 먹는다.”, “~하지 못한다.” 등과 같은 형태의 부정문을 사용한다(이연섭, 권경안, 김성일, 1979). 한편, 유아는 “이게 뭐야?”처럼 간단한 질문이나 “먹어?”처럼 말끝을 올려 질문하는 의문문도 사용하고 복수형에 대한 개념도 알게 된다.

유아는 2세 이후에 존칭어 개념을 습득하고, 3세 6개월 이후에 ‘~요’와 같은 경어 어미를 사용한다. 유아가 사용하는 존칭어는 “밥 먹는다요.”, “유치원 간다요.” 등의 표현처럼 문장의 끝에 ‘~요’를 붙이는 식이다. 5세 이후에야 비로소 ‘~께서’ 등과 같은 높임말 주격조사를 사용한다(이순형, 2000, p. 67). 부사나 형용사를 사용하여 문장을 만들고, 어간에 다양한 어미를 붙여 문장을 변형시키는 것은 4~5세경이 되어야 가능하다. 또한, 유아는 ‘언제, 어디서, 누가, 무엇을, 왜, 어떻게’와 같은 다양한 의문사를 사용하여 의문문을 만들 수 있다.

이 시기의 유아는 단어를 습득하면 모든 경우에 이를 적용하고, 특정한 문법규칙도 일괄적으로 적용하는 과잉일반화(overgeneralization) 현상 또는 과잉규칙화(overregularization) 현상을 보이기도 한다. 예를 들면, '엄마가' 혹은 '아빠가'에 사용한 주격조사를 '선생님이가', '인형이가' 와 같이 모든 경우에 사용(조명한, 1991)한다든지, "안 먹어", "안 예뻐" 등의 부정문의 규칙을 "안 코 자", "안 밥 먹어" 등처럼 무조건 앞에 '안~'을 붙여 일괄적으로 사용한다. 5~6세경이 되면 대부분의 문법규칙을 숙달하고 5~10세경에는 복잡한 문법적 기술을 획득함으로써 성인이 사용하는 문법을 거의 이해하게 된다.

4) 의사소통능력의 발달

유아기에는 사용하는 단어 수가 급증하고 다양한 문장을 구사하게 되면서 타인과 원활한 의사소통이 가능하다. 그러나 아직 자아중심적인 사고틀을 벗어나지 못해 사회화된 언어 사용은 한계가 있다. 예를 들면, 유아가 상대방과 서로 이야기를 나누고 있지만, 자기 이야기만 하는 경향이 있는데, 이것이 자아중심적 언어표현의 대표적 형태인 반복, 독백, 집단적 독백 중의 일례이다. 유아의 자아중심적 언어는 유아기 말에 감소하면서 점차 사회화된 언어를 사용하게 된다(정옥분, 2002, p. 389).

유아는 효과적인 의사소통을 위해 물리적 상황이나 사회적 맥락에 적합한 언어 사용법을 배운다(Newcombe, 1996). 즉, 단어가 가지고 있는 의미나 문법뿐만 아니라 소통하는 상대와 장소 및 시간에 맞게 언어를 사용하는 방법을 배운다. 2세경 영아도 대화가 무엇인지 알기 때문에 누가 질문하면 대답해야 한다는 사실을 알지만, 3세경까지도 유아는 여전히 상황이나 몸짓, 음성어 등 비언어적인 요소에 의존하여 의사소통을 한다(Halliday, 1975). 4세 정도 되면 상대의 수준에 맞게 화법을 조절해야 한다는 것을 알게 된다. 그리하여 유아는 자신보다 어린 유아에게 이야기할 때는 쉬운 단어를 사용하거나 천천히 말을 반복함으로써 듣는 사람이 이해하기 쉽도록 말한다(Pellegrini, 1982). 반면, 성인에게는 존칭을 사용해야 한다는 것을 알게 되어 교사나 낯선 성인에게는 부모나 가족 구성원에게 이야기할 때보다 더 공손하게 존칭을 사용하여 이야기한다.

5) 언어와 사고의 관계

유아의 인지발달과 언어발달은 서로 밀접하게 관련되어 있는데 관련성은 크게 두 가지 견해로 생각해 볼 수 있다. 언어와 사고의 발달에 행동이 중요하다고 보는 Piaget의 입장과 언어와 사고가 각각 독립적으로 발달하지만 결국 상호 관련성을 갖게 된다는 Bruner와 Vygotsky의 입장이 있다.

Piaget는 인지발달이 언어발달의 선행 조건으로서 행동이나 활동이 초기의 언어발달을 증진시키며 언어가 유아의 전반적인 인지 수준 이상으로 더 복잡하거나 정교해질 수는 없다고 주장하였다. 예를 들어, 유아가 '더 무겁다'와 '더 가볍다'라는 개념과 단어를 알고자 한다면, 유아는 무게가 다른 두 물체를 이용하여 이 단어의 개념을 직접 경험해 봐야 한다는 것이다. 즉, Piaget는 감각운동적 경험과 사고를 통해 언어가 발달한다고 본다.

반면, Bruner(1975)는 언어가 초기의 감각운동 발달과 그 이후의 상징적 사고를 자극한다고 보았으며, Vygotsky(1962)는 언어와 사고가 처음에는 각기 독립적으로 발달하다가 아동기에 통합하게 된다고 주장하며, 유아의 언어와 사고가 어느 정도 통합되면, 언어 없이는 사고가 불가능하다고 하였다. 유아가 2, 3세 정도만 되어도 자신의 행동을 조절하는 데 언어를 사용한다는 점에서 Vygotsky(1982; 이영자, 2014, p. 47 재인용)는 혼잣말이 유아가 문제를 해결하는 데 길잡이 역할을 한다고 주장하였다. 즉 유아의 혼잣말을 적극 격려하면 공간-지각적 과제를 더 잘 수행할 수 있다고 보았던 것이다.

4. 사회정서발달

유아기는 정서와 성격이 발달하는 중요한 시기다. 유아는 가족 내에만 머물던 것에서 벗어나 어린이집과 유치원 등의 기관에 다니게 되면서 또래와 교사 등과의 새로운 관계를 형성하고, 다양한 매체의 영향을 받으면서 보다 폭넓은 대인관계를 형성하게 된다.

1) 정서발달

유아기에는 자아인식이 생겨나면서 점차 자신과 타인의 다양한 정서를 느끼고 이해할 수 있다.

(1) 정서 이해

유아기에는 자신의 정서뿐만 아니라 타인의 정서를 이해할 수 있는 능력이 발달한다(Bassetta et al., 2012). 유아는 상황에 따라 다른 정서가 나타날 수 있고, 정서를 표현할 때도 얼굴 표정이 달라진다는 것을 알게 된다. 또한, 다른 사람의 정서 표현이 자신의 행동에 영향을 주며, 자신의 정서 표현도 다른 사람의 정서에 영향을 줄 수 있다는 것을 이해하게 된다. Ensor 외(2011)는 2~4세의 유아도 친사회적 행동과 관련된 정서를 이해하고, 정서를 나타내는 용어를 이해할 뿐만 아니라 감정의 인과관계에 대해서도 배운다는 연구 결과를 제시하였다. 또한, 4, 5세 유아는 자신의 정서를 반영할 수 있는 능력이 발달하고, 같은 사건에 대해서도 사람마다 각기 다른 감정을 느낀다는 것을 알게 된다. 이와 함께 유아는 사회적 기대에 부응하도록 정서를 조절할 필요가 있다는 것도 알게 된다.

(2) 정서 조절

정서 조절(emotional regulation) 또는 정서 규제는 상황에 따라 직접적인 정서 표현을 유보하고 합리적으로 행동하는 것이다(조성연 외, 2010, p. 319). 정서 조절은 2세경이 되면 나타나기 시작하여 유아기에 급격하게 증가한다(Bridges & Grolnick, 1995, pp. 185-211). 정서 조절 능력은 유아가 타인과의 상호작용에서 요구한 것을 얻어내고 갈등을 해결할 때 중요하게 작용하는데(Bassetta et a1., 2012), 이는 유아의 사회적 유능성 발달에 기여한다(Cole et al., 2009; Perry et al., 2013).

정서 조절은 자기 규제(self-regulation)와 실행기능의 두 가지로 설명할 수 있다(http://developingchild.harvard.edu/key_concepts/executive_function). 자기 규제는 자신의 수준에 맞게 정서를 조절하는 것이다. 이를 위해 유아는 사고나 감정을 조절하는 것이 행동 목표가 되고, 감정 조절을 하려는 동기가 있어야 하며, 행동 목표를 이루려는 노력을 기울일 수 있어야 한다. 예를 들면, 유아가 원하는 것을 구할 때 행동 목표는 '울거나 떼쓰지 않기'이고, 울음이 나오려 하지만 울음을 참으려는 동기가 있어야 하며, 울음을 참으려고 눈을 끔벅이거나 먼 산을 바라보는 등의 노력을 할 수 있어야 한다. 한편, 실행기능은 정서를 조절하는 데 필요한 기술로서 일단 문제가 생기면 뇌에서 문제를 거르고, 과제의 우선순위를 정하며, 목표를 세우고 충동을 억제해 가는 기술이다.

① 정서 조절에서의 부모 영향

유아가 느끼는 정서에 대해 부모가 어떻게 반응하느냐에 따라 정서조절에 영향을 받는다. Gottman(2012)은 자녀의 정서에 대한 부모의 반응 유형을 정서코칭 접근(emotion-coaching approach)과 정서무시 접근(emotion-dismissing approach)의 두 가지로 구분하였다(Santrock, 2013, p. 248 재인용). 두 가지 반응 유형은 부모가 분노, 좌절, 슬픔 등과 같은 자녀의 부정적 정서를 다루는 방식에서 현저한 차이가 있다.

〈표 5-7〉 부정적 정서에 대한 Gottman의 정서코칭 접근과 정서무시 접근

구분	정서코칭 접근	정서무시 접근
관점	• 자녀의 부정적 정서를 교육의 기회로 삼음	• 자녀의 부정적 정서를 부정하거나 무시함
방식	• 격려하기, 온정적으로 대하기 • 자녀가 흥분할 때 자신의 정서를 어떻게 다루는지 보여줌	• 거부 또는 거절하기 • 문제행동을 보다 더 나타냄

부모가 정서에 대한 정보나 지식을 알고 있으면 정서를 다루는 방법을 알게 되어 자녀의 정서 발달을 증진시킬 수 있다. 그리하여 아버지의 자녀에 대한 정서적 코칭은 자녀의 사회적 유능성을 증진시키고(Baker et al., 2011), 어머니가 행하는 정서적 코칭은 자녀의 문제행동을 줄일 수 있다(Dunsmore, et al., 2012).

② 정서 조절에서의 또래 영향

또래관계에서 유아가 자신의 정서를 조절할 수 있는 능력은 매우 중요한 역할을 한다. 3세 유아에 비해 4세 유아가 분노를 조절하기 위한 전략을 더 잘 알고 있고 더 많이 만들어 낸다(Cole et al., 2009). 또래관계에서 유아가 부정적 정서를 자주 표현하면 또래로부터 거부당하는 경험을 많이 겪을 수 있지만, 긍정적 정서를 표현하는 유아는 또래에게 인기가 있다.

2) 사회성발달

(1) 자아발달

유아기는 자아에 대한 인식이 생겨나면서 주도성이 발달한다.

① 주도성 발달

유아는 신체발달이 원활해짐에 따라 목적을 가지고 원하는 바를 성취하려 하고, 스스로 의사결정을 할 수도 있어 주도성을 발달시켜 나간다. 주도성의

발달을 통해 유아는 자신의 활동영역을 점차 넓혀간다. 그러나 유아는 자신이 원하는 것을 얻지 못하거나 목적하는 바를 달성하지 못하면 낮은 지아존중감을 형성할 수도 있다.

② 자기 이해

유아는 자신이나 타인을 인식함으로써(Easterbrooks et al. 2013, pp. 98-101) 자기 이해를 발달시킨다. 자기 이해는 자아에 대한 표상이자 동시에 자아개념을 형성하는 데 필요한 기반이 된다(Harter, 2012, p. 27). 유아는 자기 이해를 통해 자신을 평가하는 데 필요한 합리적인 토대를 마련한다. 이 시기 유아는 신체적 특성, 소유물, 활동 등과 같은 외현적인 특성으로 자신을 판단한다. 예를 들어, 자신과 친구 간의 차이를 설명할 때 4세 유아는 머리카락 색깔, 키, 소유물 등을 언급하지만 유아기 후기에 이르면 자신이 잘 할 수 있는 것을 언급하는 등 내재적인 심리적 특성으로 자신을 표현한다.

③ 자아통제

자아통제(self-control)는 어떤 목표를 위해 충동이나 욕구를 자제하고 즐거움이나 만족을 지연시키는 능력으로서 영아기부터 발달한다. 자아통제능력 중 하나가 만족 지연이다. 만족 지연(delayed gratification)은 유아가 욕구 좌절 상황에서 즉각적인 보상을 받는 대신 나중에 더 큰 보상을 받으려고 만족을 지연시키는 것이다. 마시멜로 실험은 유아의 만족 지연능력을 알아보는 대표적인 방법이다(참고] 참조).

참고 마시멜로 실험(Marshmallow Test)

유아도 원하는 것을 얻기 위해 만족을 조절할 수 있는지에 대해 알아보고자 미국 스탠포드 대학교의 Mischel과 Ebbesen(1970)은 마시멜로 실험을 실시하였다. 4세에서 6세 유아 600명을 대상으로 유아가 좋아하는 마시멜로를 주며 "지금 먹어도 되고, 연구원이 방을 나간 후 15분 후에 돌아올 텐데 그때까지 먹지 않고 기다리면 마시멜로를 하나 더 주겠다."고 설명하였다. 실험 동안 유아는 다양한 방법으로 마시멜로를 먹지 않으려고 노력하였다. 이 실험에서 대부분의 유아는 즉시 마시멜로를 먹었지만 1/3은 연구원이 올 때까지 기다려서 마시멜로를 하나 더 먹을 수 있었다. 이러한 만족지연능력은 연령이 증가할수록 더 높아졌다. 추후 연구를 통해 만족을 지연시킨 유아가 즉시 마시멜로를 먹은 유아에 비해 청소년기에 사회적 유능성이 더 높았고(Mischel et al., 1988) 수학능력검사 점수도 더 높았다(Shoda et al., 1990).

출처: http://en.wikipedia.org/wiki/Stanford_marshmallow_experiment에서 2015. 6. 27. 인출함.

(2) 타인과의 관계

① 타인이해

유아는 타인에 대한 이해가 증진될 뿐만 아니라 타인을 통해서도 배운다(Harter, 2012, p. 27). 이에 관심을 두고 연구한 것이 마음이론이며, 이는 유아가 자신과 타인의 정신적 과정을 자각하는 데 초점을 두며, 타인이 나름의 정서와 요구를 가지고 있다는 것을 유아가 이해한다고 보는 것이다. 마음이론에 따르면, 유아가 자아중심적인 것은 아니며, 알려진 것보다 타인을 더 민감하게 지각한다(Thompson, 2012)고 설명한다. 즉 2, 3세 유아도 자신이 보고 있는 것을 타인도 보고 있다는 것을 인식하고, 긍정적 정서와 부정적 정서를 구분할 수 있으며, 사람들이 자신이 원하는 것을 얻기 위해 노력하는 것을 이해한다는 것이다. 또한, 4, 5세 유아도 자신에 대해 기술할 때 심리적 특성, 즉 마음의 상태를 사용할 뿐만 아니라 타인에 대한 심리적 특성도 지각할 수 있으며, 사람들이 항상 자신이 믿는 대로 표현하지 않는다는 것도 알아간다고 보았다(Mills et al., 2011; Mills et al., 2012). 이는 사람들이 자신이 원하는 것을 얻기 위해, 혹은 문제를 피하기 위해 거짓말을 할 수도 있다는 것을 이해하는 것이다.

한편, 타인을 이해하기 위해서는 서로 공유할 수 있는 공동 부분(joint commitment)이 있어야 하는데, Gröfenhain 외(2013)에 의하면, 3세 유아도 협조적으로 상호작용하기 위해서 상대와 공동으로 노력해야 한다는 것을 이해한다고 주장하였다. 유아도 '우리'라는 공동의식을 형성함으로써 상대방과 공통의 결과를 공유하기도 하고, 상대가 못하면 이를 보완하려고 노력한다는 것이다.

② 또래관계

유아기는 또래와 관계를 맺기 시작하면서 또래와의 상호작용을 위한 사회적 기술을 익히는 시기다. 또래는 유사한 수준의 사회적 위치, 인지능력, 행동 등으로 상호작용하는 동년배이므로 또래관계는 동등한 수준에서 이루어지는 것이 특징이다. 이는 위계가 있는 부모-자녀 관계나 형제 관계와는 다른 수준으로 유아에게 영향을 마친다.

또래는 가족 이외의 세상에 대한 정보와 동등한 수준에서 비교 대상에 대한 기회를 제공할 뿐만 아니라 자신의 능력에 대한 피드백을 제공하는 기능을 한다. 그러므로 좋은 또래관계는 유아의 사회정서발달에 필수적이다. 또래로부터 거부되거나 위축되어 외로움을 느끼는 유아는 우울해질 위험이 있고, 또래에게 공격적인 유아는 청소년 비행이나 학업 중도 탈락 등과 같은 문제행동을 보일 수도 있다(Bukowski et al., 2011, pp. 154-155).

③ 친사회적 행동

사회적 행동은 다른 사람과 상호작용하며 주변 환경에 대처하는 것인데 사회적 행동 중 긍정적인 사회적 행동, 즉 도움 주기, 나누기 등 사회적으로 수용되고 우호적인 관계를 촉진할 수 있는 행동을 친사회적 행동이라고 한다(이숙재, 이봉선, 1999, p. 255). 3세 유아도 다른 유아를 도와주거나 장난감을 나눠주며

위로하는 행동을 하기도 한다. 또한, 이 시기의 유아는 매우 드물지만 자발적이며 자기희생적인 양보와 같은 친사회적 행동을 보이기도 한다(Shaffer, 1999, pp. 523-524).

(3) 도덕성 발달

유아기에는 초보적인 양심이 발달하기 시작하는데 이 시기에 유아는 부모의 가치나 기대, 태도 등을 자신의 행동 지침으로 사용하기 시작한다(조성연 외, 2010, p. 329). Piaget는 유아가 도덕적 규칙과 사회적 인습을 어떤 방식으로 이해하는지, 그리고 어떻게 도덕적 판단을 하는지 관심을 갖고 유아의 도덕성 발달을 설명하였다. 그리하여 그는 유아의 도덕성 발달은 도덕 판단의 기준이 외부에 있거나 불변한다고 보는 타율적 도덕성에서 점차 행동의 동기나 의도를 고려하는 자율적 도덕성으로 발달해간다고 설명하였다. Piaget는 유아의 도덕성 발달도 인지발달단계에 따라 이루어진다고 보고 도덕성 발달의 4단계를 제시하였다(Nolen-Hoeksema et al., 2009, p. 86).

- 1단계: 전조작기 초기에 해당하며 유아는 평행놀이(parallel play)를 하면서 특정한 사적인 규칙을 따른다. 놀이에 규칙을 적용하기도 하지만 규칙을 자주 변경하고, 협동이나 경쟁과 같은 합의된 목표가 없다.
- 2단계: 5세경에 시작하지만 규칙을 상호 간의 약속이라고 생각한다. 이는 절대적으로 신이나 부모의 권위에 따르는 도덕적 필수 사항이기 때문에 영원하며 신성하고 불변하다고 생각한다. 유아의 도덕적 판단은 행위의 의도보다는 결과에 중점을 둔다.
- 3단계: 구체적 조작기 이후에 나타나며, 규칙을 사회적 관습으로 인정하기 시작함으로써 서로 동의하면 규칙은 언제든 변화할 수 있다고 생각한다. 행위자의 의도를 고려하여 판단할 수 있다.

- 4단계: 형식적 조작기에 해당하며, 도덕 판단은 개인적이거나 개인 상호 간의 상황을 넘어 좀 더 폭넓은 사회적 논쟁점을 언급한다. 관념적 형태의 도덕 추론을 할 수 있다.

Piaget의 도덕적 추론을 성인기까지 연장한 Kohlberg(1969, p. 376)는 도덕적 갈등 상황을 통해 보편적인 도덕발달단계를 제시하였다(참고] 참조). 그는 도덕발달단계가 연령이 증가함에 따라 발달한다고 보고, 이를 전인습적(preconventional) 수준, 인습적(conventional) 수준, 후인습적(postconventional) 수준의 세 수준으로 나누고 수준별로 두 단계를 제시함으로써 도덕발달단계를 여섯 단계로 제시하였다. Kohlberg에 의하면 유아기의 도덕발달단계는 전인습적 수준의 처벌 지향단계 또는 쾌락 지향단계에 머물거나 좀 더 나아가 인습적 수준의 착한 아이 지향단계에 머문다.

- 1수준: 전인습적 도덕발달 수준
  - 1단계: 벌을 피하기 위해 규칙에 복종하는 처벌과 복종 지향단계
  - 2단계: 보상이나 좋아하는 것을 얻기 위해 상 또는 쾌락을 지향하는 도구적 상대주의 단계
- 2수준: 인습적 도덕발달 수준
  - 3단계: 타인에게 거부당하지 않기 위한 착한 아이 지향단계
  - 4단계: 권위자의 비난을 피하고 책임 회피에 대한 죄책감을 면하기 위해 법이나 사회적 규칙을 지키는 법과 질서 지향단계
- 3수준: 후인습적 도덕발달 수준
  - 5단계: 공공의 복지를 위해 합의된 일반적 원리에 따른 사회계약 지향단계
  - 6단계: 정의, 공평 등에 따라 스스로 결정하는 보편원리 지향단계

참고 Heintz의 도덕적 갈등 상황

Heintz의 부인은 희귀한 종류의 암으로 죽어가고 있었다. 부인의 병이 낫기 위해서는 같은 마을에 사는 약사가 최근에 발명한 약으로만 치료할 수 있다. Heintz가 그 약을 사려고 했으나 약사는 그 약을 만드는 데 상당히 많은 돈이 들었기 때문에 Heintz에게 약값 원가의 10배나 되는 2,000달러를 요구하였다. Heintz는 1,000달러밖에 없어 할 수 없이 약사에게 가서 부인이 죽어가고 있다고 설명하고 그 약을 1,000달러에 팔거나 아니면 외상으로 달라고 간청했다. 그러나 약사는 그 약을 개발하는 데 돈이 많이 들었다며 Heintz의 부탁을 거절했다. 절망에 빠진 Heintz는 결국 약국 문을 부수고 들어가서 아내를 위해 약을 훔쳤다.

질문 1. Heintz는 약을 훔쳤기 때문에 벌을 받아야 하는가?
질문 2. 약사는 터무니없이 비싼 약값을 요구할 권리가 있는가?
질문 3. 약사가 부인을 죽이는 것이나 다름없다고 비난하는 것은 정당한가?
질문 4. 부인이 중요한 일을 하는 사람이었다면, 약사를 더 심하게 처벌해야 하는가?

(4) 성역할 발달

성역할(gender role)은 자신이 속해 있는 사회문화에서 남자와 여자에게 기대하고 요구하여 체득된 행동양식이다. 사회화과정에서 성역할은 유아의 적응에 중요한 역할을 하고 경우에 따라서는 성역할 고정관념(sex-role stereotype)에 대한 문제를 유발하기도 한다. 한편, 성 정체감(gender identity)은 자신의 성에 대한 지식이나 이해, 성에 대한 수용도 등을 포함한다(Tobin et al., 2010). 유아는 2세 반경에 성 정체감을 형성한다.

각 문화권마다 남성과 여성에게 기대하는 성역할이 있다. 예를 들어, 남성에게는 지배적, 권위적, 공격적, 외향적, 능동적, 경쟁적, 독립적 특성 등을 기대하고, 여성에게는 감정적, 보호적, 애정적, 내성적, 수동적, 의존적 특성 등을 기대한다(조성연 외, 2010, p. 333). 이러한 사회문화적 기대에 따라 여아는 여성다운 것을, 남아는 남성다운 것을 선택하고 그에 따라 행동한다. 이러한 행동은 놀잇감과 색깔 선호에서도 나타나 남아는 자동차와 총, 파란색을 선호하며,

여아는 인형과 장신구, 분홍색을 선호한다.

성역할은 이미 2세 때부터 나타나 옷, 장신구, 소품 등으로 남성과 여성을 구분한다(Fargot et al., 1986). 3세가 되면, 장난감을 구분하며(Weinraub & Brown, 1983), 4세가 되면, 파란색과 갈색은 남자의 색이고, 분홍색은 여자의 색이라고 생각한다(Picariello et al., 1990). 5세가 되면 사회적 행동과 성을 관련시킨 지식이 나타나기 시작하여 공격성이나 지배성은 남성적인 특징이고, 친절하고 정서적인 것은 여성적인 특징으로 이해한다. 이러한 구분은 주로 아동기에 발달한다(Weinraub & Brown, 1983). 성역할과 관련하여 Bem(1974)은 남성성과 여성성을 각각 독립된 두 가지 차원으로 보고 남성성, 여성성, 양성성, 미분화의 네 가지 성역할 유형을 제시하였다. Bem이 제시한 성역할 유형 중 양성성을 가진 유아가 남성성이나 여성성의 성유형화된 유아보다 사회적 적응력이 더 좋고, 자아존중감과 도덕성 발달 등도 더 높은 수준을 나타낸다. 그러나 사회적 성취를 위해서는 남성성을 가진 경우가 더 유리하다는 연구결과(Yager & Baker, 1979)도 있다.

(5) 미디어와 스크린 타임

오늘날 많은 아동들은 유아 때부터 TV, 아이패드, 스마트폰 등을 사용하면서 비디오게임이나 전자 미디어에 과도하게 노출되어 아동발달에 부정적인 영향을 미치고 있다. 세계보건기구(World Health Organization: WHO)에서는 과도한 미디어 사용의 경각심을 일깨우기 위해 '스크린 타임'을 권고하고 있다(Willumsen & Bull, 2020). 장시간의 미디어 노출은 유아의 건강뿐 아니라 수면과 불안, 우울증, 공격성, 낮은 학업성취, 비만의 문제를 유발하고 있으며(Berglind et al., 2018), 인지발달도 저하시키는 것으로 밝혀졌다(Carson et al., 2015). 유아를 대상으로 한 연구에서 하루 2시간 이상 미디어에 노출된 유아는 주의집중 문제나 외현화 문제가 있는 것으로 나타났다(Tamana et al, 2019). 또한, 미디어를 통한 무분별한 폭력물의 시청은 유아의 사회적 능력을 감소시킬 뿐 아니라 공격성이 증가하는 것으로 밝혀졌다. 따라서 유아 및 아동의 균형 있는 발달을 위해서 미디어 사용에 대한 스크린 타임을 갖는 것이 매우 필요한 시대가 되었다.

5. 발달이상

유아기의 발달이상은 생물학적 요인이 주된 병인인 신경발달장애뿐만 아니라 부모의 양육방식이나 관계 등과 같은 환경 요인이 주된 병인인 심리기능적 장애도 점차 늘어난다. 이 시기에 드러나는 발달이상으로는 신경발달장애 범주인 의사소통장애와 심리기능적 장애인 분리불안장애, 선택적 함구증, 배설장애 등을 들 수 있다. 따라서 이 절에서는 이러한 네 가지 장애의 특성 및 진단기준을 DSM-5(APA, 2013)에 기초하여 다루고자 한다.

1) 의사소통장애

자신의 생각이나 감정을 언어로 표현하거나 다른 사람의 말을 이해하고 의사소통하는 데 어려움이 있다면 의사소통장애(communication disorders)로 진단한다. 의사소통장애로는 언어장애(language disorder), 말소리장애(speech sound disorder), 아동기 발병 유창성장애/말더듬(childhood-onset fluency disorder/stuttering), 사회적/실용적 의사소통장애(social/pragmatic communication disorder)가 있다. DSM-5의 진단기준(APA, 2013, pp. 41-48)에 제시된 세부 유형별 특성은 다음과 같다.

언어장애는 주로 어휘와 문법을 습득하고 사용하는 데 어려움이 있는 경우이다. 첫 단어와 구의 발화시기가 지연된 경우가 많고, 어휘량이 연령수준에 비해 적고 다양하지 못하며, 시제와 관련된 문법 오류가 많고, 문장이 짧고 단순한 경향이 있다. 적합한 단어를 생각해 내기 어려워하거나 단어를 정의하는

데 취약하고, 동의어와 다중의미어에 대한 이해력이 부족하다. 지시가 길면 따르지 못하고, 전화번호나 목록 등을 기억하지 못하며, 새로운 단어를 습득할 때 중요한 기술인 새로운 소리의 순서를 기억하기 어렵다. 언어장애는 발달 초기에 나타나지만 초기에는 어휘습득 및 단어조합의 개인차가 크기 때문에 4세 이후가 되어서야 정확한 진단이 가능하다.

말소리장애는 음성학적 장애와 조음장애를 포함한다. 말소리를 내려면 음소를 뚜렷이 발음해야 한다. 이를 위해서는 언어음에 대한 음성학적 지식, 턱, 혀, 입술 등 조음기관의 움직임, 호흡과 발성을 조절하는 능력이 필요하다. 발음 생성이 어려우면 말할 때 필요한 다양한 수준의 움직임을 협응하는 것도 어렵다. 이 장애를 진단받았더라도 4세 이상인 경우에는 말을 거의 알아들을 수 있지만 2세는 50% 정도만 이해할 수 있다. 비교적 치료효과가 좋아 말하기가 개선되기 때문에 평생 장애가 지속되지 않을 수도 있다.

말더듬의 전형적인 특성은 "나-나-나-나는 그를 본다."와 같이 음이나 음절을 자주 반복하거나 길게 끄는 것이다. 또는 한 단어 내에서 머뭇거리는 등 단어의 깨짐이나 소리를 동반하거나 동반하지 않는 말막힘, 말하기 힘든 단어를 다른 단어로 대치하거나 지나치게 힘을 주어 말하는 형태로도 나타난다. 말을 더듬는 정도는 상황에 따라 다양한데, 일반적으로 발표나 면접 등 스트레스를 받는 상황에서 더 심해진다. 발병 연령대는 2~7세지만 80~90%가 6세경에 나타나며, 서서히 시작되기도 하고 갑자기 나타나기도 한다. 말더듬으로 진단을 받았더라도 65~85%는 회복되지만 8세경에도 그 정도가 심하면 지속될 가능성이 높아진다.

사회적/실용적 의사소통장애는 사회적 맥락에 적절한 방식으로 인사 나누기나 정보 공유 같은 사회적 목적의 의사소통을 하는 데 결함이 있거나 교실과 운동장에서 각기 다른 방식으로 말하기, 아동과 성인에게 각기 다른 방식으로 말하기 등 맥락이나 듣는 사람의 요구에 맞추어 의사소통방법을 바꾸는 능력에 있어서 손상이 있는 경우이다. 또한 자기 순서에 대화하기, 알아듣지 못했을 때 좀 더 쉬운 말로 바꾸어 말하기, 상호작용을 조절하기 위해 언어적·비언어적 신호를 사용하기와 같이 대화를 주고받는 규칙을 따르는 데 어려움이 있거나 관용구, 유머, 은유, 해석 시 문맥에 따른 다중적 의미언어를 이해하는 데 어려움을 보이기도 한다. 의사소통을 위해서는 말하기 및 언어능력이 우선 발달되어야 하기 때문에 4세 이전에 진단되는 경우는 드물다.

2) 분리불안장애

애착대상과 분리되는 것을 두려워하는 분리불안(separation anxiety)은 한 살 전후의 영아에게 나타나는 일반적인 반응이지만 대상영속성과 주도성이 발달하면서 점차 사라진다. 그러나 세 살 이후에도 유아가 애착대상과 떨어지는 것을 지속적으로 심하게 두려워하여 정상적인 사회생활이 어렵다면 이를 병리적인 것으로 보고 분리불안장애로 진단한다. 12세 미만 영유아에게서 가장 흔한 불안장애의 하나인 분리불안장애는 청소년을 거쳐 성인이 되면서 점차 감소한다.

분리불안장애를 겪는 유아는 집 또는 주 애착대상과 분리되거나 분리가 예측될 때 과도한 고통을 반복적으로 겪는다. DSM-5의 진단기준(APA, 2013, p. 201)에 따르면 분리에 대한 공포 때문에 집을 떠나 학교, 직장 또는 다른 장소로 외출하거나, 집 밖에서 자거나, 집이나 다른 장소에 혼자 있거나, 주 애착대상이 없는 채로 있거나, 자는 것을 지나치게 두려워하거나 싫어하고 거부한다. 이는 분리되어 있을 때 자신이나 주 애착대상에게 위험한 상황, 예를 들면 자신이 길을 잃거나 납치당하거나, 사고를 당하거나, 아프게 되는 등 뜻밖의 사건이 생기거나 주 애착대상에게 질병, 부상, 재앙, 또는 죽음 같은 해로운 일들이 일어날 가능성을 지속적으로 지나치게 걱정하는 것으로 나타난다. 이러한 걱정은 사랑하는 사람과 헤어지고 나면 다시 만나지 못할 거라는 비현실적인 두려움을 유발한다. 또한, 분리 주제와 연관된 악몽을 반복해서 꾸거나, 주 애착대상과 분리되거나, 분리가 예측될 때 두통, 복통, 메스꺼움, 구토 등 신체 증상을 반복적으로 호소하기도 한다. 캠프 참가나 친척집 방문 등 갈 수 밖에 없는 상황에 처하면 집에 돌아가고 싶어서 몹시 괴로워하고, 애착대상과 분리된 상황에서는 위축되거나 무감동 상태가 되거나 슬퍼하거나 일이나 놀이에 집중하지 못한다.

불안정한 애착으로 인한 불안과 관련되는 분리불안장애는 등교거부로 이어질 수 있다. 초등학교에 가는 아동은 학교에 가는 것을 당연한 사실로 인식하기 때문에 학교에 가지 않겠다고 직접 말하지 못하고 등교하는 날 아침에 갑자기 머리나 배가 아프다는 등의 신체증상(psychosomatic symptom)을 호소하거나, 기운이 없고 우울해 보이는 등의 간접적 표현을 한다. 또는, 교사나 급우에 대한 불평, 공부에 대한 회의, 통학의 불편 등을 호소하면서 학교에 가기 싫어한다. 이러한 분리에 대한 불안 행동은 학교에 가야 할 때는 심하게 나타나지만 학교에 가지 않아도 되면 씻은 듯이 사라지는 특징이 있다. 학교공포증(school phobia)으로 간주되는 이러한 등교 거부는 주말이나 공휴일 또는 방학이 끝나고 다시 학교에 가야 할 때 더 심하게 나타나며, 가까운 가족이 죽었거나 큰 병을 앓고 난 뒤 일시적으로 나타나기도 한다.

등교를 거부하는 학교공포증(school phobia)은 분리에 대한 두려움이 아니라 학교 환경 자체에 대한 공포에서도 유발될 수 있다. 그런 경우, 입학 초기에는 등교거부를 보이지 않다가 교우관계, 학업에 대한 심리적 부담, 집단따돌림 등 학교에서 특정한 불쾌감을 경험한 후에 등교를 거부하는 경향이 있다.

유아기에 특징적으로 나타나는 분리불안장애 및 학교공포증 외에도 공포증(phobia), 강박장애(obsessive-compulsive disorder), 외상 후 스트레스장애(posttraumatic stress disorder), 범불안장애(generalized anxiety disorder) 등과 같은 불안장애가 나타날 수 있다. 불안한 아동의 대표적인 특징은 끊임없이 걱정을 하는 것이다([그림 5-7] 참조).

[그림 5-7] 불안한 아동

출처: Wenar, C., & Kerig, P. (2004). 발달정신병리학: 영아기부터 청소년기까지, p. 196.

불안을 야기하는 공포는 환경의 위협을 경고하는 것으로써 생존을 위해 적응적이고 필수적인 것이다. 그러나 그 정도가 상황에 비해 지나치고 지속적일 때는 공포증으로 간주한다. 특정한 상황이나 사물에 대해 극심한 공포나 친숙하지 않은 사회적 상황에서 지나치게 두려워하는 사회공포증도 이에 속한다. 공포증은 대부분 심리치료로 회복되며 치료를 하지 않아도 2~3년 이내에 나아지는 경우도 있다. 그러나 성인기까지 지속되는 경우에는 치료가 어려워져 20~30% 정도만이 회복된다고 보고된 바 있다(Wenar, 1994, pp. 265-266).

과도한 불안으로 유발되는 다른 유형의 신경증인 강박장애는 강박적 사고(obsession)와 강박 행동(충동, compulsion)이 특징적이다. 예를 들면, 전염될까봐 반복적으로 손 씻기, 자신이나 가까운 사람에게 해로운 일이 생기는 경우를 지속적으로 떠올리기, 문이 잠겼는지 또는 불이 꺼졌는지를 끊임없이 확인하기, 지나치게 정돈하기, 특정한 수를 되풀이하여 세기 등이다. Bernstein과 Borchardt(1991)에 따르면 강박적인 사람은 강박적인 행동을 하는 데 많은 시간을 보내며, 그런 행동을 못하게 되면 매우 불안해하거나 죄책감을 느낀다.

불안장애와 함께 자주 나타나는 신경증은 우울증 등의 기분장애(mood disorder)이다. 우울한 유아의 필수증상은 슬프고, 희망이 없고, 의기소침하며, 거의 모든 활동에 흥미가 없고, 즐거워하지도 않는 것이다. 유아기에는 이러한 우울증상이 직접 나타나기보다는 간접적으로 표현되는 경우가 많다. 예를 들면, 쉽게 화를 내거나 하고 싶은 것이나 먹고 싶은 것 등과 같이 원하는 것을 물었을 때 대부분 모르겠다고 대답한다. 우울증은 발달단계가 서로 다른 유아기와 아동중기를 대상으로 많이 연구되어 왔다. Wenar(1994, p. 223)는 이 두 기간의 우울증이 모두 '상실'에 대한 반응이나 상실의 대상이 다르다는 점에서 차이가 난다고 설명하였다. 즉, 유아기는 주로 사랑하는 사람을 상실했을 때 나타나는 반면, 아동중기는 자기 가치감을 상실했을 때 주로 나타난다.

[그림 5-8] **우울증으로 진단받은 유아가 그린 집과 나무**

3) 선택적 함구증

선택적 함구증(selective/elective mutism)은 말을 할 수 있는데도 특정한 장소나 특정한 사람에게는 말을 하지 않는 경우에 진단된다. 중얼거림이나 가리킴, 쓰기 등의 비언어적인 방법으로 소통을 하거나 말이 필요 없는 놀이에 참여하려고 노력하지만 다른 사람에게 먼저 말을 걸거나 묻는 말에 대답을 거의 하지 않기 때문에 사회적 상호작용이 거의 없고, 언어장애라는 오해를 받기도 한다. 집에서 가족들과는 말하기 때문에 유치원 등 가정 밖 생활을 시작하면서 장애를 인지하는 경우가 대부분이다. 말하기를 거부하여 읽기 능력 평가가 어렵고, 학습에 지장을 초래한다. 유병률을 0.03~1%로 추정하는 비교적 드문 장애이며, 어린 연령에게 많이 발생하고, 남아보다 여아에게서 더 빈번히 나타난다.

Leonard와 Dow(1995, p. 235)는 선택적 함구증을 나타내는 유아 중 90%가 사회공포증의 진단기준인 다른 사람들 앞에서 말하는 것을 꺼려하는 특징이 있다는 점을 들어 불안장애의 하나로 간주하였다. 한편, 정신분석이론에서는 선택적 함구증을 부모에 대한 원망이나 분노를 환경에 치환한 것으로 해석한다.

4) 배설장애

대소변훈련은 대소변 통제가 가능할 정도로 신경과 근육이 발달하는 2세경에 시작하여 3세경에 이루어진다. 개인차를 고려하더라도 4세가 지나서도 대변을 가리지 못하거나 5세가 지나서도 소변을 가리지 못하면 배설장애(elimination disorder)로 진단한다. 배설장애는 소변을 가리지 못하는 유뇨증(enuresis)과 대변을 가리지 못하는 유분증(encopresis)으로 구분한다.

유뇨증은 낮 또는 밤에 침구나 옷에 반복적으로 소변을 보는 것으로, 불수의적으로 일어나는 것이 일반적이나 간혹 의도적으로 하는 경우도 있다. 야간 수면 중에 요실금이 나타나는 경우가 가장 흔하며, 전형적으로 잠들고 첫 1/3 수면 동안에 일어난다. 수면 중의 요실금은 일반적으로 REM 수면단계에서 일어나며, 소변보는 행동을 꿈으로 기억하기도 한다. 간단히 요실금이라고 불리는 주간 유뇨증은 사회적 불안 또는 학업이나 놀이에 열중하느라 소변을 참다가 생기기도 한다.

출생 후 6개월 이상 소변을 가린 적이 없는 경우를 일차성 유뇨증이라고 하며, 이는 심리기능적인 병인보다는 신경생물학적 발달상의 문제 때문일 수 있으므로 병원에 가서 신경생물학적 기능검사를 받아볼 필요가 있다. 그러나 6개월 이상 소변을 가린 적이 있는데 다시 가리지 못하게 되면 이차성 유뇨증으로 본다. 이차성 유뇨증은 동생이 태어나거나 이사 등으로 심리기능적 문제가 생겨 퇴행한 것으로 보기 때문에 심리치료를 통해 문제를 해결하도록 돕는 것이 효과적이다.

유분증은 옷이나 복도 등 부적절한 장소에 반복적으로 대변을 보는 것으로 대부분 낮에 일어나며 밤에 나타나는 경우는 거의 없다. 유뇨증과 같이 대부분 불수의적으로 일어나지만 간혹 의도적으로 하는 경우도 있다. 의도적으로 대변을 실금하는 경우는 적대적 반항장애나 품행장애의 특성을 나타내기도 한다. 유분증이 있으면서 유뇨증을 나타내는 경우는 만성 요로감염을 일으키는 방광이나 요관에서의 소변 역류와 관련될 수 있고, 변비를 치료하면 없어질 수도 있다. 유분증이 있는 유아는 수줍음이 많으며, 혹시 실수할지 몰라 캠프 등 집을 떠나는 활동을 피하려고 한다.

Chapter 06

아동기

Chapter 06

아동기

아동기는 초등학교에 다니는 6~11세까지의 시기로 학령기라고도 한다. 이 시기는 성격 형성을 위한 에너지의 역동성이 어느 정도 평온한 시기이며, 학습에 필요한 기초능력을 신장하여 학습기술을 습득하는 등의 인지적 조작능력이 발달하는 시기이다. 또한, 이 시기 아동은 사회적 관계를 위한 생활 배경이 학교와 지역사회로 넓어진다. 이 과정에서 아동은 사회 구성원으로서 알아야 할 기초지식과 기술을 습득하며, 욕구를 표현하되, 이를 조절하는 방법 등 대인관계에서 필요한 기술도 터득한다. 이 장에서는 아동기의 신체, 인지, 언어, 사회정서와 관련하여 영역별 발달 상황과 특징 및 아동기에 나타날 수 있는 발달이상에 대해 살펴보고자 한다.

1. 신체발달

아동기 동안 아동의 신체 크기는 더욱 커지고, 체격이 잘 갖추어지는 동시에 신체 기능은 더 발달한다. 특히 이 시기 아동의 신체발달은 자아개념 형성에도 영향을 미친다.

1) 신체적 성장

(1) 신장과 체중의 변화

아동의 신장과 체중은 완만하지만 지속적으로 성장한다. 신장은 1년에 평균 5.5cm씩 증가하여 11세경이 되면 약 146cm로 성장한다. 체중은 골격과 근육의 발달에 따라 달라지는데 1년에 평균 2.7kg씩 증가하여 11세경에는 40kg에 이른다.

팔과 다리가 빠르게 성장하고, 머리 크기는 신장의 1/7~1/8 정도가 되면서 아동은 점차 성인의 신체 비율을 지니게 된다. 아동의 얼굴 윤곽도 아기 얼굴에서 벗어나 얼굴형이 갸름해지고, 코와 입도 더 커지고 넓어지면서 점차 성인 얼굴 모습으로 변해간다.

(2) 뇌 발달

아동의 뇌는 느리게 성장하지만, 뇌의 구조와 영역에서는 여전히 다양한 변화가 나타나고, 뇌의 용량은 거의 완성된다. 뇌의 구조와 영역의 변화 중 편측성과 수초화 현상은 아동기에도 계속 이루어진다. 자기공명영상(magnetic resonance image: MRI)을 통해 밝혀진 아동기 뇌 발달과 인지발달 간 관계를 살펴보면 (Diamond & Lee, 2011), 주의력, 추론, 인지적 통제 등의 뇌의 고등기능을 담당하는 전두엽은 청소년기까지 계속 발달하는 것으로 나타난다. 전두엽은 보다 복잡한 문제해결에 필요한 최적의 뇌신경망을 찾아서 연결해 주는 등 뇌의 각 영역에서 담당하고 있는 기능을 상호 조율해 주는 역할을 한다(Johnson et al., 2009).

2) 운동기능의 발달

아동기 초에 대근육과 소근육의 기본적인 운동기능은 거의 발달한다. 이 시기의 아동은 뛰기, 오르기, 한 발 뛰기, 수영하기, 자전거 타기, 스케이팅 등과 같이 대근육을 활용하는 운동능력이 현저하게 향상된다. 대근육 발달을 통해 아동은 다양한 운동을 하면서 또래관계를 강화하고, 게임의 규칙을 지키는 태도를 배운다.

한편, 이 시기에는 소근육 운동능력도 발달한다. 아동은 미세한 근육을 원활하게 움직이고 근육을 통제하면서 소근육 운동기능을 활용하는 다양한 활동에 참여한다. 예를 들어, 연필을 쥐는 동작을 확립하면서 글씨 쓰기가 보다 원활해지고, 바느질 같은 미세한 수작업도 가능하다. 소근육이 발달하면서 아동은 일상생활에 필요한 자조기술이 향상되고 독립심도 증가한다(〈표 6-1〉 참조).

〈표 6-1〉 **아동의 소근육 운동기능의 발달**

연령	소근육 운동기능
7세	• 크레파스로 색칠하기를 좋아한다.
8~10세	• 손을 좀 더 편하고 세밀하게 사용할 수 있다. • 글쓰기가 원활해진다. • 그림이나 글씨의 크기를 작게 할 수 있다.
12세	• 성인 수준의 조작기술을 나타낸다. • 수준 있는 수공예품을 만드는 데 필요한 복합적이고 빠른 동작을 습득할 수 있다. • 악기 연주가 가능하다.

아동기에는 운동능력에서 개인차와 성차가 두드러진다. 남아는 여아보다 근육이 더 발달하고, 순환계도 더 효율적으로 발달한다(김광웅, 방은령, 2003, p. 420). 또한, 남아는 17세까지 운동능력이 계속 발달하지만, 여아는 13세경에 최고조에 도달하던 운동능력이 이후부터 점차 쇠퇴하거나 유지되는 수준에 머문다. 아동기에는 신체기능이 원활해짐에 따라 활동량이 증가하면서 교통사고,

익사, 추락사고 등 아동의 안전사고가 많이 발생하므로 부모와 교사는 아동의 안전생활에 유의해야 한다.

2. 인지발달

1) 사고의 특징

아동기는 Piaget의 인지발달단계 중 구체적 조작기에 해당하는데, Piaget는 이 시기를 인지발달의 주요 전환점으로 보았다. Piaget는 인지능력에서 아동기가 유아기보다 현저한 증가를 보이지만, 여전히 사고의 한계가 있다고 설명한다. 즉, 이 시기의 아동은 논리적 사고가 가능하나 이는 주위에서 관찰 가능한 구체적인 사물이나 사건에 한정되며, 가설적이고 추상적인 언어 사용은 불가능하다. 구체적 조작기의 중요한 발달은 조작의 습득이다. 논리적 조작은 주어진 정보를 특정한 목적을 위해 변형시키거나 관련된 사고로 통합하는 정신능력으로, 어떤 현상을 머릿속에서 원래의 상태로 전환시킬 수 있는 가역성이 발달되어야 가능하다. 또한, 이 시기의 아동은 전체와 부분의 관계를 정확하게 파악할 수 있어 유목 포함(class inclusion)도 가능하다. 이 시기의 아동은 보존개념, 분류화, 서열화 등의 개념을 획득한다.

(1) 보존개념

이 시기의 아동은 단순히 눈에 보이는 지각적 특성에만 의존하지 않고 논리적 조작에 의해 보존 문제를 해결한다. 특정 형태의 보존개념은 다른 형태의 보존개념보다 훨씬 더 빨리 발달한다. 즉, 수와 길이, 양에 대한 보존개념은 무게나 부피 보존개념보다 더 빨리 획득한다. Pieget는 이러한 발달적 격차를 수

평적 격차(horizontal decalage)라는 용어로 설명하였다. 아동이 보존개념을 획득하기 위해서는 보상성(compensation), 동일성(identity), 반환성(inversion) 등의 추론을 포함한 가역성 개념이 전제되어야 한다. 보상성은 높이의 감소가 폭으로 보상되는 것이고, 동일성은 어떤 방법으로든 더하거나 빼지 않으면 양은 동일하다는 개념이다. 반환성은 가역성과 동일한 개념으로 어떤 상태 변화가 역으로 해도 처음으로 복귀될 수 있다는 개념이다. 예를 들면, 둥근 모양의 찰흙이 길고 넓적하게 변하더라도 그 양이 같다는 사실을 알며, 높이와 폭의 두 차원을 동시에 고려하여 폭과 넓이가 다른 두 잔의 물의 양이 동일하다는 사실을 안다.

(2) 분류화 및 유목 포함

분류화는 사물을 같은 속성을 가진 것끼리 범주화하는 것으로 이 시기의 아동은 모양, 색, 형태, 크기 등에 따라 사물을 일관성 있게 분류할 수 있다. 또한, 물체를 공통의 속성에 따라 분류하고 한 대상이 하나의 유목에 속하는 것으로 분류하는 단순 유목화가 가능하다. 즉, 아동에게 노란색 장미 5송이와 빨간색 장미 10송이를 보여주고, '장미'와 '빨간 장미' 중 어느 것이 더 많은지 물어 보면, 대부분의 아동은 '장미'가 더 많다고 올바르게 대답한다. 이처럼 7~8세 아동은 물체를 두 개 이상의 속성에 따라 분류하는 다중유목화의 개념이나 상위 유목과 하위 유목의 관계, 전체와 부분의 관계를 이해하는 유목 포함 개념도 획득한다.

(3) 서열화

구체적 조작기의 아동은 사물을 차례대로 배열할 수 있는 서열화(seriation) 개념이 발달하여 전체 중에서 가장 큰 것, 나머지 중에서 가장 큰 것을 고르는 방식으로 물건을 크기순으로 나열할 수 있다. 이 시기의 아동은 한 가지 속성에 따라 대상을 비교하면서 순서대로 배열하는 단순서열화뿐 아니라, 두 가지 이상의 속성에 따라 대상을 비교해서 순서대로 배열하는 다중서열화도 가능하다

([그림 6-1] 참조). 아동의 서열화 개념은 길이, 무게, 부피에 따라 차이가 있어 길이는 7~8세, 무게는 9세, 부피는 11~12세경에 획득한다. 서열화는 아동이 수의 관계를 이해하고 셈하는 데 기초가 된다.

이 시기의 아동은 서열화 개념의 하나인 추이성(transivity)도 가능하다([그림 6-2] 참조). 아동에게 길이가 다른 파란색, 흰색, 빨간색의 3개 막대를 주고 파란 막대와 흰 막대의 길이를 비교해 보게 하면, 아동은 "파란 막대가 흰 막대보다 더 길다."고 답한다. 그 후 흰 막대와 빨간 막대를 비교하여 흰 막대가 빨간 막대보다 더 길다는 것을 아동에게 확인시킨 후 막대를 직접 비교하지 않고 파란 막대와 빨간 막대 중 어느 것이 더 긴지를 추측해 보게 한다. 이러한 실험 과제에서 7~8세경의 아동은 파란 막대가 빨간 막대보다 더 길다는 것을 정확하게 추론할 수 있다.

[그림 6-1] 다중서열화 실험

출처: 송명자(2009). 발달심리학, p. 129를 참고하여 제시함.

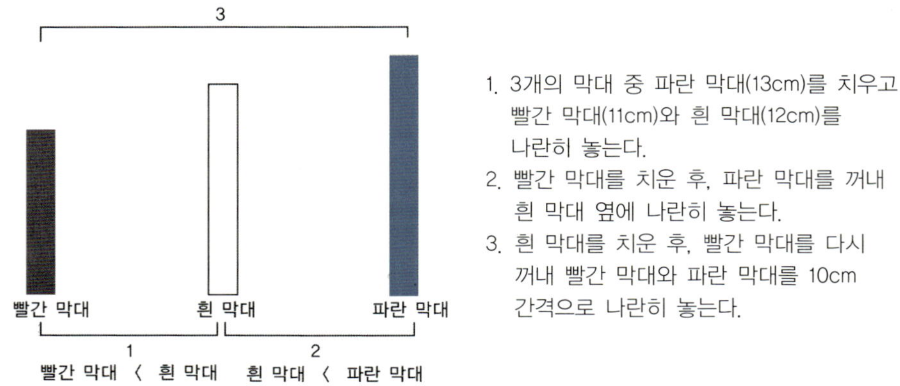

[그림 6-2] **추이성 실험의 예**

출처: 김영선(1999). Piaget의 수개념과제 수행에 있어서의 유아의 언어적 표현력과 수학적 사고능력 간의 관계. **한국영유아보육학**, 17, pp. 339-340의 추이성 실험절차를 참고하여 정리함.

Piaget는 7~8세의 아동이 추이성 조작, 다중유목화 등의 여러 가지 개념을 동시에 획득하는 현상을 동시성 현상이라고 설명하였다.

(4) 탈중심화

구체적 조작기에 아동은 탈중심화(decentration)가 이루어진다. 탈중심화는 자신의 관점에서 벗어나 타인의 조망이나 입장을 고려하는 것이다. 이 시기의 아동은 가족 구성원과 또래를 비롯한 여러 사람과 상호작용하면서 서로의 생각을 비교하고, 여러 자극의 특성에 주의를 기울이면서 새로운 지식을 얻어 지각적 오류를 줄인다. 동시에 아동은 다른 요소를 무시한 채 한 요소에만 주의를 집중하는 자신의 사고에서 모순점을 발견한다. 이러한 사회적 경험을 통해 아동은 자아중심성이 감소하면서 자극의 한 가지 이상의 측면을 동시에 고려하고 주의를 기울이는 탈중심화가 일어난다. 탈중심화는 아동의 사회성발달에 기여한다.

2) 기억발달

일상생활에서 기억은 수많은 인지활동을 수행하는 데 필수 불가결한 요소이다. 아동은 연령이 증가함에 따라 기억과제를 더 잘 수행하게 된다.

(1) 주의집중력의 발달

연령이 증가하면서 중추신경계와 뇌량이 발달함에 따라 아동은 주의집중력이 발달한다. 아동은 주의집중 시간이 증가할 뿐만 아니라 자극의 특정 측면에만 주의를 집중하고, 무관하거나 중요하지 않은 주변 요소에는 주의를 집중하지 않는 선택적 주의집중력이 발달한다. 선택적 주의집중력은 중요한 과제에는 주의를 집중하지만 사소하고 부적절한 자극에는 주의를 기울이지 않음으로써 보다 효율적인 학습을 가능하게 한다. 아동의 연령이 증가할수록 더욱 계획적이고 체계적이며 융통성 있게 주의를 집중하면서 목표 달성에 필요한 정보를 수집하기 위해 계획을 고안하고 실행할 수도 있다([그림 6-3] 참조).

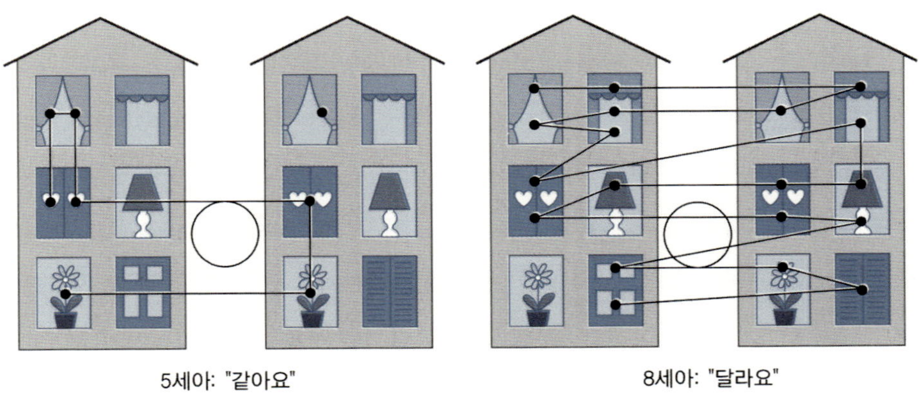

[그림 6-3] **선택적 주의집중 실험**

출처: Vurpillot, E. (1968). The development of scanning strategies and their relation to visual differentiation. *Journal of Experimental Child Psychology, 6*(4), p. 643; 정옥분(2013). 아동발달의 이해, p. 500 재인용.

아동기는 인지 억제(inhibition) 능력도 발달하는데, 이는 우연 학습과제 실험을 통해 알 수 있다(Miller & Weiss, 1981; 송명자, 1997, p. 160 재인용). 우연 학습과제 실험은 7세, 10세, 13세 아동에게 각종 동물 장난감을 숨기는 상황을 관찰하게 한 후, 숨겨진 곳과 유사한 장소에 친숙한 물건을 함께 숨긴 후 숨겨놓은 동물을 찾아내게 하는 것이다. 그 결과, 아동의 연령이 많을수록 동물이 숨겨진 장소를 기억하는 의도적 기억량이 증가하고, 연령이 적을수록 친숙한 물건이 숨겨진 장소를 기억하는 우연적 기억량이 더 많았다. 이러한 결과는 연령이 증가함에 따라 과제와 관련되는 정보에 더 주의를 집중하고, 과제와 관련이 없는 정보에 대해서는 주의를 차단하는 주의배분능력의 발달을 입증하는 것이다. 이러한 주의집중능력은 7세경의 아동에게 훈련을 통해서도 증진시킬 수 있다(Shaffer, 1993; 송명자, 1997, p. 160 재인용).

(2) 기억발달

① 지식 구조의 발달

장기기억 속의 정보는 어떤 형태로든 상호 관련된 구조를 형성하는데 이러한 구조를 지식 구조(knowledge structure)라고 한다(성현란 외, 2004, p. 307). 아동이 장기기억 속에 저장한 지식을 확장시키는 것은 기억 수행능력이 발달했음을 보여주는 것이다. 장기기억에 정보를 저장하는 형태는 구성기억과 내용지식 측면에서 살펴볼 수 있다(Berk, 1997, p. 277). 구성기억(constructive memory)은 유아기에 발달하는 것으로 일상적인 경험을 중심으로 일의 진행을 기억하는 사태도식(event scheme)과 자신의 일상적인 경험을 기억하거나 자기 자신에 대한 정보를 기억하는 자서전적 기억(autobiographical memory) 등으로 정보를 저장한다.

내용지식(content knowledge)은 아동기에 발달하기 때문에 아동은 추상적이고 일반적인 지식으로 구성되는 의미적 기억을 할 수 있어 어떤 내용을 보다 관련 있는 개념으로 구성하여 기억하려는 위계망 구조를 사용한다. 아동은 유아보다 더 많은 지식을 가지고 있기 때문에 확장된 지식 기반을 통해 영역 특정 지식(domain-specific knowledge)이 발달하여 관련된 영역의 새로운 정보를 학습하거나 기억하는 것을 더 쉽게 할 수 있다. 이는 서양장기인 체스를 잘 두는 아동과 체스 초보자인 성인을 대상으로 체스 말의 수와 일반 숫자를 회상하는 실험을 통해 알 수 있다([그림 6-4] 참조). 체스를 잘 두는 8~10세인 아동은 체스 말 배열을 더 많이 기억하였으나 숫자는 성인이 더 많이 기억하였다(Chi, 1978; 정옥분, 2013, p. 502 재인용). 이는 아동도 어떤 주제에 대해 많이 알수록 그 주제에 대한 학습과 기억을 더 잘할 수 있다는 사실을 입증한 것이다.

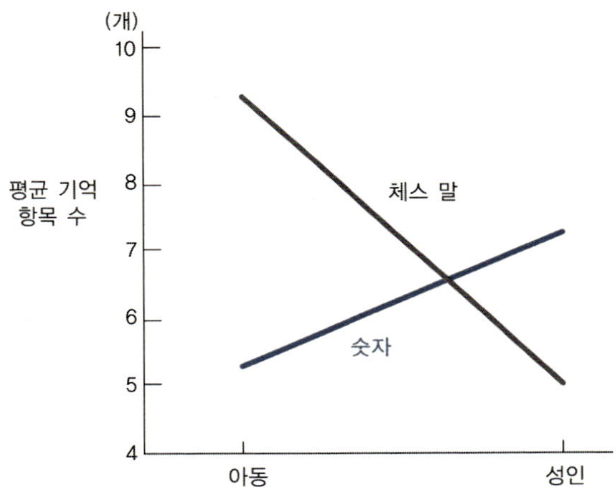

[그림 6-4] 체스 말 배열과 숫자 기억에 대한 실험

출처: Chi, M. T. (1978). Knowledge structure and memory development. In R. S. Siegler (Ed.) *Children's thinking: What develops?* Hillsdale, NJ: Erlbaum.; 정옥분(2013). 아동발달의 이해, p. 502 재인용.

② 사회적 맥락에서의 기억발달

기억발달은 기억 책략, 지식의 구조, 상위기억능력 등과 같은 개인의 능력뿐만 아니라 사회적 맥락에 의해서도 영향을 받는다. 기억에 관한 연구는 최근까지도 회고적 기억(retrospective memory)인 과거에 대한 정보를 회상하는 데 초점을 두었다. 그러나 통학버스 시간에 맞춰 기다리기, 친구 생일에 맞춰 생일카드 보내기 등과 같이 미래의 사건에 대해 주의를 기울일 것을 기억하는 전망적 기억(prospective memory)도 중요하다.

아동도 미래의 어떤 시각에 맞춰 과제를 수행해야 한다면 주어진 시간을 효율적으로 사용하고 관리하는 책략적 시간관리(strategic time-monitoring) 능력을 활용할 수 있다. 이와 관련하여 10세와 14세 아동에게 오븐에 굽고 있는 과자를 30분 후에 꺼내야 한다는 것을 잊지 말라는 과제를 주고 이 시간을 어떻게 보내는지 살펴보았다. 그 결과, 친숙한 상황인 집에서 과자 굽기를 하면 10세 아동은 30분을 효율적으로 관리하였으나, 친숙하지 않은 실험실 상황에서는 시계를 쳐다보는 빈도가 점차 늘어나는 불안한 시간관리능력을 나타냈다. 반면, 14세 아동은 장소에 관계 없이 시계를 쳐다보는 빈도가 적고, 30분의 시간을 어느 정도 자유롭게 사용하였다. 따라서 전망적 기억은 연령은 물론 생태학적 맥락에 의해서도 영향을 받는다고 할 수 있다(Ceci & Bronfenbrenner, 1985).

3) 지능발달

Piaget 인지발달이론은 아동의 지적인 발달특성을 이해하는 데 용이하지만, 아동이 지니고 있는 지적 능력의 정도를 보다 구체적이고 실용적으로 이해하기에는 한계가 있다. 이를 보완하고자 심리측정적 접근에서는 지능의 구조를 파악하여 지능발달을 지능지수(IQ)의 개념으로 수량화하고 개인 간 비교를 통해 개인차를 진단한다(조성연 외, 2010, p. 335).

일반적으로 지능은 추상적 사고를 수행하는 능력(Terman, 1922)이나 목적에 따라 행동하고 합리적으로 사고하며 환경에 효율적으로 대응할 수 있는 능력(Wechsler, 1958)으로 정의하고 지능의 구조적 발달을 다음과 같이 두 가지 가설로 설명한다(Vasta et al., 1992). 첫째, 연령이 어린 아동의 지능은 상대적으로 미분화된 일반적 지능으로 구성되지만, 연령이 증가하면서 분화되어 독립적인 특수한 지능으로 발달한다. 둘째, 연령이 증가하면서 상징적이고 언어적인 능력이 발달하여 추상적 사고가 지능을 구성하는 하위 요인이 된다. 이 두 가지 가설은 타당성이 입증되어(Sternberg, 1983) 지능이 아동기를 거쳐 15, 16세경부터 20세에 정점에 도달한다는 근거가 된다(김태련 외, 2004, p. 197).

아동의 연령이 증가함에 따라 지능의 안정성도 증가한다. 영아기 지능은 아동기나 청소년기 지능과 낮은 상관관계를 나타내지만, 2세부터 안정성이 증가하면서 초등학교 입학 후에 측정한 지능지수는 18세 지능지수와 상당히 높은 상관관계를 나타낸다(Sameroff et al., 1993; 김태련 외, 2004, pp. 197-198 재인용).

그러나 아동에 따라서는 지능이 안정적이지 않고 일관성 있게 증가하거나 감소하는 경우도 있다([그림 6-5] 참조). McCall 외(1973)의 Fels 종단연구결과에 의하면, 140명 아동 중 반 이상이 2.5세부터 17세까지 시간 변화에 따른 지능지수의 변화가 있었고, 변화의 범위는 20점 이상이었다. 이는 부모가 자녀에게 지적 자극을 풍부하게 제공하고, 지나치게 엄격하거나 허용적이지 않은 양육방식을

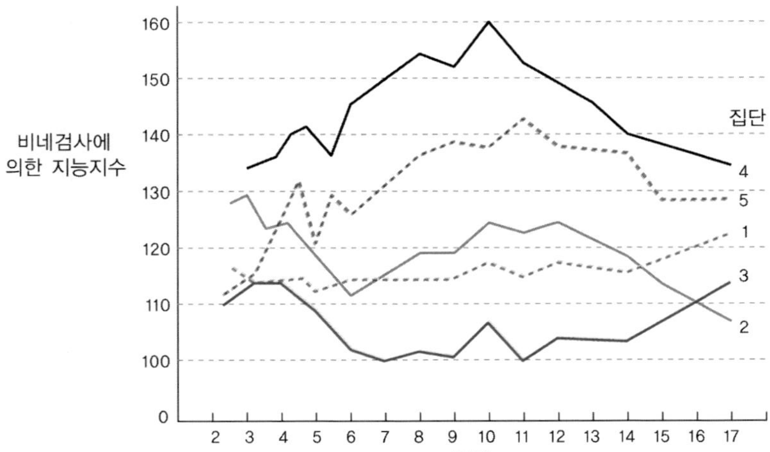

[그림 6-5] 아동의 지능지수 변화 패턴

출처: McCall, R. et al. (1973). Developmental changes in mental performance. *Monographs of the Society for Research in Child Development, 38*(3), p. 150.

사용하면 아동의 지능지수는 증가하나 빈곤한 환경에서 양육되거나, 부모의 지적 수행 정도가 낮은 경우에는 아동의 지능지수가 감소(김태련 외, 2004, p. 198)할 수 있음을 보여준다.

3. 언어발달

언어능력의 대부분은 유아기에 획득되지만 언어의 유능성과 관련된 중요한 발달은 주로 아동기에 이루어진다(조성연 외, 2010, p. 345). 아동은 초등학교에 진학하면서 많은 어휘를 학습하고, 길고 복잡한 문장을 사용하게 되며, 특히 읽기와 쓰기능력이 두드러지게 발달한다.

1) 음성·어휘와 문법의 발달

아동은 초등학교 입학 전에 대개 음성학적인 발달을 완성하지만, 강세 형태 등과 같은 부분은 여전히 덜 발달되어 있다. 눈(目)과 눈(雪), 배(船)와 배(倍) 등과 같이 의미에서의 차이를 가져오는 미묘한 발음은 초등학교 시기에 점진적으로 발달한다. 아동기의 음성학적인 발달은 단어의 의미가 얼마나 복잡한가에 따라 영향을 받는다.

어린 아동도 단어를 쉽게 이해하기 위해 발음해 보는 것이 가장 좋은 방법이라는 것을 알지만, 아동에게 새로운 단어의 의미와 소리를 동시에 입력하도록 요구하면 아동의 정보처리능력의 한계로 아동은 단어의 의미가 충분히 이해될 때까지 일시적으로 소리를 잘 내지 못한다(Berk, 1997, pp. 353-354).

아동기 말 아동이 습득하는 단어의 수는 약 40,000개 정도인데 이는 하루 평균 20개 정도의 새로운 단어를 습득하는 것과 같다. 또한, 이 시기의 아동은 단어의 형태학적 지식(morphological knowledge)을 습득하여 낯선 단어의 의미를 추론할 수도 있다(Anglin, 1993). 유아기에 비해 아동기의 아동은 단어를 더 정확하게 사용하며, 단어를 다양한 측면에서 이해한다(Berk, 1997, p. 359). 즉, 단어를 정의할 때, 초등학교 저학년 아동은 '칼은 사과를 자를 때 쓴다.', '자전거는 바퀴와 체인이 있다.' 등과 같이 단어의 기능이나 외양 등에 초점을 맞춰 보다 구체적으로 기술한다. 그러나 초등학교 고학년 아동은 '칼은 자를 때 쓰는 것이다.', '톱은 칼과 유사하다.', '칼은 무기로도 사용할 수 있다.' 등과 같이 단어의 동의어나 범주를 나타내는 것으로 설명한다. 또한, 아동기의 아동은 언어의 분석적 접근을 통해 단어가 갖는 여러 가지 의미를 이해할 수도 있다. 즉, '날카로운', '차가운'이라는 단어는 물리적인 의미뿐만 아니라, 심리적인 의미도 있다는 것을 알게 되면서 은유적 표현이나 유머도 이해한다.

아동은 문법적 지식이 발달하여 문법적 오류가 점차 줄어들고, 복잡하고 긴 구문도 구사하게 된다. 이러한 경향은 단순한 발달뿐만 아니라 학교 교육의 의식적인 문법발달 촉진 때문이기도 하다. 그리하여 초등학교 1~2학년 아동은 단어가 언어의 기본 단위이고, 글자는 음소로 이루어지며, 다른 음소는 다른 글자와 관련된다는 사실을 의식적으로 인식한다. 초등학교 3~4학년이 되면 아동은 문법적으로 적절한 문장인지 아닌지를 판단할 수 있고, 단어퀴즈 놀이도 능숙하게 할 수 있다. 이후 초등학교 5~6학년이 되면 아동은 명사, 동사, 형용사, 접속사와 같이 말을 구성하는 요소를 인식하고, 동의어와 범주 관계에 있는 단어를 설명할 수도 있으며, 비유하는 말을 많이 사용하고, 단어의 여러 가지 의미를 파악할 수도 있다.

2) 의사소통능력의 발달

아동기에는 의사소통기술이 급격하게 발달한다. 효과적인 의사소통을 위해서는 참조적 의사소통기술(referential communication skills)이 필요한데, 이는 화자의 언어적 메시지를 인식하여 청자의 수준에 맞게 언어적 메시지를 분명하게 전달하는 능력이다. 아동기에 참조적 의사소통기술이 발달하는 것은 이 시기에 탈중심화가 이루어지고, 자기중심적인 언어 사용이 감소하며, 역할수행기술이 발달하고, 듣는 사람에게 맞추어 말을 조절하는 언어적응력이 증가하기 때문이다(Berk, 1997, p. 371).

유아는 구두로 전달된 메시지 중 의미가 모호한 부분을 잘 인식하지 못하지만, 아동은 상대방이나 자신의 메시지가 분명하지 않을 때 어느 부분이 모호한지 분명하게 인식할 수 있다. 초등학교 1학년과 3학년 아동에게 놀이방법을 부적절하게 설명하여 놀이를 어렵게 만든 실험을 한 결과, 1학년 아동은 설명이 부적절하다는 것을 알지 못한 채 놀이를 하려고 했으나, 3학년 아동은 설명 내용을 검토한 뒤 놀이를 하려고 하였다(Kossan & Markman, 1981). 이러한 결과는 아동기에 참조적 의사소통기술이 발달한다는 것을 입증하는 것이다. 특히, 초등학교 고학년인 9~10세 아동은 익숙하지 않은 사물에 대해 설명할 때 듣는 사람에 맞춰 내용을 조절하면서 정보를 제공한다(송명자, 1997, p. 199; 정옥분, 2002, p. 503).

(1) 읽기발달

아동은 글자에 대한 관심이 급증하면서 읽기능력이 빠르게 발달한다. 아동기의 읽기발달은 개인마다 그 시기와 능력에 차이가 있어 Chall(1979)은 이를 다섯 단계로 나누어 설명하였다. 그중 아동기는 준비단계에서 3단계까지 관련된다(〈표 6-2〉 참조).

〈표 6-2〉 Chall의 아동기 읽기능력의 발달단계와 특징

단계		특징
준비	출생~ 초등학교 1학년	• 읽기에 필요한 선행조건을 학습한다. • 글은 왼쪽에서 오른쪽으로 읽고 쓴다는 것을 안다. • 글자의 종류를 안다. • 자기 이름 쓰기를 학습한다.
1	초등학교 1~2학년	• 읽기를 배우고 단어를 소리로 바꾸는 능력을 획득한다. • 글자와 발음의 관계에 관심을 둔다. • 한글의 발음에 대한 통찰력이 생기기 시작한다.
2	초등학교 2~3학년	• 보다 능숙하게 글을 읽는다. • 글자와 발음의 관계를 확실하게 이해한다. • 자동적으로 단어를 재인할 수 있다. • 유창하게 읽고, 묵독이 가능하다.
3	초등학교 4학년~ 중학교 3학년	• 글을 통해 정보 획득능력이 급속하게 발달한다. • 자신이 읽은 책으로부터 새로운 정보를 얻는다. • 정보를 습득하는 방법으로서 듣기보다 읽기가 더 중요하다.
4	고등학교	• 읽기능력을 완전히 발달시킨다. • 여러 관점에서 제시된 정보를 이해할 수 있다. • 문학, 역사, 경제, 정치 등 철학적이고 복잡한 논의를 할 수 있다.

출처: Chall, J. S. (1979). *The great debate: Ten years later with a modest proposal for reading stages*, p. 34; 정옥분(2002). **아동발달의 이해**, pp. 502-503의 내용을 재정리함.

초등학교 아동의 읽기능력은 아동의 지식이 많을수록 빠르게 발달한다. 또한, 아동의 연령이 증가할수록 책의 허구성과 구조에 대한 지식이 늘어나고, 자신이 읽은 내용으로부터 추론하는 능력과 상위인지 전략이 발달한다.

(2) 쓰기발달

아동의 쓰기능력은 읽기능력이 발달한 후에 발달한다. 유아기에는 글씨를 거꾸로 쓰거나 소리 나는 대로 쓰는 경우가 많으나, 아동기에 이르면 이런 경향은 점차 사라진다. 또한, 아동은 글씨를 보다 정확하게 쓰고 자신의 생각을 글로 표현하는 능력도 발달한다. 초등학교 2학년 이후에 아동은 글씨 크기가 점차 작아지고 자연스러워지며 더 고르게 된다. 초등학교 고학년이 되면서 자

신만의 독특한 필체가 나타나기 때문에 이후에 필체가 개선된다 하더라도 큰 변화는 없다(곽노의, 2010, p. 360).

쓰기능력의 발달과 관련하여 아동은 음소 이전의 철자 단계, 음소 철자 단계, 정자법 철자 단계, 그리고 자동화된 철자 단계의 네 단계를 거쳐 철자를 습득한다(〈표 6-4〉참조). 철자 습득에 대한 일련의 발달단계는 분리된 단계가 아니라, 오히려 동일한 연령에도 다양한 철자 습득 전략을 사용할 수 있고, 장기간에 걸쳐 다양한 철자 습득 전략을 중복하여 사용할 수도 있다는 것을 시사한다.

〈표 6-3〉 아동의 철자 습득의 발달단계

단계		철자 습득 전략
1	음소 이전의 철자	초등학교 1학년 아동은 실제 단어와 닮은 철자를 모호하게 만들어 사용한다.
2	음소 철자	아동이 음소에 대한 지식이 발달하면서 단어의 모든 음소를 철자로 표현한다.
3	정자법 철자	아동은 유사한 소리가 나는 말을 유추하기도 하면서 일반적인 철자에 대한 규칙을 더 많이 활용하기 시작한다.
4	자동화된 철자	쓰기 경험이 증가하면서 아동은 단어의 철자가 어떤지를 알고, 많은 단어를 빠르고 정확하게 인출해낸다.

출처: 곽노의(2010). 영·유아발달, pp. 360-362의 내용을 참고하여 재정리함.

아동이 작문을 하려면 철자 외에 작문 기능, 문법 규칙 및 상위인지능력이 발달되어야 한다. 이러한 능력을 기초로 아동은 연령이 증가하면서 작문의 길이가 점점 길어지고 사소한 문법 규칙은 점차 자동화되는데, 초등학교를 졸업할 즈음에는 작문에서 사용하는 구문의 구조가 대화 시 사용하는 구문의 구조보다 훨씬 더 복잡해진다.

3) 이중 언어발달

이중 언어(bilingualism)는 한 사람이 두 개 이상의 언어를 사용하는 일 또는 그런 능력이다(박영순, 1990). 다문화 가정의 증가로 유아기부터 이중 언어 환경에 노출되는 경우가 많고, 그 시작 연령도 낮아지고 있어 이중 언어 경험이 아동발달에 미치는 영향이 사회적 이슈가 되었다.

이중 언어의 사용은 각 언어발달에 긍정적 또는 부정적 영향을 준다. Cummins(1979, 1981)는 언어 학습과정에서 모국어와 제 2언어가 관련이 있다는 역치가설(threshold hypothesis)을 주장하였다. 역치가설은 외국어 학습은 외국어와 모국어가 모두 유창할 때만 효과가 있다는 것으로 Andersson(1976), Redlinger(1979) 등이 지지하였다. McLaughlin(1986)도 제 2언어를 가르치기 전에 제 1언어의 읽기와 쓰기를 가르치는 것이 제 2언어를 효율적으로 습득하게 한다는 것에 동의하면서 Cummins의 이론을 지지하였으나, 그가 사회적 다양성과 문화화의 정도를 염두에 두지 않은 점에 대해서는 비판하였다.

이중 언어 집단과 단일어 집단의 언어발달을 비교하여 이중 언어의 효과를 알아본 결과, 이중 언어를 사용하는 아동이 언어의 형식적 측면에 더 초점을 맞추기 때문에 오히려 단일어를 사용하는 집단보다 언어 구조를 더 빨리 습득하고 실수도 더 적었다(Goodz, 1987; Meisel, 1990). 반면, 이중 언어 집단과 단일어 집단의 언어발달 수준과 과정은 매우 유사하지만(De Houwer, 1995; Gathercole, 2006; Lindholm, 1980), 이중 언어를 사용하는 아동이 단일어를 사용하는 아동보다 언어 습득의 완성 시기가 더 늦은데 그러한 발달 수준의 차이는 6세(황혜정, 황혜신, 2000) 혹은 10세에 이르러 사라졌다(Gathercole, 2006). 이중 언어를 사용하는 아동의 언어발달 완성 시기의 차이는 언어 습득과정에서 각 언어가 언제, 어떻게 '투입(input)'되었는지에 따라 달라질 수 있다.

이중 언어의 사용은 아동의 언어발달뿐만 아니라 인지발달과 사회성발달 등 아동의 전반적인 발달에 영향을 준다. 이중 언어와 인지발달과 관련한 초기 연구에서는 이중 언어의 사용이 아동의 지능발달이나 학업성취에 부정적인 영향을 줄 수 있다는 인식이 지배적이었으나(Darcy, 1963), Pearl과 Lambert(1962)가 이중 언어의 사용이 아동의 인지발달에 긍정적인 영향을 준다는 결과를 보고한 후에 이중 언어 사용에 대한 인식은 긍정적인 방향으로 전환되었다.

4. 사회정서발달

1) 정서발달

아동기의 정서는 정서 이해와 정서 규제가 더욱 발달하면서 몇 가지 특징을 지닌다. 첫째, 아동은 자부심과 수치심 같은 복합적인 정서를 이해하는 능력이 향상된다. 둘째, 아동은 특정한 상황에서 한 가지 이상의 정서를 경험할 수 있다는 것을 이해한다. 예를 들어, 아동은 어떤 것을 성취했을 때 기쁘지만, 한편으로는 불안하기도 하다는 것을 이해한다. 셋째, 아동은 친한 친구가 전학을 가면 슬프고, 선물을 받으면 기쁜 것과 같이 사건에 따라 정서적 반응에 일반적인 경향성이 있다는 것을 안다. 넷째, 아동은 원하지 않는 선물을 받았을 때 이를 숨기고 감사의 표현을 하는 등 부정적인 정서반응을 억제하거나 숨길 수 있다. 다섯째, 아동은 감정을 조절하는 데 필요한 자신만의 방식이나 전략을 사용할 수 있다. 예를 들어, 아동은 화났을 때 화를 다스리는 방법을 알고 화난 감정을 효과적으로 다룰 수 있다. 여섯째, 아동은 감정이입능력이 발달하여 상대방의 감정이나 상태를 이해할 수 있다.

이처럼 아동은 사회적 경험이 증가하면서 정서도 발달하는데(Berk, 2013, p. 394), 부모의 정서표현에 따라 큰 영향을 받기도 한다. 부모의 정서표현이 아동에게 어떤 영향을 미치는지 살펴본 연구(유은희, 임미옥, 2006)에서 여아는 어머니의 긍정적 정서표현에서, 남아는 아버지의 긍정적 정서표현에서 영향을 많이 받는 것으로 나타나 동성 부모의 긍정적 정서표현이 아동의 자기조절 및 긍정적 정서발달을 견인할 수 있을 것이다.

2) 사회성발달

아동기에는 자아 이해와 타인 이해 및 도덕성, 공격성, 친사회적 행동, 성유형화 등과 관련한 사회성발달이 증가한다.

(1) 자아 이해

자아(self)에 대한 이해는 자기에 대한 지식과 평가 및 통제의 세 가지 측면에서 이해할 수 있다.

① 자아에 대한 지식

아동이 자신을 이해하여 표현할 때 몇 가지 특징이 있다. 첫째, 아동은 자신의 내재적 특성을 이해하여 자신을 설명한다(송명자, 2008, p. 253). 8세부터 11세 정도의 아동은 성격, 가치관, 신념 등의 심리적 특성으로 자신을 설명한다. 예를 들면, 자신에 대해 언급할 때 '인기 있는', '착한', '잘 도와주는', '영리한', '바보 같은' 등의 가치 판단적인 형용사를 사용하여 설명한다(Harter, 2006, p. 526). 둘째, 아동은 자신을 사회적 측면에서 인식할 수 있기 때문에 자신이 속해 있는 사회적 집단을 언급하면서 자신을 설명한다. 예를 들면, "난 교회에 다녀요.", "난 아람단원이에요." 등과 같이 자신이 속해 있는 집단을 언급하면서 자신을 설명한다. 셋째, 아동은 자신을 타인의 행동과 비교하는 등의 사회적 비교를 통해 자신을 설명한다. 즉, 아동은 심리적 특성과 사회적 특성으로 자신을 이해함으로써 사회적 비교를 한다.

② 자아 평가

아동은 자신의 신체적, 심리적 특성을 이해하여 자아를 발달시킴과 동시에 자신의 질적인 특성에 대해서도 평가하여 자아존중감(self-esteem)을 발달시킨다. 자아존중감은 자아에 대해 긍정적 혹은 부정적인 평가를 하는 것으로 아동의 안녕감(well-being) 발달에 중요하다(Marsh et al., 2002). 자아존중감은 자아가치(self-worth) 또는 자아 이미지(self-image)라고도 하는데, 이는 자신의 학업, 신체, 외모 등을 평가함으로써 자신에 대한 가치를 전반적으로 판단하는 것이다. 이러한 자아존중감은 위계적 구조를 지닌다([그림 6-6] 참조).

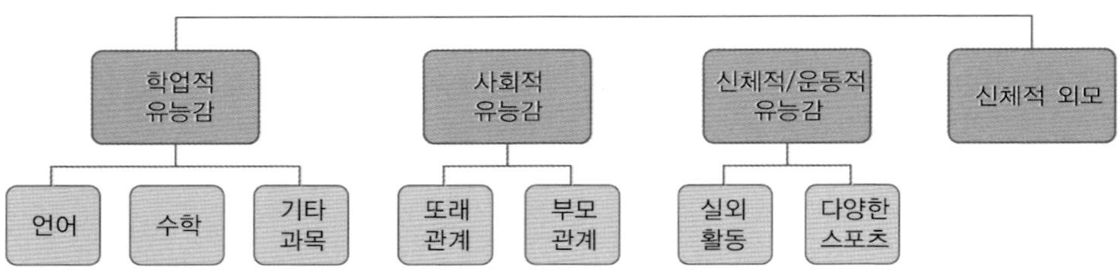

[그림 6-6] 자아존중감의 위계적 구조

출처: Berk, L. E. (2008). *Infant and children*, p. 484.

부모와 또래 및 문화나 인종 등은 아동의 자아존중감에 영향을 준다. 부모가 온정적이고 지지적으로 양육하면, 아동은 긍정적인 자아존중감을 형성한다. 그러나 부모와 지속적인 갈등을 경험하거나 학대를 받으면, 아동은 자신에 대해 부정적인 인식을 갖게 되어 부정적인 자아존중감을 형성하게 된다. 한편, 아동의 자아존중감은 또래의 평가나 또래와의 비교를 통해서도 영향을 받는다. 이외에 문화와 인종도 아동의 자아존중감 형성에 영향을 미친다(Saffer, 2000, pp. 177-178; 조성연 외, 2010, p. 359 재인용). 예를 들면, 집단에 의존하는 집단주의 문화의 아동은 자신의 가치를 낮게 판단하는 경향이 있고, 인종차별을 경험한 소수인종의 아동은 부정적으로 자아를 인식하여 낮은 자아존중감을 형성하는 경향이 있다.

자아존중감이 객관적인 사실과 항상 부합하는 것은 아니다. 아동의 자아존중감은 자신의 능력과 매력적인 특성에 대한 신념에 기인하므로 성취 등과 관련한 객관적인 사실에 기반을 두지는 않는다. 그러므로 아동의 자아존중감은 학교 수행 등의 학업 성취와 정적인 상관관계를 나타내지는 않는다. Baumeister 외(2003)는 자아존중감이 높은 아동이 낮은 아동에 비해 더 주도적이긴 하지만 언제나 긍정적인 사회적 관계를 보여주는 것은 아니라는 결과를 제시하였다. 즉, 자아존중감이 높은 아동일지라도 친사회적 행동과 반사회적 행동을 모두 나타낼 수 있어 아동의 자아존중감이 항상 긍정적인 방향으로만 관련되는 것은 아니다.

한편, 아동에게 성취와 관계가 없는 칭찬을 해주는 것도 문제가 된다. 아동의 성취에 비해 지나친 칭찬은 경쟁이나 비난 상황을 조정하는 데 어려움이 생겨 오히려 자아존중감이 더 낮아질 수 있다. 그러므로 아동의 자아존중감을 높이기 위해서는 성취에 적합한 칭찬과 지원을 해주어야 하며, 자아존중감이 낮은 이유를 찾아 그에 적합한 대처방법이나 중재 프로그램을 제공해 주는 것이 바람직하다. 기본적으로 자아존중감이 낮은 아동을 돕기 위해 부모나 교사 등은 아동에게 정서적 지원과 함께 사회적 인정과 성취를 경험할 수 있는 충분한 기회를 제공해 주고, 아동으로 하여금 문제 상황에 직면하여 스스로 해결할 수 있도록 돕고, 자신의 수준을 인정하는 데 필요한 자기판단능력을 키울 수 있도록 도와주어야 한다.

③ 자아 통제

아동기는 자기를 통제할 수 있는 능력, 즉 자아통제력이 향상된다. 자아통제력은 자신의 행동, 정서, 사고 등을 조정하는 능력으로서 사회적 유능성을 높이고 성취감을 신장시킨다. 자아통제력은 4세에서 10세 사이에 증진되며(Vazsonyi

& Huang, 2010), 아동기에 급격하게 증가한다. 그 이유는 아동이 인지적으로 성숙하여 자신의 사고와 행동을 규제할 수 있는 전략을 사용할 수 있고, 자기규제와 자기통제의 가치를 내면화하기 때문이라고 한다(Carver & Scheier, 2021). 한편, 2012년부터 10년간 분석한 메타분석에서 자기통제는 유아 및 아동을 포함하여 성인기 적응에 이르기까지 큰 영향을 미쳤는데(이귀애, 2023), 이는 어린 시절에 잘 형성된 자기통제가 성인기까지 지속되어 안정적인 정서 및 자기조절이 가능하다는 것을 보여준다.

(2) 타인 이해

타인에 대한 이해는 조망수용능력(perspective-taking ability)이 발달하면서 증가한다. 조망수용능력은 상대방의 관점과 사고와 감정 등에 대해 생각할 수 있는 능력이다. 조망수용능력이 작동하려면 타인의 관점을 고려하면서 자신의 사고를 조절하는 인지적인 억제와 다른 각도에서 상황을 바라볼 수 있는 인지적인 융통성이 발달해야 한다.

조망수용능력은 타인의 요구나 문제를 타인의 관점에서 이해하고 수용했을 때 나타나는 친사회적 태도와 행동을 발달시키는 데 중요한 기능을 한다. 조망수용능력은 자신의 감정을 통제하고 상대의 감정상태를 수용하면서 어느 정도 중립적인 정서상태를 유지할 때 가장 잘 작동하기 때문에 친사회적 행동이 증진될 수 있다(Bengtson & Arvidsson, 2011). 조망수용능력 중 역할수용능력도 연령에 따라 발달(Selman, 1980; 조성연 외, 2010, pp. 360-362 재인용)하는데, Selman과 Byrne(1974)는 아동에게 인지적 갈등 상황을 제시한 후 그에 따른 반응을 분석하여 역할수용능력의 발달 변화를 다섯 단계로 제시하였다(〈표 6-4〉 참조). 연구자는 아동이 자신의 조망과 친구의 조망이 다르다는 것을 이해하기 시작하면서 자신과 타인의 입장을 동시에 고려하는 단계로 발달하고 이후에 사회적 역할을 수용하는 단계로 나아간다고 설명한다.

〈표 6-4〉 역할수용능력의 발달단계

Selman의 인지적 갈등 상황

8살 소녀 홀리는 나무타기를 좋아하는데 아버지는 위험하니까 나무에 올라가지 말라고 했다. 어느 날 홀리는 친구의 고양이가 나무에 걸려 힘들어하고 있는 것을 보았다. 홀리는 나무에 올라가지 않겠다고 아버지와 약속했지만 힘들어하는 고양이를 보니 갈등이 생겼다.
질문 1. 홀리는 무슨 생각을 할까?
질문 2. 홀리의 아버지는 홀리의 결정에 대해 어떻게 생각할까?

단계(연령)	특징	갈등에 대한 홀리의 전형적 반응	
		1. 홀리 입장	2. 홀리 아버지 입장
0. 자아중심적 또는 미분화 (3~6세)	• 자신의 관점과 타인의 관점이 있다는 것을 인식하지 못한다. • 자신이 느끼는 것은 무엇이든 옳고 타인도 그럴 것이라고 생각한다.	홀리가 나무에 올라가서 고양이를 구할 것이다.	홀리 아버지도 고양이를 좋아하므로 아버지도 행복할 것이다.
1. 상호·정보적 역할수용 (6~8세)	• 타인의 조망이 자신의 조망과 다를 수 있다는 것은 알지만, 타인의 정보를 가지고 있을 때만 타인의 관점을 이해한다. • 타인의 사고가 무엇인지 생각할 수 없어서 어떤 일에 어떤 반응을 해야 할지 예측할 수 없다.		홀리가 나무에 올라간 이유를 모른다면 아버지는 화를 내겠지만, 이유를 안다면 올라갈 수밖에 없다는 것을 알게 될 것이다. 즉, 양쪽이 같은 정보를 가지고 있다면 같은 결론을 내릴 것이라고 생각한다.
2. 자기반성적 역할수용 (8~10세)	• 같은 정보를 가지고 있어도 자신과 타인의 관점이 다를 수 있다는 것을 알게 된다. • 타인의 관점을 고려할 수 있고, 자신의 행동에 대해 타인이 어떻게 반응할지도 예측할 수 있다. • 자신의 입장과 타인의 입장을 동시에 고려하지 못한다.	아버지는 홀리가 나무에 올라간 이유를 이해할 것이므로 홀리가 나무에 올라갈 것이다.	홀리의 안전이 걱정되어 홀리 아버지가 반대할 것이다.
3. 상호적 역할수용 (10~12세)	• 자신과 타인의 입장을 동시에 고려할 수 있다. • 제 3자의 관점을 가정하고 각 사람이 상대방의 견해에 어떻게 반응할지를 예측할 수 있다. • 제 3자 입장에서 설명할 수 있다.	홀리가 고양이를 좋아하기 때문에 고양이를 구하러 나무에 올라갔지만, 홀리도 나무에 올라가지 않기로 한 약속은 알고 있다.	아버지는 홀리가 나무에 올라가서는 안 된다는 것을 알고 있었으나 고양이에 대해서는 알지 못했다. 그래서 홀리는 아버지와의 약속을 어긴 것이므로 벌을 받을 것이다.

4. 사회적 역할수용 (12세 이상)	• 타인의 입장을 사회적 체계의 입장(예: 일반화된 타인의 입장)과 비교하여 이해하려고 한다. • 사회 집단에서 대부분의 사람이 취하는 입장을 고려한다.	홀리가 나무에 올라갔지만 벌을 받을 필요는 없다. 홀리의 행동은 인도적으로 동물을 대하는 것이므로 정당하다.	대부분의 다른 아버지도 이 점을 알 것이다.

출처: Saffer, D. R. (2000). *Social & personality development*, p. 193; 최순영(2003). 인간의 사회·성격발달심리, pp. 102-104.

(3) 도덕성

도덕성은 옳고 그른 것을 구분하고 인간관계에서 지켜야 할 규범을 준수하는 것이다. 도덕성은 사회질서를 유지하며, 자신이 속한 문화적, 사회적 집단에서 적절하게 대응하게 하기 때문에 사회성발달에서 중요하다. 아동기의 도덕성 발달은 사회적 규범과 사회적 이해 측면에서 살펴볼 수 있다.

① 사회적 규범으로서의 도덕성

정신분석이론과 사회학습이론은 아동이 어떻게 도덕적 존재가 되는지에 대해 도덕적 정서발달과 도덕적 행동발달에 초점을 맞추어 설명하였다. 정신분석이론과 사회학습이론은 아동이 도덕적 기준을 자신의 것으로 내면화하면서 도덕적 발달이 이루어진다는 점에서는 일치된 견해를 보이지만, 도덕적 발달을 위해 내면화하는 기제에 대해서는 차이가 있다.

정신분석이론에서는 3~6세의 남근기 동안 초자아가 발달하면서 도덕성이 나타난다고 본다. 초자아의 발달은 부모의 역할과 밀접한 관련이 있다. 아동은 남근기에 나타나는 오이디푸스 콤플렉스와 엘렉트라 콤플렉스를 통해 동일한 성을 가진 부모 역할에 동일시하는 과정에서 초자아가 발달한다. 이 과정에서 아동은 죄책감을 피하기 위해 부모로부터 습득한 도덕적 기준에 따라 행동한다. 즉, 아동은 부모로부터 도덕적 기준을 동일시하는 과정에서 도덕성이 발달한다.

사회학습이론에 의하면 아동의 도덕성은 연령에 관계없이 학습과 모델링에 의해 발달한다. 도덕성은 보상과 처벌에 따라 행동이 강화되거나 소거되면서 발달하는데, 아동이 사회규칙을 지키려고 노력하는 이러한 과정을 도덕성의 발달로 간주할 수 있다고 설명한다(정옥분, 2007, p. 529).

정신분석이론과 사회학습이론에서 주장하는 바와 같이 도덕성을 사회적 규범에 동조하는 것만으로 본다면 히틀러의 독재나 무솔리니의 전체주의 등과 같이 때로 윤리적 원칙이나 사회적 목적에 반하는 경우가 생길 수 있다.

② 사회적 이해로서의 도덕성

인지발달이론에 의하면, 도덕성은 인지적 성숙과 사회적 경험에 근거하여 외현적인 결과를 지향하는 단계에서 사회제도와 법체계를 더 깊이 이해하는 단계로 발달해간다.

Piaget는 자신의 인지발달단계에 기초하여 도덕적 이해를 타율적 도덕성과 자율적 도덕성으로 분류하였다. 타율적 도덕성 단계의 아동(4~7세)은 규칙이 신이나 부모와 같은 권위적 존재에 의해 만들어진 것으로 믿으며, 그 규칙은 변경할 수 없고 위반하면 벌을 받아야 한다고 생각한다. 자율적 도덕성 단계의 아동(7~10세)은 규칙은 변경될 수 있으며, 도덕적 판단에서 상황적 요인을 고려하는 융통성을 보인다.

Kohlberg는 Piaget의 인지발달이론에 기초하여 세 가지 수준에 따른 여섯 단계의 도덕발달단계를 제시하였다('5장 유아기 중 4. 사회정서발달의 2) 사회성발달 중 (4) 도덕성발달'을 참고하기 바란다). Kohlberg는 도덕성발달이 아동기 후반에서 청소년기를 거쳐 성인기까지 이루어지며 이 과정에서 도덕적 추론능력도 발달한다고 보았다. 도덕적 추론을 하기 위해서는 타인의 입장을 고려할 수 있는 역할수용능력과 융통성 있게 추론할 수 있는 형식적 조작 능력이 선행되어야 한다고 주장한다.

아동의 도덕성발달에는 또래와의 상호작용과 같은 사회적 환경도 중요한 영향을 미친다. 아동은 또래와 상호작용하면서 종종 인지적 불균형을 경험하기도 하지만, 이러한 인지적 불균형은 아동에게 상대방의 입장에서 생각하게 함으로써 도덕성발달을 촉진하는 기회가 된다(Gibbs et al., 2007).

(4) 공격성

아동기의 공격성은 주로 또래관계에서 나타나는데 이는 발달과정에서 부정적인 결과를 유발할 수 있다. 공격성은 의도적으로 타인을 해치려는 행동인데, 아동기의 공격성은 유아기의 공격성과 차이가 있다. 유아기에는 의사소통능력이 부족하여 자신의 욕구가 좌절되었을 때 이를 충족하려는 목적으로 도구적 공격성이 주로 나타나지만, 아동기에는 자신의 존재감이나 사회적 인정을 얻으려는 수단으로 관계적 공격성이 주로 나타난다.

아동기에 나타나는 공격성은 인지적 발달과도 관련이 있다. 아동기에는 또래와의 관계가 빈번해지면서 갈등 상황이 자주 발생하여 이를 해결하기 위해 문제해결기술을 습득하는 동시에 타인에 대한 이해를 증진하고 타인의 의도를 파악할 수 있게 된다. 또한, 아동은 타인이 공격적 행동을 할 때 그 의도가 공격적인지 판단하여 반격을 할 것인지 결정하기도 한다. 이러한 결정을 위해 아동은 타인의 의도를 판단하는 능력과 공격적 행동이 나타난 상황을 이해할 수 있는 능력이 발달한다(Shaffer & Kipp, 2006).

때때로 어떤 아동은 상습적으로 또래를 괴롭히기도 한다. 아동기의 지속적인 공격성은 비교적 안정적인 속성이 있어 청소년기와 성인기의 범죄행동이나 학대행동 등과 같은 공격적 행동을 예측할 수 있게 한다(최경숙, 2006b, p. 313). 또한, 적대적 공격성에 반복적으로 피해를 당하는 경우, 그 아동은 자아존중감이 낮고 불안감 수준이 높으며 타인에 대해서도 적대적으로 대하는 경향이 있고(최순영, 2003, p. 185), 간혹 자신보다 약한 대상을 찾아 가해자가 되기도 한다.

이러한 공격성은 학교폭력으로 연결될 때가 있다. 2022년 교육부 보도자료에 의하면 우리나라 초등학생의 3.9%가 학교폭력을 겪고 있는 것으로 나타났으며, 유형별로는 언어폭력(36.9%)과 신체폭력(18.2%)이 높은 순위였다. 학교폭력의 원인 중에는 부모의 신체적, 언어적 학대나 유기, 부모 간 폭력행위의 목격이나 경험이 주요한 원인으로 나타났다. 따라서 유아기를 비롯하여 아동기에 부모의 양육태도가 매우 중요함을 알 수 있다.

(5) 친사회적 행동

친사회적 행동(prosocial behavior) 또는 이타적 행동(altruistic behavior)은 자신에 대한 보상을 기대하지 않고 타인의 유익을 추구하는 행동이다. 유아기에도 타인을 돌봐주거나 힘들어하는 친구를 위로하는 등의 친사회적 행동의 기초가 되는 감정이입 행동이 나타나지만, 자발적인 자기희생적 행동은 드물다. 이러한 자발적인 친사회적 행동은 조망수용능력과 도덕성이 발달하면서 아동기에 빈번하게 나타난다. 또한, 도덕적 추론에 기초한 고등수준의 친사회적 행동은 아동기부터 시작하여 청소년기에 자주 나타난다.

친사회적 행동은 도덕적 행동을 표현하는 것이다(Poorthuis et al., 2012). 아동기의 아동은 간혹 거짓말, 도둑질 등과 같은 비도덕적이고 반사회적인 행동을 하기도 하지만 공감, 이타적인 행동 등과 같은 친사회적인 행동을 하기도 한다. Damon(1988)은 친사회적 행동 중 나누기 행동이 어떻게 발달하는지에 대해 연구하였다. 그 결과, 유아가 처음 나누기 행동을 하는 것은 공감능력이 발달해서가 아니라 일종의 재미있는 사회적 놀이로 즐기는 것이었다(Santrock, 2013, p. 327 재인용). 그러나 아동기에 이르러서야 비로소 아동은 '공정함(fairness)'이라는 객관적인 생각을 표현하는 등 보다 복합적인 차원에서 나누기 행동을 하였다. 6세경의 아동이 공정이라는 말을 사용하는 것은 '평등'이나 '같은 것'이란 말과 유사한 의미를 지니지만 초등학교 고학년이 되면서 아동은 공정한 것과 공평

한 것은 차이가 있다는 것을 알게 된다(Santrock, 2013, p. 328).

(6) 성유형화

① 성정체성

성정체성은 자신의 성을 인식하고 성을 인식하는 것이 무엇을 의미하는지 아는 것이다. 성정체감과 관련한 정보를 처리할 때 아동은 성범주 분류체계를 사용하는데 이는 아동에게 성과 관련한 선택기준을 제공해 준다. 즉, 아동은 역할을 선택할 때 남자 혹은 여자의 역할이냐 아니냐의 성범주에 따라 선택한다. 이러한 성범주 분류체계를 통해 아동은 해당 문화권에서 강조하는 성정체성을 내면화시킨다. 아동기의 성정체성은 유아기의 성정체성 발달에 이어 성안정성과 성항상성을 이해함으로써 획득된다. 성안정성은 자신의 성은 변하지 않으며 자라서도 여자 또는 남자가 된다는 것을 아는 것이고, 성항상성은 머리 모양, 옷 모양 등이 달라져도 성은 변하지 않는다는 것을 아는 것이다. 아동의 성정체성은 보존개념의 획득과 관련하여 아동기 초기의 보존개념 형성 시기에 함께 획득된다.

② 성역할 고정관념

전조작기의 아동과 달리 구체적 조작기의 아동은 성역할에 대한 생각이 보다 융통성 있게 변하고, 10~11세가 되면 성인과 유사한 성역할 고정관념을 갖는다. 예를 들어, 여성은 감정적이고, 마음이 부드러우며 섬세한 반면, 남성은 야심이 있고 자기주장이 강하며, 공격적이고 지배적이라고 생각한다. 2차 성징이 나타나는 형식적 조작기가 되면서 아동은 자신의 성을 확인하고 성역할 동조 압력을 받아 자신의 성에 일치하는 성역할 행동을 강화한다. 그러나 청년기에 이르면 다시 융통성 있는 성역할 고정관념을 나타낸다.

③ 성유형화된 행동

성유형화된 행동은 해당 문화권에서 기대하는 성역할을 수용하여 고정적인 성역할 행동을 하는 것이다.

신체적 발달의 차이 남성과 여성은 신체 크기와 호르몬의 차이 등으로 인해 차별화된 성유형화된 행동을 나타낸다. 즉, 남성은 대·소근육의 움직임을 활용하는 행동을 더 많이 하는 반면, 여성은 비교적 정적인 행동을 더 많이 하는 경향이 있다. 또한 남성의 뇌가 여성의 뇌보다 더 크고, 여성의 뇌가 남성에 비해 더 많이 접혀져 있다(Halpern et al., 2007). 뇌가 더 많이 접혀 있다는 것은 뇌 조직 표면이 더 넓다는 것을 의미한다. 일반적으로 공간과 시각을 담당하는 뇌의 두정엽 영역은 남성이 여성보다 더 크고, 정서 표현을 담당하는 뇌 영역은 여성이 남성보다 더 활성화되어 있다. 그러나 여전히 인간의 뇌와 관련한 연구결과는 극소수만이 밝혀진 상태여서 이러한 차이가 성차를 유발하는지에 대해서는 알려진 바가 극히 드물다.

인지발달의 차이 인지적 차이가 아동의 성유형화된 행동에 영향을 줄 수 있다. 예를 들어, 도움주기 행동인 경우에 상황에 따라 다른 성유형화된 행동을 기대한다. 즉, 아동에게 도움을 주거나 돌보는 행동을 할 때는 여자가 남자보다 더 자발적이라고 예측하여 여성적인 성유형화된 행동으로 인지한다. 그러나 자동차가 고장 나서 도움이 필요한 경우에는 남자가 여자보다 더 자발적이라고 예측하여 남성적인 성유형화된 행동으로 인지한다(Eagly & Crowley, 1986). 또한, 수학 등과 같은 교과목에 있어서도 성유형화된 기대가 있다. 그러나 미국의 수학능력평가시험(SAT) 중 수학에서 성차는 나타나지 않았다(Hyde et al., 2008). 그럼에도 불구하고 부모나 교사는 아동의 수학적 유능성에 대해 여학생보다는 남학생에게 더 높은 기대를 하기 때문에 여학생이 남학생보다 수학에 대해 더 높은 부정적 태도를 지니게 된다고 볼 수 있다(Gunderson et al., 2012).

사회정서발달의 차이 사회정서적 발달에서의 성유형화된 행동은 공격적 행동, 정서 표현 행동, 친사회적 행동 등에서 나타난다. 공격적 행동은 남아가 여아보다 신체적인 공격적 행동을 더 많이 나타냄으로써 성유형화된 행동 특성을 나타낸다(Coyne et al., 2011, pp. 495-496). 이러한 차이는 생물학적 요인과 환경적 요인으로 설명할 수 있다. 생물학적 요인은 유전과 호르몬의 영향이며, 환경적 요인은 문화적인 기대, 성인과 또래의 모델링, 사회적 기제 등에 의한 영향이다. 예를 들어, 남아가 공격적 행동을 하면 주변 성인은 씩씩하다고 이야기하는 등 긍정적인 반응을 보이지만, 여아가 공격적 행동을 하면 얌전하지 못하다고 지적하는 등의 부정적인 반응을 보인다. 이러한 성인의 태도는 아동의 성유형화된 행동을 유발하는 요인이 된다. 정서 표현 행동에서도 여자가 남자보다 웃기, 울기, 행복감 표현하기 등의 정서 표현을 더 빈번하게 나타내고, 남자는 분노 등의 정서 표현을 더 많이 함으로써 성유형화된 행동 특성을 나타낸다(Leaper & Smith, 2004). 또한, 행동 규제와 조절에서는 여아가 남아보다 자기 규제를 더 잘하는 것으로 나타나 정서 조절에서도 성유형화된 행동이 나타난다.

5. 발달이상

아동기의 발달이상은 생물학적 요인이 주된 병인인 신경발달장애 보다는 부모의 양육방식이나 관계 등과 같은 환경 요인의 영향을 많이 받는 심리기능적 장애가 늘어나는 시기이다. 이 시기에 드러날 수 있는 발달이상으로는 신경발달장애 범주에 해당하는 주의력결핍/과잉행동장애(ADHD), 특정학습장애, 틱장애가 있으며, 심리기능적 장애에 해당하는 적대적 반항장애, 품행장애, 그리고 기타 임상적 주의가 필요한 부모-자녀관계 문제, 형제자매관계 문제, 학대 및 방임, 학업/교육 문제를 들 수 있다.

1) 주의력결핍/과잉행동장애

주의력결핍/과잉행동장애(attention deficit/hyperactivity disorder: ADHD)는 특정 과제에 주의를 집중하는 능력에 결함이 있는 것으로 산만하며 과잉행동을 한다. ADHD 아동의 일반적인 행동특성은 말을 해도 주의를 기울이지 않고, 지시한 것과 다르게 행동하고, 산만하며, 잘 잊어버리고, 과제나 일을 끝내지 못하며, 수업 중에 돌아다니거나 멍하니 백일몽을 꾸는 것 등이다.

ADHD 아동 중에는 때로 자신이 좋아하는 일에 주의를 집중할 수도 있으나 그런 경우라도 관심이 없는 과제나 새로운 것을 학습해야 할 때는 다른 아동들보다 훨씬 더 어려워한다. Mash와 Wolfe(1999, p. 146)는 과잉행동과 충동성은 함께 나타나기 때문에 이를 행동적 흥분이라는 단일차원으로 간주하였다. 즉, 충동적인 특성 때문에 너무 빨리 또는 자주 반응하고, 기다리거나 차례를 지키기도 어렵다. ADHD 아동의 이러한 행동은 결과를 생각하지 않고 단순히 보고, 듣고, 느끼는 모든 것에 즉각적으로 반응하며, 상황이나 다른 사람의 요구에 따라 자신의 행동을 멈추거나 조절하는 것이 매우 어렵기 때문이다.

ADHD의 특성은 유아기부터 시작되지만 초등학교에 입학할 때까지는 진단을 내리는 데 조심해야 한다. 유아기 자녀를 키우면서 많은 부모들은 아이가 산만하고 과잉행동을 한다고 느낀다. 그러나 이 시기는 발달적 특성상 그런 특성이 나타나는 시기며, 경우에 따라서는 정서가 불안해서 나타나기도 한다. 초등학교에 들어가면 부과되는 요구가 더욱 많아지기 때문에 ADHD 아동은 고통스런 환경에 놓이게 된다. 학업성취가 매우 부진하고 과잉행동으로 수업을 방해한다. 그로 인해 교사로부터 제재를 받거나 급우들로부터 비난이나 거부를 당하는 등 학교생활에서의 부적응현상이 뚜렷해져서 부모나 주변 사람들이 그 문제의 심각성을 인식하게 된다. ADHD 아동의 학업성취 및 사회적 관계에서의 심각한 부적응은 결과적으로 무능감, 좌절감이나 고립감 등의 부정적인 자아개념을 형성하고, 이로 인해 적대적 반항장애나 품행장애, 불안장애, 우울 또는 뚜렛장애와 같은 다른 장애를 수반할 위험성도 증가시킨다.

ADHD의 병인은 유전적 요인, 출산 전후의 미세한 뇌 손상 및 부적절한 환경을 들고 있으나 아직 분명하지 않다. Whalen(1989, p. 131)은 미국 학생의 약 5%가 ADHD이고, 여아에 비해 남아가 3~6배 정도 더 많다는 결과를 보고하였다.

DSM-5의 진단기준(APA, 2013, pp. 61-62)에 제시된 다음의 핵심증상은 가정이나 학교에서 ADHD 여부를 판단할 때 행동평가 항목으로도 활용되고 있다.

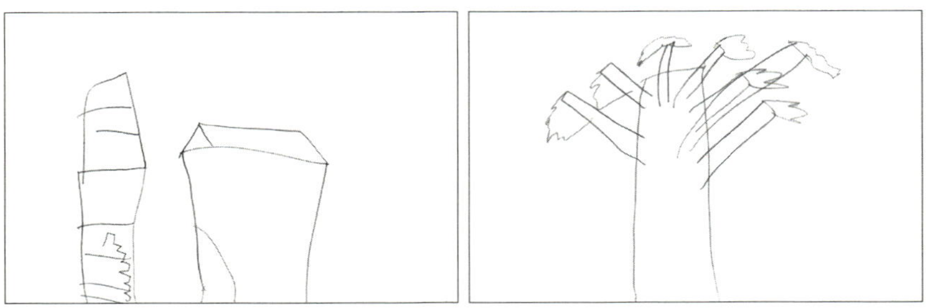

[그림 6-7] ADHD로 진단받은 아동이 그린 집과 나무

참고 ADHD에 대한 DSM-5의 진단기준

1. **부주의:** 다음 9개 증상 가운데 6개 이상이 적어도 6개월 동안 발달 수준에 적합하지 않고 사회적·학업적/직업적 활동에 직접적으로 부정적인 영향을 미칠 정도로 지속됨
   a. 종종 세부적인 면에 대해 면밀한 주의를 기울이지 못하거나, 학업, 작업 또는 다른 활동에서 부주의한 실수를 저지름(예: 세부적인 것을 못 보고 넘어가거나 놓침, 작업이 부정확함)
   b. 종종 과제를 하거나 놀이를 할 때 지속적으로 주의집중을 할 수 없음(예: 강의, 대화 또는 긴 글을 읽을 때 계속해서 집중하기 어려움)
   c. 종종 다른 사람이 직접 말을 할 때 경청하지 않는 것처럼 보임(예: 명백하게 주의집중을 방해하는 것이 없는 데도 마음이 다른 곳에 있는 것처럼 보임)

d. 종종 지시를 완수하지 못하고, 학업, 잡일 또는 작업장에서의 임무를 수행하지 못함 (예: 과제를 시작하지만 빨리 주의를 잃고 쉽게 곁길로 샘)
e. 종종 과제와 활동을 체계화하는 데 어려움이 있음(예: 순차적인 과제를 처리하는 데 어려움, 물건이나 소지품을 정리하는 데 어려움, 지저분하고 체계적이지 못한 작업, 시간 관리를 잘 하지 못함, 마감 시간을 맞추지 못함)
f. 종종 지속적인 정신적 노력을 요구하는 과제에 참여하기를 기피하고, 싫어하거나 저항함(예: 학업 또는 숙제, 후기 청소년이나 성인의 경우에는 보고서 준비하기, 서류 작성하기, 긴 서류 검토하기 등이 어려움)
g. 과제나 활동에 꼭 필요한 물건들(예: 학습 과제, 연필, 책, 도구, 지갑, 열쇠, 서류 작업, 안경, 휴대폰)을 자주 잃어버림
h. 종종 외부 자극(후기 청소년과 성인의 경우에는 관련이 없는 생각들이 포함될 수 있음)에 의해 쉽게 산만해짐
i. 종종 일상적인 활동을 잊어버림(예: 잡일하기, 심부름하기, 후기 청소년과 성인의 경우에는 전화 회답하기, 청구서 지불하기, 약속 지키기)

2. **과잉행동-충동성:** 다음 9개 증상 가운데 6개 이상이 적어도 6개월 동안 발달 수준에 적합하지 않고 사회적, 학업적/직업적 활동에 직접적으로 부정적인 영향을 미칠 정도로 지속됨
a. 종종 손발을 만지작거리며 가만두지 못하거나 의자에 앉아서도 몸을 꿈틀거림
b. 종종 앉아 있도록 요구되는 교실이나 다른 상황에서 자리를 떠남(예: 교실이나 사무실 또는 다른 업무 현장, 또는 자리를 지키는 게 요구되는 상황에서 자리를 이탈)
c. 종종 부적절하게 지나치게 뛰어다니거나 기어오름(주의점: 청소년 또는 성인에서는 주관적으로 좌불안석을 경험하는 것에 국한될 수 있음)
d. 종종 조용히 여가 활동에 참여하거나 놀지 못함
e. 종종 "끊임없이 활동하거나" 마치 "태엽 풀린 자동차처럼" 행동함(예: 음식점이나 회의실에 장시간 동안 가만히 있을 수 없거나 불편해함, 다른 사람에게 가만히 있지 못하는 것처럼 보이거나 가만히 있기가 어려워 보일 수 있음)
f. 종종 지나치게 수다스럽게 말함
g. 종종 질문이 끝나기 전에 성급하게 대답함(예: 다른 사람의 말을 가로챔, 대화 시 자신의 차례를 기다리지 못함)
h. 종종 자신의 차례를 기다리지 못함(예: 줄 서 있는 동안)
i. 종종 다른 사람의 활동을 방해하거나 침해함(예: 대화나 게임, 활동에 참견함, 다른 사람에게 묻거나 허락을 받지 않고 다른 사람의 물건을 사용하기도 함, 청소년이나 성인의 경우 다른 사람이 하는 일을 침해하거나 꿰찰 수 있음)

출처: APA(2013). 정신질환의 진단 및 통계편람 제5판(DSM-5), pp. 61-62.

2) 특정학습장애

특정학습장애(specific learning disorder)는 읽기, 쓰기, 셈하기 등의 학업기술이 자신의 생활연령 수준에 상당히 못 미쳐 학업이나 직업수행, 또는 일상생활 활동을 뚜렷이 방해하는 것이다. 이 장애의 대표적인 예는 읽기장애의 하나인 난독증(dyslexia)이다.

교육현장에서는 읽기, 쓰기, 셈하기 등 특정한 학습영역에서의 수행능력이 지적 능력에 비해 현저히 떨어지는 경우 외에도 지적장애나 ADHD로 인해 학업성취가 전반적으로 매우 부진할 수 있는데, 그 경우에도 광범위한 의미에서 학습장애로 일컫기도 한다. 특정학습장애는 출생 이전이나 이후의 뇌 발달과정에서 지각, 기억, 통합 또는 인출 기능에 결함이 생겨 발생하는 것으로 보고, 임상적으로는 언어능력과 지각능력 간의 불일치를 진단 근거로 사용하기도 한다.

DSM-5의 진단기준(APA, 2013, p. 69)에 제시된 핵심증상은 다음과 같다.

참고 특정학습장애에 대한 DSM-5의 진단기준

- 부정확하거나 느리고 힘겨운 단어 읽기(예: 단어 읽기가 부정확하거나 느리며 더듬더듬 소리 내어 읽기, 자주 추측하여 읽기, 단어를 소리 내어 읽는 데 어려움이 있음)
- 읽은 것의 의미를 이해하기 어려움(예: 본문을 정확하게 읽을 수는 있으나 읽은 내용의 순서, 관계, 추론, 또는 깊은 의미를 이해하지 못함)
- 철자법의 어려움(예: 자음이나 모음을 추가하거나 생략 또는 대치하기도 함)
- 쓰기의 어려움(예: 한 문장 안에서 다양한 문법적·구두점 오류, 문단 구성이 엉성함, 생각을 글로 표현하는 데 있어 명료성이 부족함)
- 수 감각, 단순 연산값 암기 또는 연산 절차의 어려움(예: 숫자의 의미, 수의 크기나 관계에 대한 빈약한 이해, 한 자릿수 덧셈을 할 때 또래들처럼 단순 연산값에 대한 기억력을 이용하지 않고 손가락을 사용함, 연산을 하다가 진행이 안 되거나 연산 과정을 바꿔 버리기도 함)
- 수학적 추론의 어려움(예: 양적 문제를 풀기 위해 수학적 개념, 암기된 연산값 또는 수식을 적용하는 데 심각한 어려움이 있음)

출처: APA(2013). 정신질환의 진단 및 통계편람 제5판(DSM-5), p. 69.

3) 틱장애

아동의 행동 중에는 단순한 버릇이라고 보기에는 좀 이상한 행동들이 있다. 예를 들면, 자기도 모르게 눈을 깜박거리거나, 코를 킁킁거리거나, 얼굴, 목, 어깨, 심지어는 몸 전체를 앞뒤로 또는 위아래로 흔드는 행동 등이다. 이처럼 자신의 의지와 관계없이 자주, 갑자기 빠른 속도로 소리를 내거나 근육을 움직이는 반복적인 행동을 의학적인 용어로 틱(tic)이라고 한다.

틱 증상은 조용하고 긴장된 상태에서 "음, 음" 또는 "킁, 킁" 등의 소리를 반복하는 음성틱(vocal tic)과 눈, 얼굴, 목, 어깨 등을 움찔거리거나 몸 전체를 앞뒤로 흔드는 등의 움직임을 반복하는 운동틱(motor tic)이 있다. 근육의 움직임인 운동틱과 소리를 내는 음성틱이 동시에 나타나면 뚜렛장애(Tourette disorder)]로 진단하며, 지속기간이 1년 이상이면 지속성(만성)(persistent/chronic)으로 진단하고 1년 미만이면 잠정적(provisional)으로 진단한다.

학령기 아동 중 0.3~0.8%가 뚜렛장애를 나타내며, 여아보다 남아에게서 2~4배 정도 더 흔하다. 틱 증상은 전형적으로 4~6세에 시작되며, 10~12세 사이에 증상이 가장 심해졌다가 청소년기에 이르면 약해지는 경향이 있다. 틱 증상이 나타나기 전에 전조 충동을 느끼며, 증상이 나타난 후에는 긴장이 약화됨을 느낀다.

일반적으로 운동 틱은 눈을 깜박이는 것부터 시작하지만 코를 찡긋거리거나 입 주위를 실룩거리기도 한다. 그런데 운동 틱의 움직임이 커지면 상동증적 운동장애(stereotypic movement disorder)와 유사해질 수 있다. 상동증적 운동장애는 멈추려고 노력하면 중단이 가능하며, 자신을 해치려는 의도를 가지고 심할 정도로 자해 행동을 반복하는 특성이 있다. 전형적으로 틱은 5~7세에 시작되며, 주로 눈, 얼굴, 머리, 어깨에 짧고 빠르게 불수의적으로 나타나지만, 상동증적 운동장애는 3세 이전에 시작되며, 팔, 손, 몸 전체에 지속적이고 고정된 양식으로 나타난다.

틱장애는 흔히 강박적인 생각과 행동을 함께 수반하며, 과잉행동, 주의산만 및 충동성을 함께 나타내는 경우도 비교적 빈번하다. 주의를 받으면 일시적으로 증상이 약화되는 등 특정한 상황이나 시간 동안 자신의 의지로 증세를 억제할 수는 있으나 완전히 통제하기는 어렵다. 흔히 틱장애는 불안이나 긴장, 스트레스를 받으면 더 심해지고, 책읽기나 바느질하기처럼 차분한 활동을 하는 동안에는 감소한다. 이러한 변화는 심리적 상태가 틱증상에 영향을 미친다는 것을 뒷받침한다.

부모가 자녀에 대한 기대수준이 지나치게 높거나 가정 분위기가 강압적이고 지시적인 경우에 틱증상을 나타내는 아동이 많다. 따라서 아동이 틱증상을 보이는 경우에는 증상을 중단시키는 데 초점을 두기보다는 가정 분위기를 편안하게 해주고 아동이 느끼는 부담감을 덜어줌으로써 심리적으로 이완시켜 주는 것이 중요하다.

4) 적대적 반항장애

적대적 반항장애(oppositional defiant disorder)는 권위에 대한 거부, 도전, 불복종 또는 적대적 행동과 관련된다. 따라서 적대적 반항장애 아동은 고집이 세고 말을 잘 듣지 않으며 양보나 타협을 하지 않는 것으로 평가되며, 복종적이고 겁이 많아 보이는데도 적대적 반항장애로 진단받을 수 있다. DSM-5의 진단기준(APA, 2013, pp. 506-507)에 따르면 다음의 증상 중 4가지 이상이 형제나 자매가 아닌 적어도 한 명 이상의 다른 사람과의 상호작용에서 적어도 6개월 이상 지속될 때 진단한다.

참고 적대적 반항장애에 대한 DSM-5의 진단기준

분노/과민한 기분	1. 자주 욱하고 화를 냄 2. 자주 과민하고 쉽게 짜증을 냄 3. 자주 화를 내고 크게 분개함
논쟁적/반항적 행동	4. 권위자와의 잦은 논쟁, 아동과 청소년의 경우는 성인과 논쟁함 5. 자주 적극적으로 권위자의 요구나 규칙을 무시하거나 거절함 6. 자주 고의적으로 타인을 귀찮게 함 7. 자주 자신의 실수나 잘못된 행동을 남의 탓으로 돌림
보복적 특성	8. 지난 6개월 안에 적어도 두 차례 이상 악의에 차 있거나 앙심을 품음

출처: APA(2013). 정신질환의 진단 및 통계편람 제5판(DSM-5), pp. 506-507.

부모가 매우 강압적이고 위협적일 때 복종적이고 겁이 많은 아동은 어른의 통제에 직접 반항하지 못하고 꾸물거리기, 못 들은 척하기, 말 안 하기, 무관심한 척하기 등의 수동적인 형태로 거부를 나타낼 수 있다. 적대적 반항장애는 보통 8세 이전에 분명하게 나타나며 집에서 잘 아는 사람하고 있을 때만 드러나서 학교나 낯선 대상과 있을 때는 발견되지 않기도 한다. 양육자가 자주 바뀌거나 애정적인 보살핌을 받지 못한 경우 또는 엄격하고 비일관적이거나 방임적인 가정에서 자란 아동에게서 이러한 장애가 많이 나타난다.

5) 품행장애

품행장애(conduct disorder)는 신체적 또는 언어적으로 타인을 공격하거나 재산을 파괴함으로써 다른 사람의 기본 권리를 침해하거나 도둑질, 방화, 거짓말, 가출 등 규범을 위반하는 것이다. 품행장애는 적대적 반항장애보다 더 공격적이고 반사회적이다. DSM-5의 진단기준(APA, 2013, p.515)에 따르면 다음의 증상 중 지난 12개월 동안 3개 이상 해당하고, 지난 6개월 동안 한 개 이상에 해당될 때 진단한다.

참고 품행장애에 대한 DSM-5의 진단기준

사람과 동물에 대한 공격성	1. 자주 다른 사람을 괴롭히거나, 위협하거나, 협박함 2. 자주 신체적인 싸움을 검 3. 다른 사람에게 심각한 신체적 손상을 입힐 수 있는 무기를 사용함(예: 방망이, 벽돌, 깨진 병, 칼, 총) 4. 다른 사람에게 신체적으로 잔인하게 대함 5. 동물에게 신체적으로 잔인하게 대함 6. 피해자가 보는 앞에서 도둑질을 함(예: 노상강도, 소매치기, 강탈, 무장강도) 7. 다른 사람에게 성적 행동을 강요함
재산 파괴	8. 심각한 손상을 입히려는 의도로 고의적으로 불을 지름 9. 다른 사람의 재산을 고의적으로 파괴함(방화로 인한 것은 제외)
사기 또는 절도	10. 다른 사람의 집, 건물 또는 자동차를 망가뜨림 11. 어떤 물건을 얻거나 환심을 사기 위해 또는 의무를 피하기 위해 거짓말을 자주 함(즉, 다른 사람을 속임) 12. 피해자와 대면하지 않은 상황에서 귀중품을 훔침(부수거나 침입하지 않고 상점에서 물건 훔치기, 문서 위조)
심각한 규칙 위반	13. 부모의 제지에도 불구하고 13세 이전부터 자주 밤늦게까지 집에 들어오지 않음 14. 친부모 또는 양부모와 같이 사는 동안 밤에 적어도 2회 이상 가출, 또는 장기간 귀가하지 않은 가출이 1회 있음 15. 13세 이전에 무단결석을 자주 함

출처: APA(2013). 정신질환의 진단 및 통계편람 제5판(DSM-5), p. 515.

이 장애의 발생률은 증가하고 있으며, 시골보다 도시에서, 여아보다 남아에게서 더 자주 나타난다. 5~6세경에도 나타날 수 있으나 흔히 학령 후기 또는 청소년 초기에 나타나며, 적대적 반항장애가 먼저 나타나기도 한다. 품행장애는 학습장애나 ADHD를 함께 수반하거나, 신체적 공격, 부적절한 놀이, 욕설 또는 서투른 사회적 기술로 인해 또래로부터 자주 따돌림을 당한다. 학령 후기로 가면서 점차 반사회적인 또래들과 어울리게 되고, 그에 따라 이전에 보이던 공격적인 행동이 도벽, 약물중독, 폭력과 같은 청소년기 범죄행동으로 이어지기도 한다.

6) 기타

아동기와 관련된 문제로서 가족 양육과 관련된 문제(예: 부모-자녀관계 문제, 형제자매관계 문제, 부모와 떨어진 양육), 학대 및 방임문제(신체적 학대, 성적 학대, 방임, 심리적 학대), 학업/교육문제 등이 있다. 이러한 문제는 임상현장에서 직면하는 추가적인 사안으로서 장애의 진단, 치료, 또는 증상 추이에 영향을 줄 수 있다. 부모자녀관계 문제는 부모-자녀 간 관계의 질에 초점을 두며, 행동, 인지 또는 정서기능의 손상과 관련된다. 행동문제의 예로는 부모의 부적절한 통제, 자녀에 대한 감독 및 관여, 과잉보호, 부모의 지나친 기대, 폭행위협을 느끼는 언쟁, 문제해결 회피 등이다. 인지적 문제는 타인의 관심에 대한 부정적 귀인, 타인에 대한 적대심이나 책임전가, 관계 소원에 대한 부당한 느낌 등이며, 정서적 문제는 슬픔, 무관심 또는 화남 등이다. 형제자매관계 문제는 개인이나 가족 기능의 손상과 상당히 관련될 때, 혹은 형제자매 중 하나 또는 둘 이상이 보이는 증상이 형제자매 사이의 상호작용과 관련될 때, 혹은 형제자매 관계 문제가 한 형제자매의 정신질환이나 기타 신체장애의 경과, 예후, 치료 등에 영향을 주고 있을 때 임상적 주의의 초점이 된다. 학대 및 방임은 아이를 잔인하게 다루는 것으로 정신장애나 다른 질병을 진단하고 치료할 때 중요한 요인이 될 수 있으나, 법적인 처벌과 관련되는 문제이기 때문에 신중히 평가해야 한다. 학업/교육문제와 관련해서는 문맹이나 저학력, 학업 성취문제(예: 학교 시험 실패, 불합격이나 낙제점을 받음)나 저성취(지적 능력에 미루어 예상되는 것보다 아래), 교사나 다른 학생들과의 불화 등이 있다(APA, 2013, pp. 787-796).

참고문헌

강문희, 신현옥, 정옥환, 정정옥(2004). **아동발달**. 서울: 교문사.

고려대학교 구로병원. http://anam.kumc.or.kr/dept/disease/deptDiseaseInfoView.do?BNO=102&cPage=2&DP_CODE=GROG&MENU_ID=004005에서 2021. 4. 25. 인출.

곽금주(2002). **아동 심리평가와 검사**. 서울: 학지사.

곽노의(2010). **영·유아발달**. 서울: 양서원.

곽노의, 김진호, 유구종(1998). **유아 발달수준 검사 개발 연구**. 서울: 국립교육평가원.

국민일보(2009. 3. 2.). 임신중 흡연, 신생아에 수면장애. http://news.kukinews.com/arti-cle/view.asp?page=1&gCode=all&arcid=1235987853&code=14131701에서 2010. 1. 6. 인출.

교육부. 2023년 1차 학교폭력 실태조사 결과 발표. https://www.moe.go.kr/에서 2025. 2. 23. 인출.

권민균, 권희경, 문혁준, 성미경, 신유림, 안선희 외(2005). **아동발달**. 서울: 창지사.

김경희(1999). **발달심리학**. 서울: 학문사.

김광웅, 방은령(2003). **아동발달**. 서울: 형설출판사.

김미영(2010). **아동발달**. 파주: 정민사.

김민화, 곽금주, 김수정(2004). 초기 영아기 기질특성에 따른 상호주의 능력의 발달. **인간 발달 연구, 11**, 19-35.

김영선(1999). Piaget의 수개념과제 수행에 있어서의 유아의 언어적 표현능력과 수학적 사고능력 간의 관계. **한국영유아보육학, 17**, 331-353.

김영채(1997). 학습과 기억. 한국심리학회 편, **현대심리학의 이해**. 서울: 학문사.

김영태, 장혜성, 임선숙, 배현정(1995). **그림어휘력검사 실시요강**. 서울: 서울장애인종합복지관.

김정미, 신의선(2006). **K-CDI 아동발달검사**. 서울: 특수교육.

김춘경, 문혁준, 신유림, 심미경, 옥경희, 위영희 외(2002). **아동학개론**. 서울: 학지사.

김태련, 서봉연, 이은화, 홍숙기(1993). **아동용 회화 통각 검사**. 서울: 한국가이던스.

김태련, 조혜자, 이선자, 방희정, 조숙자, 조성원 외(2004). **발달심리학**. 서울: 학지사.

김현택, 박동건, 성한기, 유태용, 이순묵, 이영호 외(2001). **심리학**. 서울: 학지사.

뉴스위크 한국판 특별호(1999). **귀여운 우리 아기: 태어나서 3세까지 부모가 알아야 할 모든 것**. 서울: 중앙일보 미디어 인터내셔널.

문수백(2014). **KABC-Ⅱ 전문가 지침서**. 서울: 학지사.

문수백, 여광응, 조용태(2003). **한국판 시지각 발달검사**. 서울: 학지사.

문태형(2000). 사회지능 척도개발 연구. **아동교육**, **9**(2), 127-141.

미국 국립과학회원보 인터넷판(2012. 10. 28.). 영국 데일리 메일지.

박명자, 최경숙(1990). 제시양식 및 부호화 조건과 단서 양식이 아동의 회상에 미치는 영향. **아동학회지**, **11**(1), 45-57.

박선영(2002). 애착 Q-set을 통한 자폐 유아의 안정애착. 단국대학교 대학원 석사학위논문.

박성연, 도현심(2003). **아동발달**. 서울: 동문사.

박영순(1990). 이중언어 이론과 중국에서의 한국어 문제. **이중언어학**, **6**(1), 135-167.

박정우, 전종관, 구자남, 서동기, 문정빈, 서영훈 외(2011). 한국에서 선천성기형의 유병률: 다기관 공동연구. *The Korean Journal of Ultrasound in Obstetrics and Gynecology, 13*(4), 148-156.

박혜원(1993). 영아지능검사의 유용성 검증: 정상아와 미숙아 집단의 비교연구. **한국심리학회지: 발달**, **6**(1), 85-95.

박혜주(2004). 낯선 상황(Strange Situation)에서 영아들의 애착과 정서조절. 이화여자대학 교대학원 석사학위논문.

배도영(2006). 한국어 발달특성과 학령전기 문법형태도. **한국어학**, **31**, 31-45.

배소영(2003). 영·유아기 의미 평가도구 MCDI-K의 타당도와 신뢰도에 대한 연구. **언어청각장애연구**, **8**(2), 1-14.

백지희(2008). 발달에 적합한 음악, 동작 통합 프로그램이 유아의 운동능력에 미치는 효과. **아동교육**, **18**(3), 97-108.

베이비뉴스(2013. 12. 13.). 임신 중 먹어야 할까? 다이어트 해야 할까? http://www.ibabynews.com/News/NewsView.aspx?CategoryCode=0004&NewsCode=201312111201377303753710#z에서 2021. 3. 22. 인출.

베이비뉴스(2013. 12. 28.). 간접흡연, 유아돌연사증후군 위험 높여-임신 중 태아에게도 '태반조기박리' 등 악영향 미쳐. http://www.ibabynews.com/News/NewsView. aspx?CategoryCode=0007&NewsCode=201312222357490836259035에서 2021. 3. 22. 인출.

보건복지부 질병관리본부 보도자료(2007. 10. 19.). 소아 청소년 성장곡선(신체발육 표준치) 새로이 제정. http://www.mohw.go.kr/front_new/al/sal0301vw.jsp?PAR_MENU_ ID=04 &MENU_ID=0403&CONT_SEQ=42375에서 2016. 10. 15. 인출.

(사)프로라이프 홈페이지 생명의 연속성. https://www.prolife.or.kr/page/sub_050101에서 2025. 1. 27. 인출.

서경희 외(2001). **발달장애의 진단과 평가**. 대구: 대구대학교 출판부.

서소정, 하지영, 장혜성(2008). 0-36개월 영아발달선별 검사도구의 타당성에 대한 연구. **아동학회지, 29**(5), 13-30.

서울경제신문(2013. 7. 25.). 태아의 선천기형 발병 증가, 어린이 태아보험으로 준비.

서울대학교병원 의학백과사전. http://www.snuh.org/health/encyclo/view/21/2/7.do에서 2021. 4. 25. 인출.

성영혜, 김연진, 이경화, 윤혜경, 송주미, 장미경 외(1999). **영유아 발달의 이론과 실제**. 서울: 동문사.

성현란(2008). 인지발달: 영아기에서 유아기 동안의 지능 안정성-4년 종단 연구. **한국심리학회지: 발달, 21**(4), 75-87.

성현란, 성은현, 장유경, 정명숙, 박혜원, 이현진 외(2019). **발달심리학**. 서울: 학지사.

성현란, 이현진, 김혜리, 박영신, 박선미, 유연옥 외(2004). **인지발달**. 서울: 학지사.

송길연(2014). **발달심리학**. 서울: 시그마프레스.

송명자(2011). **발달심리학**. 서울: 학지사.

송인섭(1993). **유아성격검사 실시요강**. 서울: 학지사.

송인섭, 김정원, 정미경, 김혜숙, 신은영, 박소연(2001). **아동 연구방법**. 서울: 학지사.

송현주, 권미경, 기쁘다, 박다은, 박혜근, 성지현 외(2020). **최신 발달심리학**. 서울: 사회평론아카데미.

신경혜(1994). 아동용 수용검사 도구에 의한 학령 전 아동의 언어발달 수준평가. 세종대학교 대학원 석사학위논문.

신명희, 박명순, 권영심, 강소연(1998). **교육심리학의 이해**. 서울: 학지사.

신명희, 서은희, 송수지, 김은경, 원영실, 노원경 외(2013). **발달심리학**. 서울: 학지사.

신민섭, 조수철(2010). **한국판 라이터 비언어성 지능검사: 전문가 지침서**. 서울: 학지사.

신희선, 한경자, 오가실, 오진주, 하미나(2002). **한국형 Denver II 검사지침서**. 서울: 현문사.

안범희(2007). **학습이론 및 심리**. 서울: 하우.

안인희(1990). **루소의 교육론: 에밀**. 서울: 양서원.

안효섭(2007). **홍창의 소아과학(9판)**. 서울: 대한교과서.

알심. 건강 브리핑: 대천문 닫히는 시기와 대천문 주의할 점들 총정리. https://gdny.kr/75에서 2025. 2. 23. 인출.

양승희, 박낭자(2005). **교사평정용 유아사회지능 평가도구**. 서울: 동문사.

오명호, 이인규, 이희정(2008). 위험군 영아에 대한 발달 평가. **한국심리학회지: 발달, 18**, 37-60.

위키피디아. http://ko.wikipedia.org

유안진(1999). 아동 발달의 이해. 서울: 문음사. 유효순(1992). **아동발달**. 서울: 창지사.

유은희, 임미옥(2006). 부모의 정서표현성과 아동의 자기조절 능력과의 관계. **아동학회지, 27**(6), 97-106.

윤성하, 임도희, 오경원, 문진수, 김재현(2017). 2017 소아청소년 성장도표 개발. **주간 건강과 질병, 11**(25), 813-820.

윤혜련, 김영태(2004). 성별에 따른 영·유아 언어발달의 특성연구: SELSI를 중심으로. **언어청각장애연구, 9**(1), 20-44.

이경화, 고진영(2006). **자아개념검사 실시요강**. 서울: 학지사.

이경화, 김연진, 고진영, 박숙희(2010). **유·아동기 정신건강의 이해**. 서울: 동문사.

이근(1990). **한국판 덴버발달선별검사**. 서울: 이화여자대학교 부속병원.

이귀애(2023). 자기통제가 유아와 아동의 적응과 부적응에 미치는 영향에 대한 다층메타분석. 충북대학교 대학원 박사학위논문.

이근(1990). **한국판 덴버발달선별검사**. 서울: 이화여자대학교 부속병원.

이기숙, 김순환, 정종원(2010). 한국과 일본 만 3, 4, 5세 유아의 연령, 성, 소득수준에 따른 읽기, 쓰기능력. **육아지원연구, 5**(2), 211-240.

이나미(2008). **특수아동 진단 및 평가**. 서울: 집문당.

이성태(2007). **아동발달이론**. 파주: 학현사.

이숙재, 이봉선(1999). **영유아의 발달과 교육**. 서울: 창지사.

이순형(2000). 한국아동이 초기에 획득한 문법적 형태소의 종류 및 획득시기. **아동학회지, 21**(4), 51-68.

이연섭, 권경안, 김성일 (1979). **한국아동의 구문발달 1**. 서울: 한국교육개발원.

이영, 김온기, 조성연. 이혜경, 이선원, 이정림 외(2005). **유아발달**. 서울: 학지사.

이영, 이정희, 김온기, 이미란, 조성연, 이정림 외(2009). **영유아발달**. 서울: 학지사.

이영자, 이종숙(1990). 유아의 문어발달과 구어 문어구별능력 발달에 대한 질적분석 연구. **유아교육연구, 10**(1), 41-66.

이영자, 이종숙(1996). 영아의 문해행동 발달과 영아 부모의 상호작용 유형의 변화. **유아 교육연구, 16**(1), 23-48.

이영자, 이종숙, 신은수(2000). **교사 평정에 의한 유아용 정서지능 평가도구**. 서울: 창지사.

이옥형(1997). **아동발달**. 서울: 집문당.

이원영, 이태영, 강정원(2011). **영유아교사를 위한 부모교육**. 서울: 학지사.

이은해(1985). **아동 연구방법**. 서울: 교문사.

이정덕(2009). 사회생물학에 의한 지식 대통합이라는 허망한 주장에 대하여: 문화를 중심으로. **2009 사회생물학 심포지엄: 부분과 전체: 다윈, 사회생물학 그리고 한국**, 85-101.

이정모, 강은주, 김민식, 김기택, 김정오, 박태진 외(2004). **인지심리학**. 서울: 학지사.

이정재(2002). 흡연이 임신에 미치는 영향. **대한주산회지, 13**(4), 357-365.

이주혜(1981). 유아의 낯가림 및 격리불안과 어머니의 양육태도와의 관계. 성균관대학교 대학원 석사학위논문.

인사이트 심리검사연구소. **K-DTVP-3 한국판 아동 시지각발달검사**. https://inpsyt.co.kr/psy/item/view/KDTVP3_CO_TG에서 2025. 1. 27. 인출.

일본 뉴턴프레스(2009). **뇌와 마음의 구조(Newton HIGHLIGHT)**. 서울: 뉴턴코리아.

장유경(1997). 유아기의 언어습득. **새국어생활, 7**(1), 29-50.

장휘숙(1995). **아동심리학**. 서울: 박영사.

장휘숙(2000). **아동 연구방법**. 서울: 창지사.

전경원(1995). **유아 종합 창의성 검사**. 서울: 한국유아교육원.

전경원(2000). **유아 종합 창의성 검사 요강**. 서울: 학지사.

전경원(2001). **유아 도형 창의성 검사 요강**. 서울: 학지사.

전경원(2003). **유아용 창의적 특성 검사 요강**. 서울: 학지사.

전병운, 조광순, 이기현, 이은상, 임재택(2004). **K-DIAL3(유아발달선별검사) 지침서**. 서울: 특수교육.

전효정, 이귀옥, 박혜원(2004). 초기 언어발달에 있어 환경적 영향의 특수성. **아동학회지, 25**(5), 163-178.

정문자, 이은해, 박경자(1993). 베일리 유아발달 척도의 한국 표준화를 위한 예비연구. **아동학회지, 14**(1), 5-21.

정옥분(2003). **아동발달의 이론**. 서울: 학지사.

정옥분(2007). **아동발달의 이해**. 서울: 학지사.

정옥분(2012). **영아발달**. 서울: 학지사.

정옥분(2013). **아동발달의 이해**. 서울: 학지사.

정옥분(2024). **발달심리학: 전생애 인간발달(4판)**. 서울: 학지사.

정옥분, 정순화(2010). **부모교육**. 서울: 학지사.

정옥분, 정순화, 황현주(2009). **애착과 발달**. 서울: 학지사.

조명한(1991). **언어심리학**. 서울: 민음사.

조복희(1995). **아동발달의 이해**. 서울: 교육과학사.

조복희(1997). **유아발달**. 서울: 교육과학사.

조복희(1999). **아동발달**. 서울: 교육과학사.

조복희(2000). **아동발달**. 서울: 교육과학사.

조복희(2000). **유아발달**. 서울: 교육과학사.

조복희, 박혜원(2004). 한국 Bayle 영유아발달검사 (K-BSID-II) 표준화 연구(1): 지역, 성 별 및 모의 교육수준에 따른 K-BSID-II 수행분석. **한국심리학회지: 발달, 17**(1), 191-206.

조선일보(2007. 11. 15.). '1-3주 조산아, 생후 첫주 사망위험 6배' 조사결과. http://dan-mee.chosun.com/site/data/html_dir/2007/11/15/2007111551050.html에서 2017. 10. 18. 인출.

조성연(2006). **예비부모교육**. 서울: 학지사.

조성연(2021). **행복한 부모-자녀관계를 위한 예비부모교육**. 서울: 학지사.

조성연, 이미란, 최혜영, 박진재, 송혜린, 권연희 외(2014). **부모교육**. 서울: 신정.

조성연, 이정희, 천희영, 심미경, 황혜정, 나종혜(2010). **아동발달**. 서울: 신정.

조성연, 이정희, 천희영, 심미경, 황혜정, 최혜영 외(2014). **영아발달**. 서울: 신정.

조성연, 천희영, 심미경, 황혜정, 최혜영, 전효정 외(2015). **유아발달**. 서울: 신정.

조성윤(1992). 한국 유아의 언어습득과 그 발달과정에 대한 고찰. 단국대학교 교육대학원 석사학위논문.

조형숙, 박은주, 강현경, 김태인, 배정호(2013). **유아발달**. 서울: 학지사.

주영희(2001). **유아 언어발달과 교육**. 서울: 교문사.

중앙일보(2005. 9. 15.). '임신초 음주, 태아 뇌신경세포에 치명적'. http://article.joins.com/article/article.asp?total_id=2403006에서 2017. 9. 5. 인출.

최경숙(2006a). 한인의 간도이주 연구(1890-1945). **비교문화연구, 18**, 99-140.

최경숙(2006b). **아동발달심리학**. 서울: 교문사.

최미옥(2004). 비고츠키의 발달이론에 비추어 본 언어와 도덕성 발달의 관계. 한국교원대학교 대학원 박사학위논문.

최상진(1997). 심리학이란 무엇인가. 한국심리학회 편, **현대심리학의 이해**. 서울: 학문사.

최순영(2003). **인간의 사회·성격발달심리**. 서울: 학지사.

코리아위클리(2014. 1. 20.). 아이 치아, 빨리 난다고 좋은 것 아니다. http://www.korea-weeklyfl.com/news/cms_view_article.php?aid=8464&start=0&sd=7e66bc48780e-24becff501103007d88c에서 2017. 5. 15. 인출.

코리안스피릿(2013. 3. 20.). 국내 영아 돌연사 60%는 부모와 함께 자는 게 화근. http://www.ikoreanspirit.com/news/articleView.html?idxno=37753에서 2017. 11. 5. 인출.

한국마더세이프전문상담센터. http://blog.mothersafe.or.kr에서 2024. 8. 5. 인출.

한국연구재단(2011). **연구윤리의 이해와 실천**. 서울: 교육과학기술부.

한국유아교육학회(1996). **유아교육 사전**. 서울: 한국사전연구사.

한국일보(2007. 8. 8.). '환경호르몬, 아동 학습장애 유발 우려'. http://news.hankooki.com/ArticleView/ArticleView.php?url=health/200708/h2007080806324784490.htm&ver=v002에서 2017. 10. 30. 인출.

함기선, 신문균, 최홍식(1997). **신경생리학**. 서울: 현문사.

허혜경, 김성희(2006). **현대사회와 아동발달**. 서울: 교육과학사.

헬스로그(2013. 12. 13.). 임신 중 술 한 잔 괜찮을까? http://www.koreahealthlog.com/5076에서 2017. 11. 5. 인출.

현정환(2009). **아동상담**. 서울: 창지사.

황혜신, 황혜정(2000). 이중언어(한국어-영어)를 하는 아동의 언어능력 발달에 관한 연구. **아동학회지, 21**(4), 69-79.

Ainsworth, M. D. S. (1973). The development of infant-mother attachment. In B. M. Caldwell & H. N. Ricciuti (Eds.), *Review of Child Development Research*(Vol. 3). Chicago: University of Chicago Press.

Ainsworth, M., Blehar, M. C., Waters, E., & Wall, S. (1978). *Patterns of attachment: A psychological study of the strange situation*. Hillsdale, NJ: Erlbaum.

Ainsworth, M. D. S., & Wittig, B. A. (1969). Attachment and exploratory behavior of one-year-olds in a strange situation. In B. M. Foss (Ed.), *Determinants of infant behavior*(Vol. IV). London: Menthuen.

American Psychiatric Association(APA)(1994). **정신장애의 진단 및 통계 편람 제4판 DSM-5**. 이근후, 강병조, 곽동일, 민성길, 박민철, 박영숙 외 공역(1995). 서울: 하나의학사.

American Psychiatric Association(APA)(2013). **정신질환의 진단 및 통계 편람 제5판 DSM-5**.

권준수 외 공역(2015). 서울: 학지사.

American Psychological Association (2000). *Encyclopedia of psychology*. New York: Oxford University Press.

Andersson, T. (1976). A preschool biliteracy project. In R. Rado & T. Anderson(Eds.), *Georgetown University papers on languages and linguistics, 13,* Early reading. Washington, D.C.: Georgetown University Press.

Anglin, J. M. (1993). Vocabulary development: A morphological analysis. M*onographs of the Society for Research in Child Development, 58*(10), 238-252.

Apgar, V. (1953). A Proposal for a new method of evaluation in the newborn infant: Infant. *Current Research in Anesthesia and Analgesia, 32*(4), 260-267.

Aslin, R. N. (1987). Visual and auditory discrimination in infancy. In J. D. Osofsky(Ed.), *Handbook of infant development*(2nd ed.). New York: Wiley.

Atkinson, R. C., & Shiffrin, R. M. (1968). Human memory: A proposed system and its control processes. In K. W. Spence & J. T. Spence(Eds.), *The psychology of learning and motivation: Vol. 2. Advances in research and theory*(pp. 90-195). Orlando, FL: Academic Press.

Au, T. K., Dapretto, M., & Song, Y. K. (1994). Input versus constraints: Early word acquisition in Korean. *Journal of Memory and Language, 33*, 567-582.

Bahrick, L. E. (2002). Generalization of learning in three-and-a-half-month-old infants on the basis of amodal relations. *Child Development, 73*(3), 667-681.

Bahrick, L. E., Netto, D., & Hernandez-Reif, M. (1998). Intermodal perception of adult and child faces and voices by infants. *Child Development, 69*, 1263-1275.

Baker, J. K., Fenning, R. M., & Crnic, K. A. (2011). Emotion socialization by mothers and fathers: Coherence among behaviors and associations with parent attitudes and children's competence. *Social Development, 20*(3), 412-430.

Bandura, A. (1977). *Social learning theory*. Englewood Cliffs, NJ: Prentice-Hall.

Bandura, A. (1989). Regulation of cognitive processes through perceived self-efficacy. *Developmental Psychology, 25*(5), 729-735.

Barker, D. J. P., Gluckman, P. D., Godfrey, K. M., Harding, J. E., Owens, J. A., & Robinson, J. S. (1993). Fetal nutrition and cardiovascular disease in adult life. *Lancet, 341,* 938-941.

Barney, T. (1987). 태아는 알고 있다. 윤호중 역. 서울: 홍익사.

Barrett, M. (1995). Early lexical development. In P. Fletcher & B. MacWhinney(Eds.), *The handbook of child language.* Cambridge, MA: Basil Blackwell.

Bassetta, H. H., Denham, S. A., Mincic, M. M., & Graling, K. (2012). The structure of preschoolers' emotion knowledge: Model equivalence and validity using a structural equation modeling approach. *Early Education and Development, 23*(3), 259-279.

Bates, E., & MacWhinney, B. (1987). Competition, variation, and language learning. In B. MacWhinney(Ed.). *Mechanisms of language acquisition*(pp. 157-193). Hillsdale, NJ: Erlbaum.

Bates, E., Bretherton, I., & Snyder, L. (1988). *From first words to grammar: Individual differences and dissociable mechanisms.* New York: Cambridge University Press.

Bateson, P. P. G. (1966). The characteristics and context of imprinting. *Biological Reviews, 41,* 177-220.

Baumeister, K. E., Campbell, J. D., Krueger, J. I., & Vohs, K. D. (2003). Does high self-esteem cause better performance, interpersonal success, happiness, or healthier lifestyles? *Psychological Science in the Public Interest, 4*(1), 1-44.

Bayley, N. (1993). *Bayley Scales of Infant Development*(2nd ed.). San Antonio, TX: Harcourt Brace & Company.

Bayley, N. (2006). *Bayley Scales of Infant Development*(3rd ed.). San Antonio, TX: Harcourt Assessment.

Bee, H. (1997). *The developing child.* New York: Harper & Row.

Bell, S., & Allen, B. (2000). Test review of the Bayle Scales of Infant Development: Manual(2nd Ed.). *Journal of Psychoeducational Assessment, 18*, 185-195.

Bellak, L. (1949). *Children's Apperception Test.* New York: C. P. S.

Bem, S. L. (1974). The measurement of psychological androgyny. *Journal of Consulting and Clinical Psychology, 42*(1), 155-162.

Bengtson, H., & Arvidsson, A. (2011). The impact of developing social perspective-taking skills on emotionality in middle and late childhood. *Social Development, 20*(2), 353-375.

Berenbaum, S. A., & Beltz, A. M. (2011). Sexual differentiation of human behavior: Effects of prenatal and pubertal organizational hormones. *Frontiers in Neuroendocrinology,*

32(4), 183-200.

Berger, K. S. (2003). *Developing person through childhood and adolescence.* New York: Worth.

Berglind, D., Ljung, R., Tynelius, P., & Brooke, H. L. (2018). Cross-sectional and prospective associations of meeting 24-h movement guidelines with overweight and obesity in preschool children. *Pediatric Obesity, 13*(7), 442-449.

Berk, L. E. (1996). *Infants, children, and adolescents*(2nd ed.). Needham Heights, MA: Allyn and Bacon.

Berk, L. E. (1997). *Child development*(3rd ed.). Boston: Allyn and Bacon.

Berk, L. E. (1999). *Infants and children*(4th ed.). Boston: Allyn and Bacon.

Berk, L. E. (2000). *Child development*(5th ed.). Boston: Allyn and Bacon.

Berk, L. E. (2008). *Infants and children*(6th ed.). Boston: Allyn and Bacon.

Berk, L. E. (2013). *Child development*(9th ed.). Upper Saddle River, NJ: Pearson.

Berk, L. E. (2013). **아동발달**. 이종숙, 신은수, 안선희, 이경옥 공역(2015). 서울: 시그마프레스.

Berk, L. E., & Meyers, A. B. (2015). *Infants, children, and adolescents.* Upper Saddle River, NJ: Pearson.

Bernstein, G. A., & Borchardt, C. M. (1991). Anxiety disorders in childhood and adolescence: A critical review. *Journal of the American Academy of Child and Adolescent Psychiatry, 30*, 519-533.

Bialystok, E. (1988). Levels of bilingualism and levels of linguistic awareness. *Developmental psychology, 24*(4), 560.

Bialystok, E. (1999). Cognitive complexity and attentional control in the bilingual mind. *Child Development, 70*(3), 636-644.

Bialystok, E. (2001). *Bilingualism in development: Language, literacy, and cognition.* New York: Cambridge University Press.

Bialystok, E., & Ryan, E. (1985). Towards a definition of metalinguistic skill. *Merrill Palmer Quarterly, 31,* 229-251.

Bigner, J. (2009). **부모-자녀 관계**. 박성연, 성숙자, 김상희, 김지신, 박응임, 전춘애 외 공역. 파주: 교문사.

Bjorklund, D. F. (1995). *Children's thinking: Developmental function and individual differences*(2nd ed.). Pacific Grove, CA: Brooks/Cole.

Bornesetin, M. H., & Sigman, M. D. (1986). Continuity in mental development from infancy. *Child Development, 57,* 251-274.

Bowlby, J. (1969). *Attachment and loss: Vol. 1. Attachment.* New York: Basic Books.

Bowlby, J. (1980). *Attachment and loss: Vol. 3. Loss.* New York: Basic Books.

Brazelton, T. B., & Nugent, J. K. (1995). *Neonatal Behavioral Assessment Scale*(NBAS) *handbook.* Boston: The Brazelton Institute.

Bremner, A. J., & Spence, C. (2017). The development of tactile perception. *Advances in child development and behavior, 52,* 227-268.

Bretherton, I. (1992). The origin of attachment theory: John Bowlby and Mary Ainsworth. *Developmental Psychology, 28*(5), 759-775.

Bretherton, I., & Ainsworth, M. D. S. (1974). Responses of one-year-olds to a stranger in a strange situation. In M. Lewis & L. A. Rosenblum(Eds.), *The origin of fear*(pp. 134-164), New York: Wiley.

Bretherton, I., & Main, M. (2000). *Mary Dinsmore Salter Ainsworth(1913-1999): Obituary. American Psychologist, 55*(10), 1148-1149. DOI: 10.1037//0003-066X.55.10.1148

Bridge, L., & Grolnick, W. (1995). The development of emotional self-regulation in infancy and early childhood. In N. Eisenberg(Ed.). *Social development: Review of child development research*(Vol. 15)(pp. 185-211). Thousand Lake, CA: Sage.

Bronfenbrenner, U. (1979). **인간발달 생태학.** 이영 역(1992). 서울: 교육과학사.

Bronfenbrenner, U. (1995). The bioecological model from a life course perspective. In P. Moen, G. H. Elder, & K. Luscher(Eds). *Examining lives in context.* Washington, D.C.: American Psychological Association.

Brown, R. (1973). *A first language: The early stages.* Cambridge, MA: Harvard University Press.

Bruner, J. S. (1975). The ontogenesis of speech acts. *Journal of Child Language, 2,* 1-19.

Bukowski, W. M., Buhrmester, D., & Underwood M. K. (2011) peer relationship as a developmental context. In M. K. Underwood & L. H. Rogen(Eds.), *Social development: Relationship in infancy, childhood, and adolescence*(pp. 153-179). New York: The Guilford Press.

Bullock, M. (1985). Animism in childhood thinking: A new look at an old question. *Developmental Psychology, 21*(2), 217-226.

Buss, A. H., & Plomin, R. (1975). *A temperament theory of personality development.* New York: Wiley.

Buss, A. H., & Plomin, R. (1984). *Temperament: Early developing personality traits.* Hillsdale, NJ: Erlbaum.

Buss, A. H., & Plomin, R. (1986). The EAS approach to temperament. In R. Plomin & J. Dunn(Eds.), *The study of temperament: Changes continuities and challenges* (pp. 67-80). Hillsdale, NJ: Erlbaum.

Bussey, K., & Bandura, A. (1999). Social cognitive theory of gender development and differentiation. *Psychological Review, 106*(4), 676-713.

Campos, J. J., Hiatt, S., Ramsay, D., Henderson, C., & Svejda, M. (1978). The emergence of fear on the visual cliff. In M. Lewis & L. Rosenblum(Eds.), *The development of affect*(pp. 149-182). New York: Plenum.

Carey, S. (1977). The child as word learner. In M. Halle, J. Bresnan, & G. A. Miller(Eds.), *Linguistic theory and psychological reality.* Cambridge, MA: MIT Press.

Case, R. (1985). *Intellectual development: A systematic reinterpretation.* New York: Academic Press.

Carson, V., Kuzik, N., Hunter, S., Wiebe, S. A., Spence, J. C., Friedman, A., & Hinkley, T. (2015). Systematic review of sedentary behavior and cognitive development in early childhood. *Preventive Medicine, 78,* 115-122.

Carver, C. S., & Scheier, M. F. (2021). Self-regulation and control in personality functioning. In P. J. Corr & G. Matthews(Eds.) C*ambridge handbook of persnality psychology* (2nd ed.). New York: Cambridge University Press.

Case, R. (1985). *Intellectual development: A systematic reinterpretation.* New York: Academic Press.

Ceci, S. J., & Bronfenbrenner, U. (1985). Don't forget to take the cupcakes out of the oven: Prospective memory, strategic time-monitoring, and context. *Child Development, 56*(1), 152-164.

Chall, J. S. (1979). The great debate: Ten years later with a modest proposal for reading stages. In L. B. Resnick & P. A. Weaver(Eds.), *Theory and practice of early reading.* Hillsdale, NJ: Erlbaum.

Chance, P. (1987). **학습과 행동**. 김기석 역(1996). 서울: 교육과학사.

Chess S., & Thomas, A. (1984). *Origins and evolution of behavior disorders: From infancy to early adult life.* New York: Brunner/Mazel.

Chi, M. T. H. (1978). Knowledge structures and memory development. In R. Siegler(Ed.), *Children's thinking: What develops* (pp. 73-96). Hillsdale, NJ: Erlbaum.

Choi, S., & Gopnik, A. (1995). Early acquisition of verbs in Korea: A cross-linguistic study. *Journal of Child Language, 22,* 497-530.

Chomsky, N. (1957). *Syntactic structures.* The Hague: Mouton.

Chomsky, N. (1969). Acquisition of syntax in children from 5-10. Cambridge, MA: MIT Press.

Chomsky, N. (1991). Linguistics and cognitive science: Problems and mysteries. In A. Kasher(Ed.), *The Chomskyan turn.* Cambridge, MA: Blackwell.

Clark, E. V. (1993). *The lexicon in acquisition.* Cambridge, MA: Cambridge University Press.

Clay, M. (1979). Reading: The patterning of complex behaviour. Auckland, New Zealand: Heinemann.

Clifton, R., Perris, E., & Bullinger, A. (1991). Infants' perception of auditory space. *Developmental Psychology, 27,* 187-197.

Cole, L. H., Dennis, T. A., Smith-Simon, K. E., & Cohen, L. H. (2009). Preschoolers' emotion regulation strategy understanding: Relation with maternal socialization and child behavior. *Social Development, 18*(2), 324-352.

Cole, M, & Cole, S. R. (1993). *The development of children*(2nd Ed.). New York: Scien- tific American Books.

Conry-Murray, C., & Turiel, E. (2011). Jimmy's baby doll and Jenny's truck: Young children's reasoning about gender norms. *Child Development, 83*(1), 146-158.

Cowan, N. (2005). *Working memory capacity.* Hove, UK: Psychology Press.

Coyne, S. M., Nelson, D. A., & Underwood, M. (2011). Aggression in Children. In P. K. Smith and C. H. Hart(2nd Eds.). *The Wiley-Blackwell handbook of childhood social development*(pp. 491-509). Oxford, UK: Wiley-Blackwell.

Crain, W. C. (1980). **발달의 이론.** 서봉연 역(1983). 서울: 중앙적성출판부.

Crain, W. C. (2005). **발달의 이론: 개념과 적용(제5판).** 송길연, 유봉헌 공역(2011). 서울: 시그마프레스.

Culbertson, J. L., & Gyurke, J. (1990). Assessment of cognitive and motor development in infancy and childhood. In J. H. Johnson & J. Goldman(Eds.), *Developmental assessment in child psychology: A handbook*(pp.100-131). New York: Pergamon Press.

Cummins, J. (1979). Linguistic interdependence and the educational development of bilingual children. *Review of Education Research, 49,* 222-251.

D'Amato, B. (2010). Aggression in dreams-intersection theories: Freud, modern psychoanalysis, threat stimulation theory. *Modern Psychoanalysis, 35*(2), 82-204.

Darcy, N. T. (1963). Bilingualism and the measurement of intelligence: Review of a decade of research. *The Journal of Genetic Psychology: Research and Theory on Human Development, 103*(2), 259-282.

Darwin, C. (1859). *The origin of species.* London, UK: J. Murray.

Dawson, C. (2002). *Practical research methods: A user-friendly guide to mastering research techniques and projects.* Oxford: How To Books.

Dehart, G. B., Sroufe, L. A., & Cooper, R. G. (2004). *Child development: Its nature and course.* New York: McGraw-Hill.

De Houwer, A. (1995). *The acquisition of two language from birth: A case study.* Cambridge, MA: Cambridge University Press.

de Villiers, J. G., & de Villiers, P. A. (1979). *Early language.* Cambridge, MA: Havard University Press.

DeCasper, A. J., & Spence, M. J. (1986). Prenatal maternal speech influences newborn's perception of speech sounds. *Infant behavior and development, 9,* 133-150.

Dempster, F. N. (1981). Memory span: Sources of individual and development differences. *Psychological Bulletin, 89,* 63-100.

Developmental Indicators for the Assessment of Learning(DIAL-4). https://www.pearsonassessments.com/content/dam/school/global/clinical/us/assets/dial-4/DIAL-4-Overview-Brochure.pdf에서 2025. 1. 27. 인출.

Diamond, A., & Lee, K. (2011). Interventions shown to aid executive function development in children 4 to 12 years old. *Science, 333,* 959-964.

Dlugosz, L., & Bracken, M. B. (1992). Reproductive effects of caffeine: A review and theoretical analysis. *Epidemiological Review, 14,* 83-100.

Dunn, D. M., & Dunn, L. M. (1959). *Peabody Picture Vocabulary Test.* Circle Pines, MN:

American Guidance Service.

Dunsmore, J. C., Booker, J. A., & Ollendick, T. H. (2013). Parental emotion coaching and child emotion regulation as protective factors for children with oppositional defiant disorder. *Social Development, 22*(3), 444-466.

Eagly A. H., & Steffen, V. J. (1986). Gender and aggressive behavior: A meta-analytic review of the social psychological literature. *Psychological Bulletin, 100*(1), 309- 330.

Easterbrooks, M. A., Bartlett, J. D., Beeghly, M., & Thompson, R. A. (2012). Social emotional development in infancy. In I. B. Weiner., R. M. Lerner, M. A. Easterbrooks, & J. Mistry(2nd Eds.), *Handbook of psychology*(Vol. 6)(pp. 91-120). New York: Wiley.

Eisenberg, N., & Morris, A. S. (2002). Children's emotion-related regulation. In H. Reese & R. Kail (Eds.), *Advances in child development and behavior*(Vol. 30)(pp. 189-229). San Diego, CA.: Academic Press.

Elder, G. H. Jr., & Caspi, A. (1988). Human development and social change: An emerging perspective on the life course. In N. Bolger, A. Caspi, G. Downey, & M. Moorehouse (Eds.), *Persons in context: Developmental processes.* New York: Cambridge University.

Ensor, R., Spencer, D., & Hughes, C. (2011). 'You feel sad?' emotion understanding mediates predictors of prosocial behaviour: Findings from 2-to 4-years. *Social Development, 20*, 93-110.

Fagot, B. I., Leinbach, M. D., & Hagan, R. I. (1986). Gender labeling and the adoption of sex-typed behaviors. *Developmental Psychology, 22*(4), 440-443.

Fantz, R. L. (1963). Pattern vision in newborn infants. *Science, 140*(3564), 296-297.

Fernald, A., Marchman, V. A., & Weisleder, A. (2013). SES differences in language processing skill and vocabulary are evident at 18 months. *Developmental Science, 16*(2), 234-248.

Field, T. (1997). **영아기 발달**. 박성연, 이영 공역. 서울: 이화여자대학교 출판부.

Field, T., Die, M. A., Dieter, J., Hernandez-Rief, M., Schanberg, S., Kuhn, C., et al. (2001). Depressed withdrawn and intrusive mothers' effects on their fetuses and neonates. *Infant Behavior and Development, 24*(1), 27-39.

Flavell, J. (1993). Young children's understanding of thinking and consciousness. *Current*

Direction in Psychological Science, 2, 40-43.

Flavell, J. H., Miller, P. H., & Miller, S. A. (1993). *Cognitive development*(2nd ed.). Englewood Cliffs, NJ: Prentice-Hall.

Francis, P. L.. Self, P. A., & Horowitz, F. D. (1987). The behavioral assessment of the neonate: An overview. In J. D. Osofsky(Ed.), *Handbook of infant development*(2nd ed.). New York: Wiley.

Frankenburg, W. K., & Dodds, J. B. (1967). The Denver Developmental Screening Test. *Journal of Pediatrics, 71*(2), 181-191.

Frankenburg, W. K., Dodds, J., Archer, P., Shapiro, H., & Bresnick, B.(1992). The Denver II: A major revision and restandardization of the Denver Developmental Screening test. *Pediatrics, 89,* 91-97.

Frostig, M., Lefever, D. W., & Whittlesey, J. R. B. (1961). A developmental test of visual perception for evaluating normal and neurologically handicapped children. *Perceptual and Motor Skills, 12,* 383-394.

Gander, M. J., & Gardiner, H. W. (1981). *Child and adolescent development.* Boston: Little, Brown Company.

Gardner, H. (1983). *Frames of mind: The theory of multiple intelligence.* New York: Basic Books.

Gardner, H. (1999). *The disciplined mind.* New York: Simon & Schuster.

Garstein, M. A., & Rothbart, M. K. (2003). Studying infant temperament via the Revised Infant Behavior Questionnaire. *Infant Behavior and Development, 26*(1), 64-86.

Gathercole, V. C. M. (2006). Introduction to special issue: Language-specific influences on acquisition and cognition. *First Language, 26*(1), 5-17.

Gelman, R. (1978). Cognitive development. In M. R. Rosenzweig & L. W. Porter(Eds.), *Annual review of psychology*(Vol. 29). Palo Alto, CA: Annual Reviews.

Gelman, S. (2003). *The essential child: Origin of essentialism in everyday thought.* Oxford: Oxford University Press.

Genesee, F. (1979). Acquisition of reading skills in immersion programs. *Foreign Language Annals, 12,* 71-77.

Gesell, A. L. (1945). *The embryology of behavior.* New York: Harper & Row.

Gesell, A. L. (1954). The ontogenesis of infant behavior. In L. Carmichael(Ed.), *Manual of child psychology.* New York: Wiley.

Getzels, J., & Jackson, P. (1962). *Creativity and intelligence explorations with gifted students.* New York: Wiley.

Gibbs, J. C., Basinger, K. S., Grime, R. L., & Snarey, J. R. (2007). Moral judgement development across cultures: Revisiting Kohlberg's universality claims. *Developmental Review, 27*(4), 443-500.

Gibson, E. (1969). *Principles of perceptual learning and development.* New York: Appleton-Century-Crofts.

Gibson, E. (1992). How to think about perceptual learning: Twenty-five years later. In H. L. Pick, P. Van den Brock, & D. C. Knoll(Eds.), *Cognitive psychology: Conceptual and methodological issues.* Washington, D.C.: American Psychological Association.

Gibson, E., & Walk, R. D. (1960). The "visual cliff". *Scientific American, 202,* 64-71.

Goldfield, B. A., & Reznick, J. S. (1990). Early lexical acquisition: Rate, content, and vocabulary spurt. *Journal of Child Language, 17,* 171-183.

Goodz, N. (1985). Parent-to-child speech in bilingual and monolingual families. Paper presented at the Society for Research on Child Development, Toronto, Canada.

Graue, E. M., & Walsh, D. J. (1998). *Studying children in context: Theories, methods, and ethics.* Thousand Oaks, CA: SAGE.

Gröfenhain, M., Carpenter, M., & Tomasello, M. (2013. September). Three-year-olds' understanding of the consequences of joint commitments. *PLoS ONE, 8*(9), 1-12.

Gunderson, E. A., Ramirez, G., Beilock, S. L., & Levine, S. C. (2012). The role of parents and teachers in the development of gender-related attitudes. *Sex Roles, 66,* 153- 166.

Haden, C. A., & Fivush, F. (1996). Contextual variation in maternal conversational styles. *Merrill-Palmer Quarterly, 42*(2), 200-227.

Hall, D. G., & Waxman, S. R. (1993). Assumptions about word meaning: Individuation and basic-level kinds. *Child Development, 64,* 1550-1570.

Halliday, M. A. K. (1975). *Learning how to mean: Exploration in the development of language.* London: Arnold.

Halpern, D. F., Benbow, C. P., Geary, D. C., Gur, R. C., Hyde, J. S., & Gernsbacher, M. A. (2007). The science of sex differences in science and mathematics. *Psychological Science in the Public Interest, 8*(1), 1-51.

Hammill, D. D., Pearson, N. A., & Voress, J. K. (1993). *Developmental Test of Visual Perception*(DTVP-2)(2nd ed.). Austion, TX: PRO-ED.

Hansell, N. K., Wright, M. J., Geffen, G. M., Geffen, L. B., Smith, G. A., & Martin, N. G. (2001). Genetic influence on ERP slow wave measures of working memory. *Behavioral Genetics, 31,* 603-614.

Harlow, H. F. (1959). Love in infant monkeys. *Scientific American, 200*(6), 68-74.

Harris, G., Thomas, A., & Booth, D. A. (1990). Development of salt taste in infancy. *Developmental Psychology, 26,* 534-538.

Hart, B., Risley, T. R., & Kirby, J. R. (1997). Meaningful differences in the everyday experience of young American children. *Canadian Journal of Education, 22*(3), 323.

Harter, S. (2006). The self. In Eisenberg (Ed.), *Handbook of child psychology: Social, emotional, and personality development* (Vol. 3). (6th ed., pp. 505-570). Hoboken, NJ: Wiley.

Harter, S. (2012). *The construction of self* (2nd ed.). New York: The Guilford Press.

Health조선 뉴스(2020. 11. 22.). 임신부가 술마시면 '이런 일'이... https://m.health.chosun.com/svc/news_view.html?contid=2020112001808에서 2025. 1. 27. 인출.

Heibeck, T., & Markman, E. M. (1987). Word learning in children: An examination of fast mapping. *Child Development, 58*(4), 1021-1034.

Hespos, S. J., & Baillargeon, R. (2001). Reasoning about containment events in very young infants. *Cognition, 78*(3), 207-245.

HiDoc 뉴스칼럼(2020. 6. 19.). 美 영아 사망원인 1위, '영아 돌연사 증후군'이란? https://www.hidoc.co.kr/healthstory/news/C0000521190에서 2025. 1. 27. 인출.

Hines, M. (2011). Gender development and the human brain. *Annual Review of Neuroscience, 34*(4), 69-88.

Hollich, G. J., Houston, D. M., Slater, A., & Lewis, M. (2007). Language development: From speech perception to first words. *Introduction to infant development,* 170-188.

Homan, R. (1991). *The ethics of social research.* London: Longman.

Hurley, J., & Underwood, M. (2002). Children's understanding of their research rights before and after debriefing: Informed consent, confidentiality and stopping participation. *Child Development, 73*(1), 132-143.

Hyde, J. S., Lindberg, S. M., Linn, M. C., Ellis, A. B., & Williams, C. C. (2008). Gender similarities characterize math performance. *Science, 321,* 494-495.

Ireton, H. R. (1992). *Child Development Inventory Manual.* Minneapolis, MN: Behavioral Science Systems.

Izard, C. E., & Dougherty, L. M. (1982). Two complementary systems for measuring facial expression in infants and children. In C. E. Izard(Ed.), *Measuring emotion in infants and children.* Cambridge, UK: Cambridge University Press.

Johnson, M. H, Grossmann, T., & Cohen-Kadosh, K. (2009). Mapping functional brain development: Building a social brain through interactive specialization. *Developmental Psychology, 45*(1), 151-159.

Kaijura, H., Cowart B., J., & Beauchamp, G. K. (1992). Early developmental change in bitter taste responses in human infants. *Developmental Psychobiology, 25,* 375- 386.

Kail, R. V. (1979). Use of strategies and individual differences in children's memory. *Developmental Psychology, 15*(3), 251.

Kail, R. V. (1994). A method for studying the generalized slowing hypothesis in children with specific language impairment. *Journal of Speech, Language, and Hearing Research, 37,* 417-421.

Kail, R. V. (2002). *Children.* Upper Saddle River, NJ: Prentice Hall.

Kaplan, R. (2009). Soaring on the wings of the wind: Freud, Jews and Judaism. *Psychiatry, 17*(4), 318-325.

Kaufman, A. S., & Kaufman, N. L. (1983). *Kaufman Assessment Battery for Children.* Circle Pines, MN: American Guidance Service.

KBS 뉴스(2009. 10. 21.). 간접흡연, 소아에 '치명적'. http://news.kbs.co.kr/society/2009/10/21/1869227.html

Keil, F. (1979). *Conceptual development.* Cambridge, MA: Harvard University Press.

Kellman, P. J., & Banks, M. S. (1998). Infant visual perception. In W. Damon(Ed.), *Handbook of child psychology*(Vol. 2). New York: Wiley.

Kidd, C., Palmeri, H., & Aslin. R. N. (2012) Rational snacking: Young children's decision-making on the marshmallow task is moderated by beliefs about environmental reliability. *Cognition, 126*(1), 109-114.

Kohlberg, L. (1969). Stage and sequence: The cognitive developmental approach to socialization. In D. A. Goslin (Ed.), *Handbook of socialization theory and research*(pp. 347-480). Chicago: Rand McNally.

Kopp, Claire B. (1989). Regulation of distress and negative emotions: A developmental view. *Developmental Psychology, 25*(3), 343-354.

Korones, S. B. (1981). *High-risk newborn infants.* St. Louis, MS: Mosby.

Kossan, N., & Markman, E. (1981). Referential communication: Effects of listener presence on the performance of young speakers. *Merrill-Palmer Quarterly, 27*(3), 307-335.

Leaper, S, C., & Smith, T. E. (2004). A meta analytic review of gender variation in children's language use: Talkativeness, affiliative speech and assertive speech. *Developmental Psychology, 40*(6), 993-1027.

Lee, J. E. (1999). Social intelligence: Flexibility and complexity and distinct from creativity. Unpublished doctoral dissertation. University of Notre Dame, Notre Dame, IN.

Leiter, R. G. (1979). *Instruction manual for the Leiter International Performance Scale.* Wood Dale, IL: Stoelting.

Lenneberg, E. (1967). *The biological foundations of language.* New York: Wiley.

Lenneberg, E. H. (Ed.) (1984). *New directions in the study of language.* Cambridge, MA: MIT Press.

Leonard, H. L., & Dow, S. (1995). Selective mutism. In J. S. March(Ed.), *Anxiety disorders in children and adolescents.* New York: Guilford Press.

Lewis, M., & Brooks-Gunn, J. (1979). Toward a theory of social cognition: The development of self. *New Directions for Child and Adolescent Development, 4,* 1-20.

Lewis, M., Feiring, C., & Rosenthal, S. (2000). Attachment over time. *Child Development, 71*(3), 707-720.

Lewis, M., Sullivan, M. W., Stranger, C., & Weiss, M. (1989). Self-development and self-conscious emotion. *Child Development, 60*(1), 146-156.

Lindholm, K. (1980). Bilingual children: Some interpretations of cognitive development. In K. E. Nelson(Ed.), *Children's language*(Vol. 2)(pp. 215-266). New York: Gardner Press.

Loeber, R. (1991). Questions and advances in the study of developmental pathways. In D. Cicchetti & S. L. Toth(Eds.), *Rochester symposium on developmental psychopathology: Models and integrations*(Vol. 3). New York: University of Rochester Press.

Macfarlane, A. (1977). *The psychology of childbirth.* Cambridge, MA: Harvard University Press.

Main, M., & Solomon, J. (1990). Procedures for identifying infants as disorganized/ disoriented during the Ainsworth Strange Situation. In M. T. Greenberg, M. D. Cicchetti & E. M. Cummings(Eds.), *Attachment in the preschool years: Theory, research, and intervention*(pp. 121-160). Chicago: University of Chicago Press.

Malatesta, C. Z. (1985). Developmental course of emotion expression in the human in- fant. In G. Zivin(Ed.), *The development of expressive behavior: Biology-environmental interactions*(pp. 183-219). New York: Academic Press.

Mandel, D. R., Jusczyk, P. W., & Pisoni, D. B. (1995). Infants' recognition of the sound patterns of their own names. *Psychological Science, 6,* 314-317.

Mandler, J. M., & McDonough, L. (1996). Drinking and driving don't mix: Inductive generalization in infancy. *Cognition, 59,* 307-355.

Mardell-Czdnowski, C. & Goldenberg, D. S. (1998). *Developmental Indicators for the Assessment of Learning(DIAL3)*(3rd ed.). Circlepines, MN: American Guidance Service.

Markman, E. M. (1978). Empirical versus logical solutions to part-whole comparison problems concerning classes and collections. *Child development,* 168-177.

Markman, E. M. (1994). Constraints on word meaning in early language acquisition. *Lingua, 92,* 199-227.

Marsh, H., Ellis, L., & Carven, R. (2002). How do preschool children feel about them selves? Unraveling measurement and multidimensional self-concept structure. *Developmental Psychology, 38*(3), 376-393.

Mash, E. J., & Wolfe, D. A. (1999). **아동이상심리학**. 조현춘, 송영혜, 조현재 공역(2001). 서울: 시그마프레스.

Maurer, D., & Lewis, T. L. (2013). Sensitive periods in visual development. *The Oxford handbook of developmental psychology, 1,* 202-235.

Mayer, J. D., & Salovey, P. (1997). What is emotional intelligence. In P. Salovey & D. J. Sluyter(Eds.), *Emotional development and emotional intelligence: Implications for Educators*(pp. 3-31). New York: Basic Books.

McCall, R., Appelbaum, M., & Hogarty, P. (1973). Developmental changes in mental performance. *Monographs of the Society for Research in Child Development, 38*(3), 1-84.

McLaughlin (1986). Multilingual education: Theory east and west. In B. Spolsky(Ed.), *Language and education in multilingual settings*(pp.32-52). San Diego, CA: College-Hill Press.

Meisel, J. (1990). Early differentiation of language in bilingual children. In K. Hyltenstam & L. Obler(Eds.), *Bilingualism across the lifespan: Aspects of acquisition, maturity and loss*(pp. 13-40). Cambridge, UK: Cambridge University Press.

Meltzoff, A. N., & Borton, R. W. (1979). Intermodal matching by human neonates. *Nature, 282,* 403-404.

Merewood, A. (1998). Sperm under siege: More than we ever guessed, having a healthy baby may depend on dad. In K. L. Freiberg(Ed.), *Human development*(26th ed.). North Scituate, MA: Duxbury Press.

Mesulam, M. M. (1985). *Principles of behavioral neurology.* Philadelphia: FA Davis Company.

Miller, P. H. (2002). *Theories of developmental psychology*(4th ed.). New York: Worth.

Miller, P. H., & Weiss, M. G. (1981). Children's attention allocation, understanding of attention, and performanceon the incidentall earning task. *Child Development, 52*(4), 1183-1190.

Mills, C. M., Danovitch, J. H., Grant, M. G., & Elashi, F. B. (2012). Little pitchers with their ears: Preschoolers solve problems by listening to others ask questions. *Child Development, 83*(2), 568-580.

Mills, M., & Melhuish, E. (1974). Recognition of mother's voice in early infancy. *Nature, 252*, 123-124.

Mischel, W., Shoda, Y., & Peake, P. K. (1988). The nature of adolescent competencies predicted by preschool delay of gratification. *Journal of Personality and Social Psychology, 54*(4), 687-696.

Murkoff, H., Eisenberg, A., & Hathaway, S. (2002). *What to expect when you're expecting.* UK: Simon & Schuster.

Murray, A. D., Dolby, R. M., Nation, R. L., & Thomas, D. B. (1981). Effects of epidural anesthesia on newborns and their mothers. *Child Development, 52,* 71-82.

Neilon, P. (1948). Shirley's babies after 15 years. *Journal of Genetic Psychology, 73,* 175.

Newcombe, N. (1996). *Child development: Change over time*(8th ed.). New York: Harper Collins College.

Nolen-Hoeksema, S., Fredickson, B. L., Loftus, G. R., & Wagenaar, W. A. (2009). *Atkinson & Hilgard's introduction to psychology*(15th ed.). Hampshire, UK: Wadsworth Cengage Learning

O'Connor, K. Xue, Y., Modey, T., Moran, G., Pederson, D. R., Bento, S., & Bailey, H.

N. (2009). Sibling mother-infant attachment: Different patterns of interaction lead to similar relationships. Paper presented at Biennial Meeting of the Society for Research in Child Development. Denver, Colorado.

Olson, M. H., & Hergenhahn, B. R. (2009). **학습심리학**. 김효창, 이지연 역(2009). 서울: 학지사.

Ornstein, P. A., Naus, M. J., & Liberty, C. (1975). Rehearsal and organizational process in children's memory. *Child Development, 46*(4), 818-830.

Papalia, D. E., Olds, S. W., & Feldman, R. D. (1989). **인간발달 Ⅰ: 아동발달**. 박성연 역(1996). 서울: 교육과학사.

Pearl, E., & Lambert, W. (1962). The relation of bilingualism to intelligence. *Psychological Monographs, 76,* 1-23.

Pellegrini, A. (1982). A speech analysis of preschooler's dyadic interaction. *Child Study Journal, 12*(3), 205-216.

Perry, N. B., Nelson, J. A., Swingler, M. M., Leekers, E. M., O'Brien, M., Calkins, S. D., et al. (2013). The relation between maternal emotional support and child psychological regulation across the preschool years. *Developmental Psychology, 55*(4), 382-394.

Piaget, J. (1954). *The construction of reality in the child*. New York: Basic Books.

Piaget, J. (1960). Reply to comments concerning the part played by equilibration processes in the psychobiological development of the child. In J. M. Tanner & B. Inhelder (Eds.) *Discussions on child development*(Vol. 4, pp. 77-83). London: Tavistock.

Piaget, J. (1973). *The psychology of intelligence*. Totowa, NJ: Littlefeld & Adams.

Piaget, J., & Inhelder, B. (1966). L'image mentale chez l'enfant. [The mental image in the child]. Presses Universitaires de France.

Piaget, J., Inhelder, B., & Szeminska, A. (1964). *The child's conception of geometry.* New York: Harper & Row.

Picariello, M. L., Greenberg, D. N., & Pillemer, D. B. (1990). Children's sex-related stereotyping of colors. *Child Development, 61*(5), 1453-1460.

Pickens, J., & Field, T. (1993). Facial expressivity in infants of depressed mothers. *De-velopmental Psychology, 29*(6), 986-988.

Pierangelo, R. (2004). 109가지 진단검사. 발달장애학회 역(2006). 서울: 학지사.

Pillitteri, A. (1981). *Maternal-newborn nursing: Care of the growing family.* Boston: Little Brown.

Pinker, S., & Bloom, P. (1990). Natural language and natural selection. *Behavioral and Brain Sciences, 13,* 707-784.

Poorthuis, A. M., Thomaes, S., Denissen, J. J., van Aken, M. A., & de Orobio, C. B. (2012). Prosocial tendencies predict friendship quality, but not for popular children. *Journal of Experimental Child Psychology, 112*(4), 378-388.

Porter, R. H., Makin, J. W., Davis, L. B., & Christensen, K. M. (1991). An assessment of the salient olfactory environment of formula-fed infants. *Physiology and Behavior, 50,* 907-911.

Ravo, N. (1999, April). Mary Ainsworth, 85, Theorist On Mother-Infant Attachment. The New York Times. Retrieved February 27, 2025. https://www.nytimes.com/1999/04/07/us/mary-ainsworth-85-theorist-on-mother-infant-attachment.html.

Redlinger, W. (1979). Early developmental bilingualism: A review of the literature. *The Bilingual Review, 1,* 12-23.

Richards, D. D., & Siegler, R. S. (1986). Children's understandings of the attributes of life. *Journal of Experimental Child Psychology, 42*(1), 1-22.

Richards, J. E., & Anderson, D. R. (2004). Attentional inertia in children's extended looking at television. *Advances in Child Development and Behavior, 32,* 163-212.

Riggio, R. E., Messamer, J., & Throckmorton, B. (1991). Social and academic intelligence: Conceptually distinct but overlapping constructs. *Personality and Individual Differences, 12*(7), 695-702.

Roid, G. H., & Miller, L. J. (1997). *Leiter International Performance Scale-Revised: Examiner's manual.* Wood Dale, IL: Stoelting.

Rollins, P. R., Snow, C. E., & Willett, J. B. (1996). Predictors of MLU: Semantic and morphological developments. *First Language, 16,* 243-259.

Rossi, E., & Rossi, S. I. (1965). Concept utilization, serial order and recall in nursery school children. *Child Development, 36*(3), 771-778.

Rothbart, M. K. (1981). Measurement of temperament in infancy. *Child Development, 52,* 569-578.

Rothbart, M. K. (1986). Longitudinal observation of infant temperament. *Developmental Psychology, 22*(3), 356-365.

Rothbart, M. K. (2007). Temperament, development, and personality. *Current Directions in Psychological Science, 16*(4), 207-213.

Rothbart, M. K., & Bates, J. E. (1998). Temperament. In W. S. E. Damon & N. V. E. Eisenberg (Eds.), *Handbook of child psychology(Vol. 3): Social, emotional and personality development*(5th ed., pp. 105-176). New York: Wiley.

Rothbart, M. K., & Bates, J. E.(2006). Temperament. In N. Eisenberg(Ed.), *Handbook of child psychology: Vol. 3. Social, emotional, and personality development*(6th ed., pp. 99-166). New York: Wiley.

Rovee-Collier, C. (1997). Dissociations in infant memory: Rethinking the development of implicit and explicit memory. *Psychological Review, 104*(3), 467.

Rubenstein, A. J., Kalakanis, L., & Langlois, J. H. (1999). Infant preferences for attractive faces: A cognitive explanation. *Developmental Psychology, 35,* 848-855.

Rummelhart, D. E., & McClelland, J. L. (1986). On earning the past tenses of English verbs. In J. L. McClelland & D. E. Rummelhart(Eds.), *Parallel distributed processing: Explorations in the microstructure of cognition: Vol. 2. Psychological and biological models.* Cambridge, MA: MIT Press.

Runyan, D. K. (2000). The ethical, legal, and methodological implication of directly asking children about abuse. *Journal of Interpersonal Violence, 15*(7), 675-681.

Salkind, N. J. (1985). *Theories of human development*(2nd ed.). Hoboken, NJ: Wiley & Sons.

Sameroff, A. J., Seifer, R., Baldwin, A., & Baldwin, C. (1993). Stability of intelligence from preschool to adolescence: The influence of social and family risk factors. *Child*

Development, 64(1), 80-97.

Santrock, J. W. (2007). *A tropical approach to life-span development*(6th ed.). New York: McGraw-Hill.

Santrock, J. W. (2007). *Child development*(11th ed.). New York: McGraw-Hill.

Santrock, J. W. (2008). *Life-span development*(12th ed.). New York: McGraw-Hill.

Santrock, J. W. (2014). *Life-span development*(14th ed.). New York: McGraw-Hill.

Santrock, J. W., & Yussen, S. R. (1989). *Child development: An introduction*(5th ed.). Dubuque, IA: Wm. C. Brown.

SBS 뉴스(2000. 8. 25.). 유아 때 급사 위험. http://news.sbs.co.kr/section_news/news_read.jsp?news_id=N0300120942에서 2017. 1. 5. 인출.

Schaffer, H. R., & Emerson, P. E. (1964). The development of social attachments in infancy. *Monographs of the Society for Research in Child Development, 29*(3, serial No. 94).

Schickedanz, J. A. (1986). *More than ABC's: The early stages of reading and writing.* Washington, D.C.: NAEYC.

Selman, R. L., & Byrne, D. F. (1974). A structural-developmental analysis of levels of role taking in middle childhood. *Child Development, 45*(3), 803-806.

Skelton, A. E., & Franklin, A. (2020). Infants look longer at colours that adults like when colours are highly saturated. *Psychonomic Bulletin & Review, 27*(1), 78-85.

Shaffer, D. R. (1979). *Social and personality development.* Pacific Grove, CA: Brooks/Cole.

Shaffer, D. R. (1993). *Developmental psychology: Theory, research, and applications.* Pacific Grove, CA: Brooks/Cole.

Shaffer, D. R. (1999). *Developmental psychology: Childhood and adolescence*(5th ed.). Pacific Grove, CA: Brooks/Cole.

Shaffer, D. R. (2000). *Social & personality development*(4th ed). Belmont, CA: Wadsworth.

Shaffer, D. R. (2002). **발달심리학**. 송길연, 장유경, 이지연, 정윤정 공역(2005). 서울: 시그마프레스.

Shaffer, D. R., & Kipp, K. (2007). *Developmental psychology: Childhood and adolescence* (7th ed.). Belmont, CA: Wadsworth.

Shaffer, D. R., & Kipp, K. (2007). **발달심리학(제9판)**. 송길연, 장유경, 이지연, 정윤경 공역(2014). 서울: 박영사.

Shoda, Y., Mischel, W., & Peake, P. K. (1990). Predicting adolescent cognitive and self-regulatory competencies from preschool delay of gratification: Identifying diagnostic conditions. *Developmental Psychology, 26*(6), 978-986.

Snow, C. E. (1997). Language as public construction. *Science, 275,* 1611.

Society for Research in Child Development (1990). SRCD ethical standards for research with children. *SRCD News Letter,* winter.

Sorce, J. F., Emde, R. N., Campos, J. J., & Klinnert, M. D. (1985). Maternal emotional signaling: Its effect on the visual cliff behavior of 1-year-olds. *Developmental Psychology, 21*(1), 195-200.

Spelke, E. S., & Kinzler, K. D. (2007). Core knowledge. *Developmental Science, 10,* 89-96.

Spelke, E., & Owsley, C. (1979). Intermodal exploration and knowledge in infancy. *Infant Behavior and Development, 2,* 13-27.

Squires, J., Potter, L., & Bricker, D. (2006). **K-ASQ 사용 지침서**. 허계형, 이소영, 이준석 공역. 서울: 장애인종합복지관.

Sroufe, L. A., & Wunsch, J. P. (1972). The development of laughter in the first year of life. *Child Development, 43*(4), 1326-1344.

Stark, R. (1987). *Creative ventures: The media.* Franklin Lakes, NJ: Educational Impressions.

Starkey, P., & Cooper, R. G. (1980). Perception of number by human infants. *Science, 210,* 1033-1035.

Stern, D. N. (1985). *The psychological world of the infant.* New York: Basic Books.

Sternberg, R. J. (1983). Components of human intelligence. *Cognition, 15,* 1-48.

Sternberg, R. J. (1985). *Human abilities: An information processing approach.* New York: W. H. Freeman.

Sternberg, R. J., & Kaufman, S. B. (Eds.). (2011). *The Cambridge handbook of intelligence.* Cambridge, UK: Cambridge University Press.

Stoppard, M. (2002). *New pregnancy and birth book.* London: Dorling Kindersley.

Sulzby, E. (1990). Assessment of emergent writing and children's language while writing. In L. M. Morrow & J. K. Smith(Eds.), *Assessment for instruction in early literacy.* Englewood Cliffs, NJ: Prentice Hall.

Tamana, S. K., Ezeugwu, V., Chikuma, J., Lefebvre, D. L., Azad, M. B., Moraes, T. J., & Mandhane, P. J. (2019). Screen-time is associated with inattention problems in preschoolers: Results from the CHILD birth cohort study. *PloS one, 14*(4), e0213995.

Tanner, J. M. (1970). Physical growth. In P. H. Mussen(Ed.), *Carmichael's manual of child psychology.* New York: Wiley.

Terman, L. M. (1922). A new approach to the study of genius. *Psychological Review, 29*(4), 310-318.

Teti, D. M., & McGourty, S. (1996). Using mother versus trained observers in assessing children's secure base behavior: Theoretical and methodological considerations. *Child Development, 67,* 597-605.

The British Medical Association. (2005). *Complete family health guide.* London: Doring Kindersley.

Thelen, E., & Smith, L. B. (2006). Dynamic systems theories. In W. Damon & R. M. Lerner (6th Eds.), *Handbook of child psychology: Theoretical models of human development* (Vol. 1)(pp. 258-312). Hoboken, NJ: Wiley.

Thomas, A., & Chess, S. (1977). *Temperament and development.* New York: Brunner & Mazel.

Thomas, R. M. (2000). *Comparing theories of child development*(5th ed.). Balmont, CA: Wadsworth.

Thompson, R. A. (2012). Whither the preconventional child? Toward a life-span moral development theory. *Child Development Perspectives, 6*(4), 423-429.

Thorndike, E. L. (1927). The law of effect. *American Journal of Psychology, 39*(1), 212-222.

Tobin, D. D., Menon, M., Menon, M., Spatta, B. C., Hodges, E. V. E., & Perry, D. G. (2010). *The intrapsychics of gender: A model of self-socialization. Psychological Review, 117*(2), 601-622.

Tompson, L., Fagan, J. F., & Fulker, D. W. (1991). Individual differences and the canalization of human behavior. *Developmental Psychology, 27,* 18-22.

Torrance, E. P. (1966). *Norms-technical manual: Torrance Tests of Creative Thinking.* Bensenville, IL: Scholastic Testing Service.

Torrance, E. P. (1975). Creativity research in education: Still alive. In I. A. Taylor & J. W. Getzels(Eds.), *Perspectives in creativity*(pp. 278-296). Chicago: Aldine.

Tunmer, W., & Heriman, M. (1984). The development of metalinguistic awareness: A conceptual overview. In W. E. Tunmer, C. Pratt, & M. L. Heriman(Eds.),

Metalinguistic awareness in children: Theory, research, and implication(pp. 12- 35). New York: Springer-Verlag.

Vasta, R., Haith, M. M., & Miller, S. A. (1992). *Child psychology: The modern science*. New York: John Wiley & Sons.

Vazsonyi, A. T., & Huang, L. (2010). Where self-control comes from: On the development of self-control and its relationship to deviance over time. *Developmental Psychology, 46*(1), 245-257.

Ventura, S. J. (1989). Trends and variations in first births to older women in the United States, 1970-86. Vital and Health Statistics(Series 21). Hyattsville, MD: U.S. Department of Health and Human Services.

Vurpillot, E. (1968). The development of scanning strategies and their relation to visual differentiation. *Journal of Experimental Child Psychology, 6*(4), 632-650.

Vygotsky, L. S. (1962). *Thought and language*. Cambridge, MA: MIT Press.

Vygotsky, L. S. (1987). *The collected works of L. S. Vygotsky: Vol. 1, Problems of general psychology*(R. W. Rieber & A. S. Carton, Eds., N. Minick, trans.). New York: Plenum Press.

Watson, J. (1913). Psychology as the behaviorist views it. *Psychological Review, 20*(2), 158-177.

Watson, J. B. (1930). *Behaviorism* (Rev. ed.). Chicago: University of Chicago Press.

Watson, J. B., & Rayner, R. (1920). Conditioned emotional reactions. *Journal of Experimental Psychology, 3*(1), 1-14.

Wechsler, D. (1958). *The measurement and appraisal of adult intelligence*. Baltimore, MD: The Williams and Wilkins.

Wechsler, D. (1967). Manual for the Wechsler Preschool and Primary Scale of Intelligence. New York: The Psychological Corporation.

Weinraub, M., & Brown, L. M. (1983). The development of sex-role stereotypes in children: Crushing realities. *Focus on Woman, 5*, 30-48.

Wellman, H. M., & Gelman, S. A. (1998). Knowledge acquisition in foundational domains. In K. Kuhn & R. S. Siegler(Eds.), *Handbook of child psychology: Vol. 2 Cognition, perception, and language*(5th ed.). New York: Wiley.

Wenar, C. (1994). **발달정신병리학: 영아기부터 청소년기까지**(제3판). 이춘재, 성현란, 송길연, 윤혜경, 김혜리, 박혜원 외 공역(1998). 서울: 중앙적성출판사.

Wenar, C., & Kerig, P. (2000). **발달정신병리학: 영아기부터 청소년기까지**(제4판). 이춘재, 성현란, 송길연, 윤혜경, 김혜리, 이명숙 외 공역(2006). 서울: 박학사.

Whalen, C. K. (1989). Attention deficit and hyperactivity disorders. In T. H. Ollendick, & M. Hersen(Eds.). *Handbook of child psychopathology*. New York: Plenum.

Williams, F. (1980). C*reativity assessment packet*(CAP). Buffalo, NY: D.O.K.

Willumsen, J., & Bull, F. (2020). Development of WHO guidelines on physical activity, sedentary behavior, and sleep for children less than 5 years of age. *Journal of Physical Activity and Health, 17*(1), 96-100.

Williamson, M. L. (1997). Circumcision anesthesia: A study of nursing implications for dorsal penile nerve block. *Pediatric Nursing, 23,* 59-63.

Wilson, E. O. (1975). *Sociology: The new synthesis*. Cambridge, MA: Harvard University Press.

Wong, C. M., Day, J. D., Maxwell, S. E., & Meara, N. M. (1995). A multitrait-multimethod study of academic and social intelligence in college students. *Journal of Educational Psychology, 87*(1), 117-133.

Wood, W., & Eagly, A. H. (2012). Biosocial construction of sex differences and similarities in behavior. In J. M. Olson & M. P. Zanna(Eds.), *Advances in experimental social psychology*(Vol. 46, pp. 55–123). London: Elsevier.

Wynn, K. (1992). Addition and subtraction by human infant. *Nature, 358,* 749-750.

Yager, G. G., & Baker, S. (1979). Thoughts on androgyny for the counseling psychologist. Paper presented at the annual convention of the American Psychological Association 87th, *September 1-5*. (Eric Document Reproduction service NI. ED 186825) Retrieved from http://eric.ed.gov/?id=ED186825, 2015. 6. 27.

Yang, J., Kanazawa, S., Yamaguchi, M. K., & Kuriki, I. (2016). Cortical response to categorical color perception in infants investigated by near-infrared spectroscopy. *Proceedings of the National Academy of Sciences, 113*(9), 2370-2375.

YouTube (Bandura-bobo doll experiment).

Zeanah, C. H. (2000). **영유아 정신병리 핸드북**. 이경숙, 염현경, 신의진, 남수영, 양혜영, 조성연 외 공역(2010). 서울: 학지사.

찾아보기

저/자/약/력

조성연 호서대학교 유아교육과 교수
연세대학교 대학원 아동학과 (Ph. D.)

심미경 인제대학교 유아교육과 교수
University of London Institute of Education 아동상담 및 특수교육 전공 (Ph. D.)

황혜정 경기대학교 유아교육과 교수
University of London Institute of Education 아동발달 및 교육 전공 (Ph. D.)

전효정 동아대학교 아동학과 교수
Cornell University 발달심리 전공 (Ph. D.)

영유아발달

1판발행 2025년 9월 5일 **1판 1쇄 인쇄** | 2025년 9월 10일 **1판 1쇄 발행**

지은이 조성연 심미경 황혜정 전효정
펴낸이 최용구 | **펴낸곳** **도서출판 신정**
주소 (04316) 서울시 용산구 원효로 89길 19 (원효로1가)
전화 02)3211-4782, 0266(영업부), 3211-4783(편집부), 3211-4784(팩스)
이메일 sjbook2002@naver.com | **홈페이지** www.sjbook.co.kr
등록 2001년 5월 11일 제13-702호
기획마케팅 최용구 장만동 최충구 송대용 | **책임편집** 석기은 황가연

ISBN 978-89-5912-951-5 93370
정가 22,000원